KB236965

東洋古典百選・8

諸子百家

金榮洙 譯解

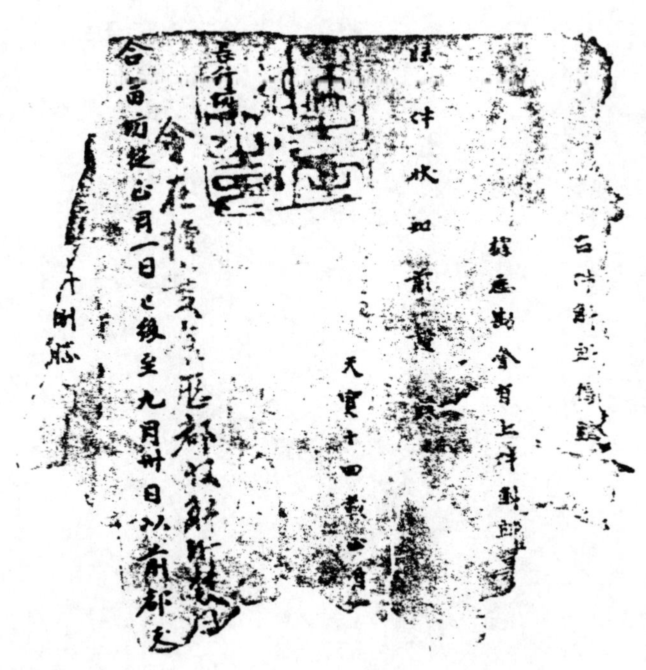

一信書籍出版社

머 리 말

『제자백가(諸子百家)』란 중국 사상사의 절정기에 해당하는 시기, 즉 춘추전국 시대에 등장한 독창적인 사상가들과 그에 따른 각 학파들을 통틀어 일컫는 말이다.

당시 변혁기를 맞고 있었던 중국 고대의 춘추전국 시대에는 모든 것들이 과도기적 상태에 놓여 있었기 때문에, 정치·경제·사회적으로 매우 혼란한 가운데 있었다. 이러한 시대적 상황을 배경으로 하여 사상계에서는 질서 회복을 위한 문제 제기 및 자유로운 발언으로써 저마다 독자적인 사상을 구축해 나갔는데, 이것이 비로 『제자백가』 또는 『백가쟁명(百家爭鳴)』이라고 일컬어지는 사조인 것이다.

《한서·예문지(漢書·藝文志)》에서는 선진(先秦) 한초(漢初)에 이르기까지의 각 학파들을 『제자략(諸子略)』으로 구분해 놓고 있는데, 이 『제자략』에는 제자로서 유(儒)·도(道)·음양(陰陽)·법(法)·명(名)·묵(墨)·종횡(縱橫)·잡(雜)·농가(農家) 등 이렇게 아홉 유파가 있고 거기에 소설가(小説家)가 덧붙여져 있다.

사실상 오늘날에 이르기까지 불교의 전래를 제외한다면 동양 문화의 발전은 이들 제자백가의 학술과 주장에서 거의 벗어나지 못하고 있다. 그만큼 제자백가는 호평과 인정을 꾸준히 받고 있는 동양 사상의 보고(寶庫)라 할 만한 것이다.

고대 중국의 혼란기를 무대로 한 제자백가의 갖가지 활약상과 그들의 방대한 사상 체계를 단 한 권의 책으로 요약한다는 것은 좀 무리겠지만, 아무튼 이 《제자백가》를 통하여 동양의 뿌리 깊은 사상과 그 훌륭한 가르침에 간접적으로나마 접해 보는 기회가 되길 바란다.

《차   례》

제자백가 해제

　진(秦)의 시황제(始皇帝)가 분서갱유(焚書坑儒)를 감행하여 모든 서적과 학문을 말살시키기 이전의 시기, 즉 춘추전국 시대는 중국 사상사의 황금기로서, 이 시기에는 제자백가(諸子百家)라는 수많은 사상가들이 쏟아져 나와 저마다 독자적인 사상을 자유롭게 발표하였다. 이것이 소위 백가쟁명(百家爭鳴)이라는 사조이다.

　제자백가란 말은 《사기(史記)》의 『가의열전(賈誼列傳)』에, 『가생(賈生)은 나이 어려서부터 제자백가의 글에 능통했다.』라고 한 것이 그 시초로서, 《사기》의 『태사공 자서(太史公自序)』에는 음양(陰陽)·유(儒)·묵(墨)·명(名)·법(法)·도(道)의 육가(六家)를 들고 있다.

　또한 《한서(漢書)》의 『예문지(藝文志)』에서는 서한(西漢) 유흠(劉歆)이 지은 《칠략(七略)》에 근거하여 유가 경전들은 제1부류인 『육예략(六藝略)』에 집어넣고, 그 외의 선진(先秦)에서 한초(漢初)에 이르기까지의 각 학파들은 제2의 부류인 『제자략(諸子略)』으로 구분해 놓고 있는데, 이 『제자략』에는 제자가 유(儒)·도(道)·음양(陰陽)·법(法)·명(名)·묵(墨)·종횡(縱橫)·잡(雜)·농가(農家) 등의 아홉 유파로 나뉘어져 있고 거기에 소설가(小說家)가 덧붙여져 있다. 그리고 이 『제자략』에는 모두 189가(家) 4천 수백 권의 서책이 수록되어 있어서, 이로부터 『백가(百家)』라는 말이 『제자(諸子)』와 함께 한 단어를 이루게 된 것이다.

　결국 『제자백가』란 춘추전국 시대에 등장한 독창적인 사상가들과 그에 따른 각 학파들을 가리키는 말이라고 할 수 있겠다.

　그럼 제자백가가 중국 사상사에서 절정기를 맞이하게 된 배경과 그 원인은 어디에 있는가?

　제자백가가 왕성하게 활동했던 춘추전국 시대는 B.C. 8세기에서 B.C.

3세기에 이르는 중국 고대의 변혁시대로서, 그 시대에는 모든 것들이 과도기적 상태에 놓여 있었다. 우선 정치적으로는 봉건제도가 해체되고, 진·한 황제에 의한 중앙집권체제가 형성되어가는 과정이었으며, 사회·경제적으로는 상공업의 발달로 인한 농지의 병탄으로 말미암아 물정이 시끄러워 안정되고 평온한 날이 하루도 없을 정도에 이르렀다. 또한 이러한 경제적 여건은 사회 조직에도 변화를 가져와서, 그 시대에는 가문의 배경이 없더라도 자기 자신의 재능과 힘에 의해 왕후장상이라도 될 수 있었다. 따라서 이 시기에는 법률·군사·외교 등 각자의 자질에 따라 각 분야에서 두각을 나타내는 자들이 속출하게 되었다. 그리고 군주나 유력관료 측에서도 부국강병을 위해서는 널리 인재를 구할 필요가 있었기 때문에 타국에서 온 망명자까지도 등용하는 실정이었다.

이러한 정치적·사회적 변동을 배경으로 하여 사상계에서는 어떻게 하면 질서를 회복할 수 있겠는가 하는 문제 제기에 이어, 각자가 독자적인 사상을 적극적으로, 그리고 자유롭게 발언하였기 때문에 이 시대에는 중국 사상사상(思想史上) 절정기에 이르게 되었던 것이다.

이와 같이 성대했던 문화는 동양 사상의 샘물이요 뿌리라고도 할 수 있겠는데, 사실상 오늘날에 이르기까지 불교의 전래를 제외한다면 동양 문화의 발전은 이들 제자백가의 학술과 주장에서 거의 벗어나지 않았다고 해도 과언이 아닐 듯 싶기 때문이다. 그만큼 이 제자백가는 후대에 와서도 호평을 받고 있는 것이다.

사실 제자백가를 단 한 권으로 요약하기란 불가능한 일이다. 이것은 고대 중국의 혼란기를 무대로 갖가지 활약과 사상 체계의 확립을 실현한 것이기 때문이다.

따라서 이 책에서는 먼저 아홉 유파 중 음양가·명가·종횡가·잡가·농가 등 다섯 유파에 대해 간략하게 소개한 다음, 제자백가 중에서 가장 중요시되고 있는 유가·도가·묵가·법가의 주요 저작이라고 할 수 있는 공자(孔子)·맹자(孟子)·장자(莊子)·열자(列子)·한비자(韓非子)·순자(荀子)·묵자(墨子) 등을 비롯하여 기타 제자백가의 활약상을 담고 있는 《전국책》,《여씨춘추》,《회남자》,《사기》 등을 대상으로 하여 순차적으로 서술해 나가기로 하겠다.

먼저 음양가(陰陽家)는 전국시대 음양오행설을 제창한 학파로서 대표적 인물로는 추연(鄒衍)등이 있다. 이들은 인류 사회의 진보는 목(木), 화(火), 토(土), 금(金), 수(水)의 다섯 가지 세력의 지배를 받는다고 생각하여 『오덕종시(五德終始)』, 『오덕전이(五德轉移)』의 학설을 주장하였는데, 이것은 신흥의 봉건 통일 정권에 이론적 근거를 제공해 주었다.

명가(名家)는 변자(辯者), 또는 형명가(刑名家)라고도 하는데, 이 학파는 명(名 : 개념)과 실(實 : 사실)의 관계에 있어서, 『이름과 그것이 지칭하는 실제를 비교, 검토하여 오류가 없게 한다.』는 것을 강조하여 각자의 견해를 제시하였다. 그러나 이것은 너무 지나치게 사소한 문제에 얽매인다는 폐단이 있었다. 이 학파의 대표적 인물로는 혜시(惠施), 공손룡(公孫龍) 등이 있으며, 대표적 저작으로는 《등석자》, 《윤문자》, 《혜자》, 《공손룡자》 등을 들 수 있는데, 그 중에서 《공손룡자》를 제외하고는 현재 남아 있는 것이 없다.

종횡가(縱橫家)는 전국시대의 정치, 외교 활동에 종사했던 모사(謀士)들을 가리키는 것으로서, 대표적 인물로는 소진(蘇秦), 장의(張儀) 등을 들 수 있다. 소진은 합종(合縱 : 漢·魏·趙·燕·楚·齊의 6국이 남북으로 동맹하여 서쪽의 秦에 대항하자는 외교책)을 대표하였고, 장의는 연횡(連橫 : 제·초·한·위·연·조의 6국을 연합해서 동서로 진과 화해하자는 외교책)을 대표하였으므로 이러한 두 경향을 합해서 종횡가라는 명칭이 붙게 된 것이다.

잡가(雜家)란 전국시대에서 한초(漢初)에 이르기까지 등장한 여러 학파의 사상을 절충하고 혼합했던 일단의 학자들을 가리키는 것으로서, 그 사상적 특징은, 『유가와 묵가를 아울러 받아들이고, 명가와 법가를 종합했다.』는 데에 있다. 대표적 저작으로는 여불위(呂不韋)와 문객들이 편찬한 《여씨춘추(呂氏春秋)》가 있다.

끝으로 농가(農家)란 전국시대의 농업 생산과 농민 사상을 반영한 학파로서, 고대 사회 농민의 입장을 대변하는 사상을 제시하고 당시의 축적된 농업 생산 기술의 경험을 총결하고 있다. 그 대표적 저작으로는 《신농(神農)》20편, 《범승지(氾勝之)》18편 등이 있으나 대부분이 남아 있지 않다.

《장자(莊子)》

장자의 이름은 장주(莊周)로서, 그는 송(宋)나라의 몽(蒙)에서 태어났으며, 전국시대의 철학자였다.

그는 「도(道)는 자연을 본받는다(道法自然)」라는 노자(老子)의 관점을 계승·발전시켜, 「도」는 무한한 것으로서 스스로에 근원을 두며, 없는 곳이 없다라고 하여 사물이 스스로 발생하여 스스로 변화해감을 강조하고 유신론적인 주재자를 부정하였다. 결국 노자와 장자는 도가의 창시자와 계승자라고 할 수 있는데, 도가(道家)란 선진(先秦) 시대 때 이들의 도에 관한 학설을 중심으로 형성된 학파를 말한다.

도가의 학설은 노장의 자연천도관(自然天道觀)을 그 중심 내용으로 하고 있는데, 이것은 후에 명가와 법가와 결합하여 황로학(黃老之學)을 이루게 된다. 한편 도가의 사상은 민간에 흘러들어가 동한 말기의 농민 운동에서 도교 사상이 형성되는 데 영향을 미쳤으며, 자연을 숭상한다는 도가의 근본 취지는 또한 중국의 고전 문학과 예술 등의 여러 방면에도 커다란 영향을 미쳤다.

《장자》는 장자와 그 후학들의 저작으로서, 《남화경(南華經)》이라고도 불리며, 도가 경전의 하나이다. 《한서·예문지》에는 《장자》 52편으로 기재되어 있으나 현존하는 것은 33편으로서, 그 중 내편(內篇) 7편은 일반적으로 장자의 저작이라고 인정되며, 외편·잡편은 그의 문인과 후대 도가의 작품이 섞인 것으로 보여진다.

그 문장은 막힘이 없고 표현이 웅대하며, 우언과 고사의 형식이 많이 사용되었으며, 그리고 상상력이 아주 풍부하여 철학, 문학에서 비교적 연구 가치가 높은 작품으로 인정되고 있다.

따라서 《장자》는 제자백가의 여러 책 중에서도 가장 이채롭고 문학적 상상력이 풍부한 작품이라고 할 수 있다.

《열자(列子)》

　열자의 이름은 어구(禦寇)로서 圄寇, 또는 圉寇라고도 쓴다. 정(鄭)나라에서 태어났으며, 노자의 제자이자 장자의 선배였던 그는 전국시대의 도가였다.

　《장자》중에는 그에 관한 이야기가 허다하며, 특히 《여씨춘추·불이편》에서는 『열자는 허(虛)를 귀하게 여겼다.』라고 씌어 있는데, 여기서 『허』란 허정(虛靜)·무위(無爲)를 의미하는 것으로서, 열자는 도가들에게 선구자로 존경을 받았다.

　《열자》는 열어구의 저작으로서 《한서·예문지》에는 《열자》 8편이라고 기재되어 있으나 이것은 일찍이 없어졌다. 따라서 지금 전해지는 책은 그 사상이나 언어로 보아서 진(晋) 때의 작품일 것으로 추측된다.

　민간의 고사(故事), 우언(寓言), 신화, 전설 등을 내용으로 하고 있으며, 그 중 《양주편》은 개인의 쾌락을 주장하는 퇴폐적 사상을 반영하고 있다.

　그 후 당(唐) 천보(天寶) 원년(742)에 《열자》는 《충허진경(冲虛眞經)》으로 존중되었으며 도교 경전의 하나가 되었다.

《한비자(韓非子)》

　한비자는 성이 『한』, 이름이 『비』로서 전국 말기의 철학자요, 법가의 대표적 인물로 일컬어진다. 그는 한의 귀족 출신으로서 이사(李斯)와 함께 순자(荀子)에게서 배웠는데, 그가 장자 등과 같이 한자(韓子)라 불리지 않고 한비자라고 불리는 것은 후대 당(唐)의 한유(韓愈)가 한자로 불리기 때문이다.

　그는 왕에게 제도를 개혁하여 백성이 부유해지고 군사가 강력해지도록 힘쓸 것을 건의했지만 채택되지 않았다. 그 후 《고분편》, 《오두편》 등 10여만 언을 지어 진왕 정(秦王 政, 진시황)에게 발탁되었으나, 오래지 않아 이사와 요가 등에게 해를 입어 옥중에서 자살했다.

그는 도(道), 유(儒), 묵(墨) 등 각 학파의 사상을 흡수하고 전기 법가의 사상을 선택적으로 받아들여 법가 학설을 집대성하였는데, 법가란 전국 시대의 중요 학파들 중의 하나로서 다음과 같은 주장을 내세우고 있다. 『각기 그때에 따라 법을 제정하고, 그 형세에 따라 예(제도의 의미에 가깝다)를 조정한다. 예와 법은 그것이 적용되는 때에 따라 정해져야 하고, 제도와 명령은 각기 그 이치에 따라야 한다.』

그는 상앙(商鞅)의 법에 의한 통치와 신불해(申不害)의 술(術)에 의한 통치, 그리고 신도(愼到)의 세(勢)에 의한 통치를 종합하여 법을 중심으로 한 법·술·세 삼자 합일의 군주 통치술을 제시하여 후세에 큰 영향을 미쳤으며, 철학상으로는 순자의 유물론을 발전시켜, 『도』가 사물 운동의 보편적 법칙이요, 『이(理)』는 구체적인 사물 운동의 특수한 법칙이라고 하였다.

《한비자》는 선진시대의 법가 사상을 집대성한 작품으로서, 한비자가 죽은 뒤, 후대 사람들에 의해 수집되고, 또 그에 대해 논술된 학설 등이 추가되어 편집된 것이다. 이는 모두 55편 20권이며, 그 중 중요한 편으로는 『고분(孤憤)』, 『해로(解老)』, 『유로(喩老)』, 『문전(問田)』, 『정법(定法)』, 『오두(五蠹)』, 『현학(顯學)』 등을 꼽을 수 있다.

《공자(孔子)》

공자는 춘추 말기의 사상가, 정치가, 교육가로서 유가의 창시자이며, 이름은 구(丘), 자는 중니(仲尼)이다. 그는 노(魯)나라의 추읍에서 태어났으며, 선조는 송(宋)의 귀족이었다고 한다. 또한 그의 제자는 3,000여 명에 달하는데, 그 중 유명한 제자가 70여 인이나 된다고 한다.

공자는 유가의 창시자라고 했는데, 여기서 유가란 공자의 학설을 신봉하는 학파로서, 그 학설의 핵심은 요(堯)·순(舜)의 도를 계승하고, 문왕과 무왕의 법을 본받아 예악(禮樂)과 인의(仁義)를 숭상하고, 충서(忠恕)와 중용(中庸)의 가르침을 제창하는 데에 있었다. 정치에 있어서는 『덕과 인으로 다스릴 것』(德治, 곧 仁治)을 주장하였고, 그를 위한 윤리 도덕

교육을 중시하였다.

한(漢) 이후 이 학설은 2천년 동안 봉건 문화의 정통으로 인정되어 지대한 영향을 미쳤으며, 아울러 공자는 봉건 통치자들로부터 한결같이 성인으로 받들어졌다.

현존하는 《논어》는 공자 자신의 담화와 제자와의 문답을 기록하고 있으므로 공자의 학설을 연구하는 데에 귀중한 자료가 되고 있다.

《묵자(墨子)》

묵자는 춘추·전국 교체기의 사상가·정치가이자 묵가의 창시자이기도 하다. 이름은 적(翟)이며, 원래 송나라 사람이었으나 뒤에 오랫동안 노나라에 있었다고 한다.

처음에 그는 유가의 학문을 배웠으나 번잡한 예(禮)의 이론에 불만을 품게 되어 유가에 대한 주요 반대파를 형성하게 되었다. 이것이 바로 묵가인데, 묵가는 초기에는 묵자 자신이 주장한 『두루 사랑함』(兼愛), 『침략 전쟁을 반대』(非攻), 『기능인 존중』(尚賢), 『윗사람의 뜻에 따를 것』(尚同), 『하늘의 뜻을 따름』(天志), 『귀신이 있음을 밝힘』(明鬼), 『장례의 간소화』(節葬), 『근검절약』(節用), 『음악을 반대』(非樂), 『숙명론 비판』(非命) 등의 주장을 중심으로 유가에 대한 정치 학술 사상을 전개하였다.

묵자의 학설은 당시 사상계에 지대한 영향을 미쳤으며, 특히 그의 이론 체계 중 유물주의적 경험의 주장은 후기 묵가 학파가 발전시켰는데, 종교, 미신에 관한 형식은 바로 이들에 의해 극복되었다.

《한서·예문지》에는 《묵자》 71편이라고 기재되어 있으나 현존하는 것은 53편뿐이다. 그 중 『겸애』·『비공』·『천지』·『명귀』·『상현』·『상동』·『비악』·『비명』·『절장』·『절용』 편 등은 대표적인 것이다.

묵가는 전국시대에 이르러서는 세 파, 즉 상리(相里), 상부(相夫), 등능(鄧陵)으로 나뉘어진다.

《맹자(孟子)》

맹자는 전국시대의 사상가, 정치가, 교육자로서 이름은 가(軻), 자는 자여(子輿)이다. 그는 추(鄒)나라에서 태어났으며 자사의 문인에게서 배웠다고 한다.

그는 통치자들에게는 백성을 중시할 것을 권유했으며, 어진 정치를 행할 것을 강력히 주장했다. 또한 성선설에 입각하여 『양지(良知)』와 『양능(良能)』의 이론을 내세우기도 했으나 환경과 교육이 인간에 미치는 영향도 역시 중시하였다. 그리고 그는 주관적 정신의 작용을 지나치게 강조하였기 때문에 관념론적 이론 체계를 형성하여 후대 송 유학자들에게 큰 영향을 주기도 했다.

《맹자》는 유가 경전의 하나로서 맹자와 그 제자인 만장 등이 저술한 것이다. 《한서·예문지》에는 11편이라고 기재되어 있으나 지금은 7편으로 되어 있다.

《순자(荀子)》

순자는 조(趙)나라 사람으로서 이름은 황(況)이며, 그 시대 사람들은 그를 존경하여 『경(卿)』이라고 불렀는데, 한(漢) 때의 선제(宣帝)의 이름(詢)을 피하기 위해 손경(孫卿)이라 칭했다.

그는 진의 중국 통일 이전의 제자(諸子)의 학술 사상을 비판, 종합하여 고대 유물론 사상에 발전을 가져왔다.

미신적인 학설을 반대하고 자연의 법칙을 객관적인 것으로 보았으며, 인간은 『천관』(天官 : 감각 기관)과 『천군』(天君 : 마음)의 지각 작용을 통해 객관 세계를 인식할 수 있다고 인정하고 감각〔天官〕에 대한 사유〔天君〕의 우월성을 강조하였다.

또한 그는 맹자의 성선설에 반대하여 인간은 사법(師法)에 의한 교화와 예의의 도가 있어야만 선해질 수 있다고 하여 환경과 교육이 인간에 미치는 영향을 중시하였는데, 여기에서 그의 예치와 법치가 서로 결합된 정치관이 세워져, 유가의 정명론(正名論)을 견지하여 고대 논리학을 건립하는 데 공헌하였다. 따라서 그의 문장은 이치가 분명하고 구성이 엄밀하였다.

《순자》는 모두 32편인데, 그 중에서 『대략(大略)』, 『유좌(宥坐)』 등 마지막 여섯 편은 문하의 제자들이 기록한 것 같다. 그 내용은 선진시대의 철학 사상을 총결하여 발전시킨 것으로서, 『천론(天論)』편에서는 주로 자연관을, 『해폐(解蔽)』편에서는 주로 인식론을 서술하고 있다. 또한 『정명(正名)』편에서는 논리학에 대해 서술하고 있으며, 윤리 정치 사상을 서술한 것으로는 『성악(性惡)』·『예론(禮論)』·『왕패(王覇)』·『왕제(王制)』편 등이 있다.

기 타

이상의 저서 외에도 제자백가를 이해하는 데 필요한 《전국책(戰國策)》, 《여씨춘추(呂氏春秋)》, 《회남자(淮南子)》, 《사기(史記)》 등에 대해 간단히 설명해 보고자 한다.

먼저 《전국책》은 전한(前漢) 시대의 유향(劉向)이 편찬한 책으로서 모두 33권으로 되어 있다. 이것은 주로 중국 전국시대에 활약한 책사(策士)와 모사(謀士)들의 문장을 모은 것으로서 주나라 원왕에서부터 진나라 시황까지 240여 년간에 살았던 여러 인사들의 주장이 실려 있는데, 여기에 기록된 것들은 《사기》의 내용과 합치되는 것이 많다.

《여씨춘추》는 전국말 진의 재상 여불위(呂不韋)가 식객을 모아 공동으로 저술한 것으로서 잡가를 대표하는 저작이다. 이것은 일명 《여람(呂覽)》이라고도 하며, 모두 26권 160편으로 구성되어 있다. 내용은 유가·도가 사상을 위주로 명가·법가·묵가·농가·음양가의 학설을 겸하고 있어, 당시 진이 천하를 통일하고 국가를 다스려 나가는 데 사상적 기반을 제공해 주었다.

《회남자》는 일명 《회남홍렬(淮南鴻烈)》이라고도 하며, 서한 회남왕 유안과 그의 문객들인 소비, 이상, 오피 등이 저술한 것이다. 내편 21편, 외편

33편으로 되어 있는데, 내편에서는 도(道)를 논하고 있으며, 외편은 잡설이다. 현재는 단지 내편 21편만 전한다. 내용은 도가 사상을 위주로 유가, 법가, 양음오행가 등이 섞여 있으며, 유물주의의 관점에서 『도(道)』, 『기(氣)』에 관한 학설을 내세우고 있어서 자연과학사의 자료도 상당히 포함하고 있다.

《사기》는 전한(前漢) 시대의 역사가 사마천(司馬遷)의 저서로서, 역대 왕조의 편년사(編年史)인 본기(本紀) 12권, 연표(年表) 10권, 부문별 문화사인 서(書) 8권, 열국사(列國史)인 세가(世家) 30권, 개인의 전기집인 열전(列傳) 70권 등으로 구성되어 있다. 이 저술은 상고시대의 황제로부터 전한의 무제에 이르기까지 약 2천 수백 년간의 일을 기술한 통사로서, 사마천은 그 당시 다른 역사가들이 시도하지 못했던 독특한 형식으로 종합하고 기술하는 데에 성공한 것이다.

莊 子 篇

■莊 子

三十三卷＝三十三篇(內篇七, 外篇十五, 雜篇十一)으로 이루어진다. 戰國期의 전형적인 道家이자 철학자인 莊子, 즉 莊周(B.C. 370~300)의 저서라고 하는데, 外篇·雜篇의 대부분은 그의 後學, 이른바 莊子學派의 사람들에 의해 씌어졌다고 생각된다. 내용은 물론 莊子流의 자유분방한 인생 철학을 기축으로 삼고 있는데, 그 속에 아로새겨진 가지가지 설화는 고대 우화문학의 정화로서 특히 즐겨 읽을 만하다.

대붕(大鵬)과 작은 새　　　　　　　——逍遙遊

북해 끝 쪽에 곤(鯤)[1]이라고 하는 고기가 있는데, 그 크기가 몇천 리나 되는지는 알 수 없다.

또한 곤이 변해서 붕(鵬)[2]이라는 새가 된다는데, 그것의 등만도 몇천 리에 이른다고 한다.

붕새가 힘껏 하늘로 날아오를 때면 그 날개가 마치 하늘을 뒤덮고 있는 구름처럼 보인다.

어 새는 바닷물을 온통 뒤흔드는 큰 바람이 일어날 때면 그때를 틈타 남해 끝으로 옮겨간다. 남해란 대자연이 만들어 놓은 큰 못이다.

제해(齊諧)는 세상의 신기한 것들에 대해 잘 알고 있는 사람인데, 그 사람의 이야기 속에도

「대붕이 남해로 날아갈 때는, 날개로 바닷물을 치는 것만도 삼천 리, 회오리 바람을 타고 허공으로 날아오르는 것만도 구만 리, 이렇게 여섯 달 동안을 계속 날고 난 뒤에야 비로소 날개를 쉰다.」
고 나와 있다.

아지랑이와 띠끌과 먼지와 생물이 토해내는 입김, 그런 것들로 가득차 있는 지상에서 바라보면, 허공은 그저 검푸르게만 보인다. 그러나 그것이 과연 허공 본래의 빛깔일까? 아니면 끝도 없이 너무나도 멀기 때문에 그렇게 보이는 것뿐일까? 저 높은 허공에서 내려다보는 땅 위의 모습도 역시 마찬가지일 것이다.

그리고 물 또한 깊이가 깊지 않으면 큰 배를 띄울 힘이 생기지 않는다. 물 한 잔을 방바닥의 우묵한 곳에 엎질렀을 때 먼지〔芥〕는 떠서 한 조각배가 될 수 있겠지만, 술잔을 놓으면 바닥에 닿고 만다. 물은 얕고 배는 크기 때문이다. 그와 마찬가지로 바람도 강하게 일지 않으면 대붕의 큰 날개를

실을 만한 힘이 생기지 않는다. 그러므로 대붕이 하늘 높이 구만 리를 올라가야만 이 바람은 그 밑에서 일게 되는 셈이다.

이리하여 비로소 대붕은 바람 등에 올라타 푸른 하늘을 업고, 아무런 방해도 받지 않고 남해를 향해 날아가는 것이다.

쓰르라미나 작은 비둘기〔鷽鳩〕는 대붕의 모습을 보고 이렇게 비웃는다. 「우리들은 힘을 주어 훌쩍 날아, 느릅나무나 참빗나무 가지를 향해 뛰어오르려 하지만, 때로는 거기조차 미치지 못하고 땅으로 뚝 떨어지고 만다. 저 녀석처럼 굳이 구만 리나 날아올라가서 남쪽으로 가는 따위의 짓은 하지 않는다.」

푸른 풀이 우거진 교외로 놀러 가는 사람은, 세 끼 먹을 도시락만 준비해 가면 돌아와서도 배고픈 일은 없게 된다. 그러나 백 리 길을 가려 하는 사람은, 전날 밤부터 쌀을 찧어 양식을 마련하지 않으면 안 된다.

또 천 리나 되는 먼 길을 가려는 사람은 석 달 전부터 그 양식을 장만해 두어야 한다. 그러고 보면 쓰르라미나 비둘기같이 작은 것이 대붕의 마음을 알 리가 없다. 대체로 말해서 지혜가 작은 것은 지혜가 큰 것을 따르지 못하고 수명이 짧은 것은 수명이 긴 것에 미치지 못한다. 쉬운 예를 든다면, 아침에 생겨났다가 저녁에 죽는 버섯〔朝菌〕은 한 달이 얼마나 긴지 모르고, 여름에 생겨났다가 가을에 죽는 여름 매미는 일 년이 얼마나 되는 것인지 모른다. 수명이 짧은 것들이기 때문이다. 그런데 초(楚)나라 남쪽에 있는 명령(冥靈)이란 나무는, 오백 년을 봄으로 삼고 오백 년을 가을로 삼으며, 상고(上古)의 대춘(大椿)이라는 나무는 팔천 년을 봄으로 삼고 팔천 년을 가을로 삼고 있다. 오랜 수명을 누린 사람으로 팽조(彭祖)[4]가 특히 유명한데, 사람들은 그 하찮은 팽조가 되고 싶어하고 있으니 이 얼마나 가련한 이야긴가.

옛날 은(殷)나라 탕왕(湯王)이 극(棘)[5]이라는 어진 사람에게 들은 이야기에도 이와 비슷한 내용이 있다.

먼 황야 북쪽에 명해(冥海)라는 못이 있어 그 못에 고기가 살고 있는데 몸의 너비만도 수천 리나 되고 길이는 얼마나 되는지 모른다. 그 고기의 이름이 곤이다.

　거기에는 또 새가 살고 있는데, 그 이름을 붕이라고 한다. 붕새의 등은 태산만큼이나 크고, 날개는 허공을 내리덮고 있는 구름과 같다. 회오리 바람을 타고 구만 리를 하늘로 날아오르고 구름을 꿰뚫고 푸른 하늘을 업은 채 남쪽을 향해 남해로 날아가려 한다. 그런데 메추라기〔斥鴳〕는 그런 대붕의 모습을 보고 이렇게 비웃는다.

　「저 녀석은 대관절 어디로 가려는 것일까. 나는 아무리 날아 보아야 고작 네댓 길 높이밖에 오르지 못하고, 다북쑥〔蓬蒿〕 사이를 날아다닐 뿐이지만, 그래도 더할 나위 없이 즐겁기만 하다. 그런데 저 녀석은 대관절 어디까지 날아가려는 것일까.」

　이것이 바로 작은 것과 큰 것의 차이이다.

　　　註 1) 鯤　본래는 작은 고기의 이름. 莊子가 일부러 큰 고기의 이름으로
　　　　　 썼다.
　　　　2) 鵬　상상의 새.
　　　　3) 齊諧　사람의 이름, 혹은 책 이름이라는 설도 있다.
　　　　4) 彭祖　堯 시대의 인물. 800년을 살았다 한다.
　　　　5) 棘　湯 시대의 현인. 가공 인물인 것 같다.

물건의 사용법　　　　　　　　　　　　　　——逍遙遊

　송(宋)나라에 손발을 트지 않게 하는 약을 잘 만드는 사람이 있었는데, 그는 조상 때부터의 가업(家業)인 무명 바래는 일을 하고 있었다. 그 이야기를 들은 나그네 한 사람이, 그를 찾아와 약 만드는 처방을 백 금(金)에 사고 싶다고 했다. 그래서 그는 가족들을 모아 놓고 상의를 했다.

　「우리는 조상 때부터 무명 바래는 것을 직업으로 삼아왔지만, 벌이래야

고작 오륙 금(金)밖에 되지 않는다. 그런데 지금 이 약 처방을 팔면 당장 백 금이 생긴다. 팔도록 하는 것이 좋겠다.」
하고 결정을 보게 되었다.

그 처방을 산 나그네는 오왕(吳王)에게 가서 그 약을 군대에서 쓰도록 권했다. 얼마 안 있어 오나라와 월나라 사이에 전쟁이 벌어지자, 오왕은 그를 대장으로 삼아 한겨울에 월나라 군사와 물에서 싸우게 했다. 오나라 군사들은 약 덕분에 손발 어는 일이 없어 크게 승리를 거두었다. 왕은 그에게 땅을 주고 대부(大夫)의 벼슬을 내렸다.

손발을 트지 않게 한다는 점에서는 마찬가지였지만, 한쪽은 대부로 출세를 하고, 한쪽은 끝내 무명이나 바래고 살 수밖에 없었던 것은 결국 그것을 이용하는 방법에 차이가 있었기 때문이다.

조삼모사(朝三暮四)   —— 齊物論

각각 한쪽으로 치우친 이야기들을 머리를 짜가며 하면서도, 그것을 근본적으로 캐고 들어가면 결국은 마찬가지라는 것을 모르고 있다. 이런 것이 바로 조삼모사라는 것이다.

원숭이를 기르는 어떤 사람이 원숭이들에게 도토리를 나눠 주면서
「오늘부터는 아침에 세 개, 저녁에 네 개씩이다.」
하고 말했더니 원숭이들이 모두 화를 냈다. 그래서
「그럼, 아침에 네 개, 저녁에 세 개씩으로 한다.」
하고 말을 바꿔 놓자, 이번엔 원숭이들이 모두 기뻐했다는 것이다.

명목이나 실속에서 조금도 다를 것이 없는데도, 기뻐했다 성을 냈다 하는

것도 이와 마찬가지다. 그러므로 성인은 대시(大是)에 의해 천균(天鈞), 즉 자연적으로 이루어진 균형 잡힌 세계에서 편안하게 살고 있다. 그것은 또 양행(兩行), 즉 옳고 그른 것이 다같이 행해지면서도 조금도 장애가 없는 세계로 일컬어지기도 한다.

올바른 판단　　　　　　　　　　　　—— 齊物論

설결(齧缺)[1]이 그의 스승인 왕예(王倪)[2]에게 물었다.

「선생님께선 모든 사람이 다 옳다고 인정하는, 즉 참다운 도(道)가 어떤 것인지 알고 계십니까?」

「내가 어떻게 그런 것을 알 수 있겠느냐.」

「그러면 그것을 알지 못한다는 것은 알고 계시겠군요?」

「그것도 모른다.」

「그렇다면 세상에는 안다는 것이 없는 것입니까?」

「그것도 알 수 없지. 그러나 굳이 말한다면, 우리들이 말하는 안다는 것이 실은 모르는 것인지도 모를 일이며, 모른다는 것이 실은 아는 것이 될지도 모를 일이다. 또 하나 시험삼아 네게 물어 보겠는데 사람은 습기가 많은 곳에 살면 신경통이나 반신불수에 걸리게 되지만, 미꾸라지는 과연 어떻겠느냐. 또한 사람은 나무 위에서 살면 무서워서 부들부들 떨지만, 원숭이는 과연 어떻겠느냐. 그러나 이 세 가지 중 과연 어느 쪽이 가장 올바른 곳에 살고 있는지는 아직 결정된 것이 아니다. 먹는 것도 사람은 소나 돼지를 먹지만 고라니와 사슴은 풀을 먹으며, 지네는 뱀을 좋아하고, 솔개와 까마귀는 쥐를 잘 먹는다. 그러나 이 네 가지 중에서 어느 쪽이 가장 올바른 음식맛을 알고 있는지는 결정할 수 없는 일이다. 또 하나, 원숭이는 같은 종류의 편저(猵狙)라는 원숭이를 암컷으로 삼고, 고라니는 사슴과 교미하며, 미꾸라지는 물고기와 사이좋게 지낸다. 모장(毛嬙)[3]과

여희(麗姬)[4]는 천하 사람들로부터 미인으로 환영받지만, 물고기는 이들을 보면 무서워서 물 속으로 숨어 버리고, 새는 이들을 보면 하늘 높이 날아가 버리며, 사슴은 정신없이 달아나 버릴 것이다. 그러므로 이 네 가지 중 어느 쪽이 가장 올바른 미색(美色)을 알고 있다고 단정할 수는 없다. 그러므로 나에게 말하라고 한다면, 인의(仁義)니 시비(是非)니 하는 것도 그 한계나 구별이 너무도 복잡하게 얽히고 설켜 있다고 하겠다. 어떻게 그렇게 간단히 결정지을 수 있겠는가.」

> 註 1) 齧缺   堯 시대의 현인, 許由의 스승.
> 2) 王倪   堯 시대의 현인.
> 3) 毛嬙   越王 句踐의 애첩.
> 4) 麗姬   晋獻公의 寵姬, 麗는 驪로 통함.

여희(麗姬)의 눈물과 웃음   —— 齊物論

인간이 살아 있음을 기뻐하는 것은 천박하고 잘못된 생각일지도 모르며, 죽는 것을 싫어하는 것은 어렸을 때 고향을 떠나 객지에 살게 된 사람이 고향으로 돌아가는 것을 잊고 있는 것과 같은 것일지도 모른다.

여희라는 미인은 애(艾)라는 곳에 사는 변방지기의 딸이었는데, 처음 진(晋)나라로 끌려갔을 때는 옷깃이 흠뻑 젖도록 울기만 했었다. 그러나 이윽고 궁중으로 들어가 화려한 침대에서 임금을 모시며 맛있는 음식을 먹게 된 뒤로는, 도리어 처음에 울고불고했던 것을 후회했다고 한다. 그것과 마찬가지로 죽은 사람이 살아 있는 동안 더 살고 싶어했던 것을 후회할지도 모르지 않는가.

또 꿈속에서 술을 마시며 기뻐한 사람이 아침에 울며 슬퍼하기도 하고, 꿈속에서 울며 슬퍼한 사람이 아침에 즐겁게 사냥하러 가는 일도 있다.

꿈을 꾸고 있는 동안은 그것이 꿈인 줄 모르고, 또 꿈속에서 그 꿈이 좋고 나쁜 것을 점치며 기뻐하기도 하고 슬퍼하기도 하지만, 꿈을 깨고 나서야 비로소 그것이 꿈인 것을 깨닫는다. 그것과 마찬가지로 확고하게 진리를 깨달은 뒤에라야 인간의 삶이 또한 하나의 커다란 꿈에 지나지 않는다는 것을 알 수 있을 것이다.

어리석은 사람들은 천박한 생각 속에 얽매여 살면서 그래도 올바른 정신을 가진 줄 알고, 영리한 체하며, 저 분은 귀족이다, 이 녀석은 소몰이꾼이다 하고, 귀함과 천함, 위아래의 구별을 하곤 하는데, 참으로 가소로운 일이다.

그림자와 망냥(罔兩)[1]　　　　　　—— 齊物論

망냥이 그림자를 보고 물었다.

「넌 왜 그 모양이지? 금방 걸어가는 것 같더니 어느새 우뚝 서버리고, 금방 앉아 있는 것 같더니 어느새 또 일어나 버리니, 그 따위 절조(節操) 없는 행동이 또 어디 있겠느냐?」

그러자 그림자는 이렇게 대답했다.

「글쎄, 난 아무래도 형체의 지시에 따라 움직여야만 되는 것 같다. 그런데 내가 우러러보고 있는 형체 자체 역시 조화신(造化神)의 지시에 따라 움직이지 않으면 안 되는 것 같다. 내가 형체에 이끌려 움직이는 것은, 뱀의 배에 붙은 비늘이나 쓰르라미의 날개가 뱀이나 쓰르라미에 따라 움직이는 것과 같은 이치인 것 같다. 하물며 그런 내가 왜 걸어갔다 앉았다 하는지, 왜 우뚝 서거나 벌떡 일어나는지 알 턱이 있겠는가.」

註 1) 罔兩　그림자 주위에 생기는 엷은 그림자.

나비의 꿈 —— 齊物論

언젠가 나, 장주(莊周)[1]는 꿈속에서 나비가 되었다. 훨훨 날아다니는 나비가 되었다. 나는 마음껏 즐기는 가운데 내가 나라는 것마저 잊고 말았다.

얼마 후 문득 꿈에서 깨니 나는 여전히 나 그대로였다.

그러면 지금의 내가 꿈속에서 나비가 되었던 것일까. 아니면 그 나비가 꿈을 꾸면서 지금의 나로 변한 것일까.

물론 지금의 모습에서는 장주와 나비 사이에는 뚜렷한 구별이 있다. 그러나 그것은 물화(物化), 즉 온갖 것이 끝없이 변화한 거짓 모습〔假相〕인 것이다.

> **註** 1) **莊周**   莊子의 이름은 周, 子란 男子를 아름답게 일컫는 이름, 요즘의 선생과 같은 뜻이다.

들꿩의 즐거움 —— 養生主

공문헌(公文軒)[1]이 형(刑)을 받아 한쪽 발이 잘린 우사(右師)[2]의 모습을 보고 깜짝 놀라 물었다.

「아니 이게 무슨 일인가. 대관절 어쩌다가 그렇게 되었는가. 하늘 때문인가, 사람들 때문인가.」

우사는 대답했다.

「하늘 때문이지 사람 때문은 아니야. 하늘이 나를 만들었을 때 쪽발이가 되도록 운명을 지어 준 것이네. 원래 사람은 두 발을 갖도록 되어 있는

만큼, 내가 이렇게 된 것은 하늘 때문이지 사람 때문은 아닐세. 저 들판에
사는 꿩을 보게. 열 걸음쯤 걸어가서야 겨우 한 번 쪼아먹고, 백 걸음쯤
가서야 겨우 한 모금 마시며, 눈으로 보기에는 몹시 부자유스러운 것처럼
보이지만 그런 생활을 그만두고 새장 속에서 살기를 바라지는 않는다네.
새장 속에서는 아무리 먹을 것이 풍족하고 기운이 펄펄 난다고 하더라도
자유라는 것을 즐길 수 없으니까.」

> 註 1) 公文軒　상고시대의 현인.
> 2) 右師　상고시대의 현인, 樂官.

제(帝)의 현해(懸解)　　　　　　　── 養生土

　노담(老聃)[1]이 죽자, 그의 친구인 진실(秦失)[2]이 조상을 갔다. 진실은
형식대로 세 번 울고는 곧 돌아가려 했다. 노담의 제자들이 웬일인가 싶어
물어 보았다.
「손님께선 우리 선생님의 친구가 아니십니까?」
「친구일세.」
「그런데, 겨우 이런 정도의 인사만으로 괜찮을까요?」
「처음엔 나도 그 사람을 남과 똑같은 사람인 줄 알고 있었으나 지금은
그렇게 생각하지 않네. 방금 내가 조상을 하러 가서 보니 노인들은 마치
자기 아들이라도 잃은 듯이, 또 젊은 사람들은 마치 친부모라도 잃은 듯이
울며 슬퍼하고 있더군. 결국 그런 사람들만 모여 있는 것을 보면, 비록
그가 자기 죽거든 섭섭해하라든가 울어 달라든가 하는 부탁은 하지 않
았더라도 역시 그가 그렇게 하도록 만든 것이 틀림없네. 대개 사람이 죽
었다고 해서 울며불며 하는 것은 하늘의 도리에서 벗어나고, 사람의 자
연스런 감정에 어긋나는 일이며, 하늘로부터 받은 인간의 생명이 어떤

것인가를 잊고 있는 행동이야. 옛날 사람은 이것을 『둔천(遁天)[3]의 형(刑)』, 즉 천명(天命)을 도피하는 죄라고까지 불렀어. 자네들 스승이 우연히 세상에 태어난 것은, 마침 태어날 시기가 되었던 것뿐이며, 우연히 이 세상을 뜬 것은 죽을 차례가 돌아온 것뿐일세. 시기를 조용히 받아들이고 차례에 따르는 것뿐이라면 삶의 즐거움도 죽음의 슬픔도 마음에 스며들 여지가 없을 것이네. 이러한 도리를 깨달은 사람을 옛날 사람은 『제의 현해』[4] 즉 하느님이 인간에게 내린 삶과 죽음의 끄나불을 벗어 버린 사람이라 불렀네. 게다가 인간 개개인의 육체는 죽음에 의해 없어져 버릴지 모르지만, 인간의 생명은 영원한 것일세. 마치 장작이 인간의 육체라면 그것을 태우는 불길은 생명이며, 한 개 한 개의 장작은 타서 없어지지만, 불 그 자체만은 장작에서 장작으로 옮겨가며 어디까지나 계속 타고 있는 것과 같은 것이라네.」

    註 1) **老聃**　老子임. 《史記》에는 그가 죽은 곳을 모른다고 했다. 여기의
　　　죽음은 寓意이다.
　　2) **奏失**　가상 인물.
　　3) **遁天**　자연의 이치를 떠남.
　　4) **帝의 懸解**　天帝가 부여한 삶과 죽음의 고통을 벗어남.

당랑(螳螂)의 어리석음　　　　　— 人間世

「그대는 저 당랑을 모르는가. 당랑은 앞발을 번쩍 들고 큰 수레 앞을 딱 가로막고는 그 수레와 도저히 상대가 되지 않는다는 것을 모르고 있다. 평상시 작은 벌레들을 잡아먹던 팔힘만을 뽐내고 있는 것이다. 주의하고 조심해야 한다. 자기의 잘난 것만 뽐내며 상대방을 무시하는 것은 위험한 일이다. 그대는 사람이 범을 길들이는 방법을 모르는가. 그는 범에게 결코 산 먹이를 주지 않는다. 그것은 범이 산 먹이를 잡아먹으려고 덤벼들 것을

두려워하기 때문이다. 또 그는 먹이를 줄 때 결코 짐승을 통째로는 주지 않는다. 범이 먹이를 찢어먹으려고 성내는 것이 두렵기 때문이다. 이같이 하여 그는 범의 배고픔을 잘 조절하며 범의 성내는 버릇을 없애는 데 주력한다. 범은 인간과 종류가 다르지만 여전히 주인을 잘 따르는 것은 범을 기르는 사람이 범의 본성을 거스르지 않기 때문이다. 잘못하여 그 범에게 죽게 되는 것은 범의 본성을 거슬러 마음에 들지 않는 짓을 하기 때문이다. 또 말을 사랑하는 사람은 좋은 바구니에 똥을 담고, 깨끗한 대합 조개 껍데기에 오줌을 받을 정도로 그를 귀여워하지만, 모기나 말파리가 붙어 있는 것을 보고 갑자기 탁 치기라도 한다면 말은 깜짝 놀라 재갈을 물어 끊고, 머리나 가슴에 상처를 입을 정도로 몸부림치는 일도 있다. 이것은 말을 사랑하는 마음은 크면서도 우연한 부주의로 그 사랑을 형편없이 만들어 버린 것이다. 어떻게 조심하지 않을 수 있겠는가.」

상구(商丘)의 큰 나무　　　　　　　　—— 人間世

남백자기(南伯子綦)[1]가 상구로 놀러 갔다가 이상하게 생긴 큰 나무 한 그루를 보게 되었다. 말 네 마리가 끄는 마차가 천 대라도 그 나무 그늘에 묻힐 만큼 컸다. 자기는
「이것이 무슨 나문지 모르겠지만 틀림없이 좋은 재목이 될 수 있을 거야.」
하고, 우러러 그 나무를 살펴보니 온통 꾸불텅꾸불텅해서 도리〔棟〕나 들보〔樑〕로는 도저히 쓸 수가 없었고, 아래로 그 굵은 나무등치를 바라보니 속이 텅 비어 있어서 널나무〔棺木〕로도 쓸모가 없을 것 같았다. 잎을 씹어 보니 독이 있어 입이 부르틀 지경이었고, 냄새를 맡아 보니 어찌나 고약한지 사흘은 구역질이 날 것 같았다. 그래서 자기는 혼자 중얼거렸다.
「이건 역시 쓸모가 없는 나무다. 그러나 그 덕분에 이렇게 클 수도 있었던 것이다. 신인(神人)으로 불리는, 덕이 지극한 사람이 그의 생명을 보전하는

것도 이 쓸모없는 나무의 도리에 의한 것이리라.」

    1) 南伯子綦　楚의 隱士, 혹은 南郭子·南伯子葵라고도 한다.

지리소(支離疏)[1]의 팔자　　　　　　　　—— 人間世

  지리소라는 사나이는 턱이 배꼽에 와 닿고, 어깨는 목보다 높으며, 목뼈는 하늘을 향하고, 오장(五臟)의 위치가 머리보다 위에 있으며, 두 넓적다리가 옆구리에 와 있는 그런 곱사등이였다. 그러나 곱사로 등이 휘어 있기 때문에 바느질이나 빨래를 하는 데는 안성마춤이어서 사방에서 데려다 일을 시키므로 먹고 지내는 데는 아무 걱정이 없었고, 키로 쌀과 겨를 까부는 일이라면 열 사람 가족을 넉넉히 먹여 살릴 만했다. 정부에서 사람을 징발할 때에는 뽑혀갈 걱정이 없었기 때문에 두 팔을 내저으면서 그곳에 나타날 수가 있었고, 큰 공사판으로 부역꾼을 마구 뽑아갈 때도 그만은 병신이기 때문에 끌려가는 일이 없었다. 그러면서 정부에서 구제가 있을 때면, 쌀 석 종(鐘)[2]에 장작 열 단은 꼭꼭 받게 되는 늘어진 팔자였다.

  그런데 지리소와 같이 육신이 뒤죽박죽〔支離〕이 된 병신도 자기 몸을 길러가며 하늘이 준 수명을 온전히 할 수 있는데, 하물며 도덕을 거의 뒤죽박죽으로 만드는 사람에 대해서는 말해 무엇하리오. 즉 귀찮기만 한 인의니 도덕이니 하는 따위에 조금도 신경쓸 것 없이 자연 그대로 살아가는 사람이라면 말할 나위도 없이 참된 생명을 온전히 할 수 있을 것이다.

    1) 支離疏　원래 支離는 심한 꼽추를 가리킨다.
    2) 鐘　한 종은 여섯 섬 너 말.

공자(孔子)의 천형(天刑)　　　　　—— 德充符

노(魯)나라에 숙산무지(叔山無趾)[1]라는 발꿈치 없는 사람〔兀者〕이 있었는데, 어느 날 발을 절뚝거리며 공자를 만나러 왔다. 공자에게서

「당신이 행실을 조심하지 않았기 때문에 마침내 형벌을 받아 그런 꼴이 되어 버린 것이오. 새삼 나를 찾아와 보았자 무슨 소용이 있겠소.」
하는 소리를 듣자 무지는 이렇게 대답했다.

「물론 내가 사람으로서 참된 도리를 다하지 못하고 명리(名利)를 좇아 경솔한 행동을 했기 때문에 마침내 발을 잃긴 했습니다. 그러나 지금 내가 찾아온 것은 발보다도 더 소중한 것이 남아 있어 그것을 잃지 않으려는 생각 때문입니다. 하늘은 만물을 덮고 땅은 만물을 싣고 있다고 합니다. 나는 선생님을 하늘과 땅처럼 넓은 덕을 가지신 분으로 알고 찾아왔는데 그런 선생님께서 이토록 나를 병신이라 해서 천대한다는 것은 너무도 뜻밖의 일입니다.」

공자는 그 말을 듣자

「내가 생각이 모자랐소. 자, 어서 안으로 들어오시오. 내가 아는 데까지는 들려 줄 터이니.」
하고 태도를 바꾸었으나, 무지는 곧장 돌아가 버리고 말았다. 뒤에 공자는 제자들에게 이렇게 타일렀다.

「너희들은 더 열심히 공부하지 않으면 안 된다. 저 무지라는 사람은 벌을 받은 병신인데도 학문에 힘을 기울여 지금까지의 잘못을 보상하려 하고 있다. 너희들 또한 부족한 것이 없는 완전한 사람들이 아니다.」

한편 무지는 노담(老聃)을 찾아가서 이렇게 말했다.

「저 공구(孔丘)[2]란 사람은 덕이 지극한 사람이 되려면 아직도 멀었더군요. 그런데 어떻게 제자들을 가르친다고 그렇게 야단이지요? 틀림없이 아는 것이 많다는 터무니없는 평판을 들으려는 것이겠지만, 덕이 지극한 사람의 위치에서 볼 때, 그런 평판 따위는 자기 몸을 속박하는 수갑이나 차꼬와 마찬가지라는 사실을 모르고 있는 것 같습니다.」

「구태여 그렇게만 말하지 말고, 덕이 지극한 사람은 죽고 사는 것을 하나로 보고, 옳고 그른 것을 마찬가지로 안다는 것을 가르쳐 주어 그 수갑과 차꼬를 풀어 주는 것이 좋지 않을까.」

「아닙니다. 그는 명성에 사로잡힌, 말하자면 천형을 받은 사람이라서 도저히 달리 구원할 도리가 없습니다.」

> 駐 1) 叔山無趾 叔山은 성씨, 그에게 발자취가 없으므로 無趾로 이름을 삼았다.
>
> 　　 2) 孔丘 孔子.

좌 망(坐 忘)　　　　　　　　—— 大宗師

공자의 사랑하는 제자인 안회(顔回)가 공자를 보고 말했다.
「저도 이제 많은 수양을 얻게 되었습니다.」
「무엇이 어떻다는 말이냐?」
「저는 인의(仁義)를 잊어버릴 수 있습니다.」
「그건 장한 일이다. 그러나 그것만으로는 아직 충분하지 못하다.」
그 뒤 어느 날, 안회가 다시 찾아와 말했다.
「저도 이젠 수양에서 많이 진보하였습니다.」
「어떻게 말이냐?」
「저는 예악(禮樂)을 잊을 수 있게 되었습니다.」
「그건 장한 일이다. 그러나 그것만으로는 충분하다고 할 수 없다.」
다음날 안회가 또 찾아와 말했다.
「이젠 보다 많은 수양을 얻게 되었습니다.」
「어떻게 말이냐?」
「좌망(坐忘)을 했습니다.」

공자는 깜짝 놀란 표정으로 반문했다.

「좌망이란 무엇이냐?」

「자기 육신을 버리고 총명(聰明)이 소용 없게 되는 것, 즉 모양과 지각(知覺)에서 벗어나 큰 도(道)와 일체가 되는 것, 이것이 앉아 있으면서 잊는 좌망입니다.」

그러자 공자는 말했다.

「도와 일체가 되면 사물에 대한 좋고 싫고 사랑스럽고 미운 감정이 없어지고, 도와 동화되면 모든 집착과 구속에서 벗어나게 된다. 너는 역시 현명하다. 나도 이제 너에게 배우기로 하겠다.」

하늘이냐 사람이냐　　　　　　　　大宗師

자여(子輿)는 자상(子桑)과 친구 사이였다. 장마가 열흘이나 계속되고 있었으므로 자여는 이런 생각을 했다.

『자상은 가뜩이나 가난한데, 이 장마에 먹을 것도 없이 어떻게 살고 있을까.』

그래서 그는 밥을 싸들고 자상의 집으로 찾아갔다. 그런데 자상의 사립문 앞에 이르자 자상이 거문고를 뜯으며 노래도 울음도 아닌 이상한 목소리로

「아버지냐? 어머니냐? 하늘이냐? 사람이냐?」

하고 중얼거리는 소리가 들려왔다. 배가 고픈 탓인지 소리가 노래가 되지 못하고 연거푸 같은 소리만을 되풀이할 뿐이었다.

자여가 안으로 들어가서

「자네는 아버지냐 어머니냐 하늘이냐 사람이냐 하고 노래를 하는데, 그건 무슨 의미인가?」

하고 묻자, 자상은 이렇게 대답했다.

「내가 대관절 어떤 인과(因果)로 이런 곤궁에 빠져 있는지 생각해 보았는데 전혀 알 수가 없어. 아버지나 어머니가 설마하니 나를 가난에 빠뜨려 놓고 기뻐할 리도 없으며, 하늘과 땅도 굳이 나만을 가난 속에 밀어 넣을 리도 없잖겠나. 대관절 누구 때문인지 알 수가 없어. 그런데도 이 꼴이 되어 있으니 이건 역시 자연의 운명임을 깨닫고 있네.」

혼돈(渾沌)의 죽음   —— 應帝王

남해의 임금을 숙(儵)이라 하고 북해의 임금을 홀(忽)이라 하고 중앙의 임금을 혼돈이라 불렀다.

숙과 홀 두 임금이 함께 혼돈이 있는 곳으로 찾아갔다. 혼돈은 그들을 반겨 맞아 정중히 대접했다. 숙과 홀은 혼돈의 호의에 어떻게 보답하면 좋을지 상의하였다.

「사람은 누구나 눈과 귀와 입과 코 모두 합쳐 일곱 개의 구멍을 가지고 있고, 그 덕택으로 보고 듣고 먹고 숨쉬고 할 수 있는데 혼돈에게는 그것이 없다. 고맙다는 표시로 우리가 구멍을 뚫어 주는 것이 어떨까.」

그래서 두 임금은 하루에 한 구멍씩 뚫기 시작했는데, 일곱째 날 일을 끝마쳤을 때 혼돈은 이미 숨이 끊어져 있었다.

    註 1) 儵과 忽 둘을 합쳐 儵忽이라고도 하며 어느 것이나 『갑자기』, 『순식간』의 뜻으로 쓰인다.

백이(伯夷)와 도척(盜跖) —— 騈 拇

하인과 하녀 두 사람이 각각 양을 보살피고 있었는데 둘이 똑같이 양을 놓쳐 버리고 말았다. 주인이 하인에게 너는 무엇을 하고 있었느냐고 물었더니 책을 읽는 데 열중해 있었다고 대답하고, 하녀에게 너는 무엇을 하고 있었느냐고 물었더니 주사위놀이를 하고 있었다고 대답했다. 두 사람이 하고 있던 것은 서로 달랐지만 양을 놓친 것은 똑같았다.

성인으로 불리는 백이는 명분과 절의(節義) 때문에 수양산(首陽山) 밑에서 굶어 죽었고, 거물 도둑으로 불리는 도척은 이욕(利欲) 때문에 동릉산(東陵山) 위에서 살해되었다. 두 사람이 죽게 된 이유는 다르지만 그 목숨을 잃고 본성을 해친 것은 마찬가지다. 아무도 백이가 옳고 도척이 옳지 못하다고 말할 수는 없다.

세상 사람들은 모두 자기 이외의 것, 즉 명분이나 절조, 이욕 때문에 몸을 바친다. 다만 그럴 경우, 인의(仁義)를 위해 몸을 바치면 군자라 부르고 재물을 위해 몸을 바치면 소인이라 부른다. 몸을 바치는 것은 마찬가지지만 군자도 되고 소인도 된다. 그러나 생명을 잃고 본성을 해친 점에서는 도척이나 백이나 마찬가지인데, 군자니 소인이니 하고 무슨 구별을 지을 수 있겠는가.

백락(伯樂)[1]의 과오 —— 馬 蹄

말은 그 발굽으로 서리와 눈을 밟고, 그 털로써 바람과 추위를 막는다.

그리고 배가 고프면 풀을 뜯고 목이 마르면 물을 마시며 껑충껑충 뛰어 다닌다. 이것이 말의 본성이다. 말에게는 훌륭한 높은 집이나 궁전 따위는 있어 보아야 아무 소용이 없다.

그런데 백락이란 사람이 나타나서

「나는 말을 길들이는 명수다.」

하고 털을 태우고 깎기도 하며, 발굽을 깎기도 하고 낙인(烙印)을 찍기도 하며, 게다가 고삐를 매고 발을 묶어 마구간에서 기르곤 했기 때문에 열 마리 가운데 두세 마리의 말은 죽고 마는 형편이었다. 백락은 다시 여물과 물을 제한해서 굶주리게도 하고 목마르게도 하며, 빨리 달리고 천천히 뛰는 훈련을 시키며 앞으로 재갈과 가슴걸이(纓)로 못 견디게 하고 뒤로는 채찍으로 위협을 했기 때문에 말은 마침내 반수 이상이나 죽고 말았다.

또 도공(陶工)은

「나야말로 찰흙을 다루는 명수다. 둥근 그릇이라면 둥근 자(規)를 댄 것처럼, 모난 그릇이라면 곡척(曲尺)을 댄 것처럼 만들 수 있다.」

고 하고 목수는

「나야말로 나무를 다루는 명수로서 굽은 것은 굽은 대로 곧은 것은 먹줄 그대로 다듬어 보일 수 있다.」

고 한다. 그러나 찰흙이나 나무 자체가 과연 그런 모양으로 만들어지는 것을 원할 것인가.

세상에서는 백락이야말로 말을 잘 다루는 명수라 떠들어대고, 도공(陶工) 이나 목수는 흙과 나무를 잘 다룬다고 칭찬하고 있지만, 이들은 인의(仁義) 와 예악(禮樂)으로 인간의 본성을 바로잡아 천하를 잘 다스린다고 뽐내는 명군(明君)이니 현사(賢士)니 하는 사람들과 똑같은 과오를 범하고 있는 것이다.

註 1) 伯樂 姓은 孫, 이름은 陽.

도둑의 도덕   —— 胠 篋

거물 도둑인 도척의 부하들이 도척에게 물었다.

「도둑에게도 도덕이 있습니까?」

그러자 도척은 이렇게 대답했다.

「어떤 사회든 도덕이 없는 곳은 없다. 도둑의 사회에서 말한다면 남의 집안에 있는 재물을 알아내는 것이 성(聖)이고, 목표한 곳에 남 먼저 뛰어드는 것이 용(勇)이며, 추격을 막으며 철수하는 것이 의(義), 실행의 가능 여부를 판단하는 것이 지(知), 훔친 물건을 공평하게 나눠 주는 것이 인(仁)이다. 이 다섯 가지 도덕을 가지지 못하는 한 큰 도둑이 될 수 없다.」

이 이야기를 놓고 생각해 볼 때, 착한 사람도 성인(聖人)의 도(道)를 얻지 못하면 그 몸을 편안히 할 수가 없고, 도척과 같은 도둑도 성인의 도를 얻지 못하면 훌륭한 도둑질을 할 수는 없다.

그러나 세상에는 착한 사람이 적고 악한 사람이 많기 때문에 성인의 도란 결국 세상을 이롭게 하기보다는 해치는 경우가 더욱 많다.

오래 살면 욕된 일이 많다   —— 天 地

요(堯) 임금이 화(華)라는 지방으로 순시를 갔을 때 그곳 관문을 지키는 관리가 인사를 올렸다.

「삼가 성인께 축복을 드리며 만수무강하시기를 비옵니다.」

요 임금은 대답했다.

「아니, 나는 사양하겠다.」

「그러하오면 더욱더 부(富)하시기를 비옵니다.」

「그것도 사양하겠다.」

「그러하오면 아들을 많이 두시기를 비옵니다.」

「그것도 사양하겠다.」

그러자 관문지기는 반문했다.

「수(壽)와 부와 아들 많은 것은 누구나가 다 원하는 것인데, 임금께서는 그것을 원치 않으시니 무슨 까닭입니까?」

「아들이 많으면 개중에 못난 놈이 생겨서 도리어 걱정만 많아지고, 재산이 많으면 그만큼 일이 많아지며, 오래 살면 그만큼 욕된 일이 많아진다. 이 세 가지는 어느 것이나 내 몸의 덕을 기르는 데 도움이 되지 못하는 것이라 사양하는 것이다.」

그런 말을 듣자 관문지기는 이렇게 반박했다.

「나는 임금께서 성인인 줄 알았더니 지금 말씀하시는 것을 들으니 고작 군자밖에 되지 못한다는 것을 알았습니다. 하늘은 모든 사람을 낳게 한 다음에는 반드시 그에게 일을 주도록 되어 있습니다. 아들이 아무리 많더라도 각각 일을 맡기게 되면 무슨 걱정이 있겠습니까? 재물이 불어나는 대로 남에게 고루 나눠 주면 또 귀찮을 것이 무엇이 있겠습니까? 대개 참다운 성인이란 메추라기와 같이 집을 가리지 않고 새 새끼처럼 생각 없이 먹으며 새가 날아다니듯이 자유자재로운 법, 세상이 올바르면 모든 사람들과 함께 번영을 누리고, 올바르지 못하면 덕을 닦아 숨어 사는 것도 좋으며, 천 년이나 오래 살다가 세상이 싫어졌을 때면 하늘에 올라가 신선이 되어, 저 흰 구름을 타고 하느님 나라에 사는 것도 무방한 일. 질병과 노쇠와 사망의 세 가지 환난에 시달리는 일이 없이 몸을 언제나 탈없이 지낸다면 아무리 오래 산들 또 무슨 욕된 일이 있겠습니까?」

말을 마치자 그는 곧 떠나가려 했다. 요 임금은 급히 그를 뒤쫓아가 매달리며

「잠깐만 이야기를 좀더 들려 주지 않겠소.」

하고 사정을 했으나, 그는

「저리 물러나시오.」

하고 뿌리쳤다.

옛 사람의 조박(糟粕)   —— 天 道

제(齊)나라의 환공(桓公)이 어전에서 책을 읽고 있는데, 윤편(輪扁)이라는 목수가 어전 뜰에서 수레바퀴를 깎고 있다가 연장을 놓고 어전에까지 올라와서 환공에게
「지금 읽으시는 책에는 누구의 말씀이 적혀 있습니까?」
하고 물었다.
「성인의 말씀이 적혀 있다.」
하고 환공은 대답했다.
「그 성인이 지금 살아 계십니까?」
「이미 돌아가신 지 오래다.」
「그러고 보니 임금님이 읽고 계신 것은 옛 사람의 찌꺼기〔糟粕〕로군요.」
「아니, 과인이 글을 읽는데 네가 감히 그런 말을 하다니. 그만한 이유라도 있으면 모르되, 그렇지 않다면 너는 살아 남지 못하리라.」
「소인은 소인이 하는 일을 두고 하는 말씀이옵니다. 나무를 깎아 바퀴에 맞출 때 너무 수월하게 들어가면 헐거워서 덜거덕거리게 되고, 너무 꼭 끼게 하려면 뻑이 채서 잘 들어가지 않습니다. 너무 헐겁지도 않고 너무 끼지도 않게 하려면 비록 다 같은 손으로 하는 것이긴 하지만 역시 영감(靈感)과 같은 것이 작용하게 됩니다. 그것은 말로 어떻게 하면 된다고 표현할 수 없는 것입니다. 그러한 특기란 것은 소인이 자식에게도 가르쳐 줄 수가 없었고 자식도 소인에게서 배울 수가 없었습니다. 그래서 소인은 이 나이가 되도록 손수 이 일을 하며 살아가고 있습니다. 옛 성인들도 돌아가신 뒤엔 그 마음의 재주란 것이 전해질 리가 없지 않습니까? 그러므로 임금께서 읽고 계신 것도 옛 사람들의 마음의 찌꺼기에 지나지 않는다는 뜻입니다.」

노자의 인의관(仁義觀)   ——天　運

　　공자가 노담(老聃)을 만나 인의(仁義)에 대해 말하자, 노담은 이렇게 말했다.

　「비유해서 말한다면, 겨를 체로 칠 때 그것이 눈에 들어가면 눈이 캄캄해서 앞뒤 좌우조차 분간하지 못하는 경우가 있고, 모기나 등에에게 물리면 가려워서 밤이 새도록 잠을 못 자는 수도 있소. 그러나 그것들은 그때만 마음을 뒤흔들어 놓을 뿐인데 인의란 것은 우리들의 마음을 몹시 흥분시키고 뒤흔들어도 놓는 것이오. 그대도 인의로써 세상 사람들의 순박한 마음을 잃게 만들지 말고, 자연의 덕을 그대로 지니도록 하오. 구태여 혼자 잘난 듯이 큰 북을 등에 지고 두들겨대며 길 잃은 아이들을 찾아 헤매는 것 같은 흉내는 내지 않는 것이 좋다는 말이오. 그리고 또 흰 새는 날마다 목욕을 하지 않아도 새하얗고 까마귀는 날마다 검게 물을 들이지 않아도 새까맣지만, 그것들이 날 때부터 지니고 있는 희고 검은 것은 어느 쪽이 좋고 나쁘다는 표준이 될 수는 없소. 그것과 마찬가지로 인이니 의니 하고 세상의 평판을 염두에 둔다는 것은 아마 옹졸한 생각일 것이오. 물고기만 하더라도 물이 모자란 곳으로 한데 몰려들어 서로의 입김과 물거품으로 몸을 축이고 있는 것보다는 강호(江湖)에서 나를 잊고 물과 하나가 되어 유유히 헤엄쳐 다니는 것이 다시 없이 좋을 것이오. 사람 역시 그 하찮은 인의 따위에 얽매이지 말고, 자연의 대도(大道)에 몸을 내맡기는 쪽이 바람직한 일일 것이오.」

우물 안 개구리   ——秋　水

　　공손룡(公孫龍)[1]이 위(魏)나라 공자(公子) 모(牟)에게 물었다.

「나는 어릴 때부터 선왕(先王)의 도(道)를 배우고 커서는 인의의 행실을 분명히 했으며, 동이(同異)²⁾를 합치고 견백(堅白)을 나누어 그렇지 않은 것을 그렇다고 하고 옳지 못한 것을 옳다고 하여 궤변에 의해 많은 학자들의 지혜를 보잘것없는 것으로 만들고, 모든 변사들의 의논을 꺾게 되었으므로 스스로 다시 없는 달인(達人)으로 자부하고 있었습니다. 그런데 저 장자(莊子)가 말하는 것을 듣고 있노라면 뭐가 뭔지 전혀 갈피를 잡을 수가 없습니다. 내 의론과 지식이 아직 그만은 못한 때문일까요? 도무지 반박을 할 만한 틈마저 보이지 않습니다. 어떻게 하면 그를 입도 못 벌리게 만들 수 있을는지요?」

그러자 공자 모는 책상에 기댄 채 한숨을 쉬더니 하늘을 쳐다보고 웃으면서 이렇게 대답했다.

「그대는 이제는 사용하지 않는 우물 안 개구리의 이야기를 모르는 모양이로군. 그 개구리는 동해에 사는 자라를 보고 이렇게 자랑을 했지. 『나는 사는 것이 참으로 즐겁다. 나무틀 위로 뛰어오르기도 하고 떨어져 나간 옆벽의 기왓장에서 쉬기도 하며, 물에 풍덩 뛰어들어 두 다리를 물 속에 담그고 얼굴만을 물 위로 내놓기도 하고 진흙 속에 발끝을 밀어 넣기도 하며 논다. 주위에는 장구벌레나 가재나 올챙이들이 있지만 어느 것도 나를 당할 놈은 없거든. 우물 안 물을 전부 내가 차지하고, 쓰지 않는 우물 안을 나보란 듯이 돌아다니는 즐거움이란 정말 가슴이 벅차오를 지경이거든. 자네도 가끔 좀 찾아 주지 않겠나?』그래서 자라가 찾아가 보았더니 왼쪽 발이 아직 다 들어가지도 않아서 오른쪽 무릎이 걸릴 지경이었으므로 하도 어이가 없어 뒤로 물러서면서 『내가 살고 있는 동해란 곳은 말이다, 넓이는 천 리에 비할 바가 아니고 깊이 역시 천 길이 넘는단 말이다. 우왕(禹王) 때는 십 년 동안 아홉 번 큰 홍수가 있었지만 물이 불어난 일이 없었고, 탕왕(湯王) 때에는 팔 년에 일곱 번 큰 가뭄이 있었지만 물이 준 일이 없었어. 즉 세월에 따라 변하는 일도 없고 비가 많이 오거나 적게 오는 데 따라 물이 불어나거나 줄어드는 일이 없어. 말하자면 이런 점들이 동해에 사는 즐거움이거든.』하고 들려 주었으므로 우물 안 개구리는 기가 질려 버리고 말았던 거야. 자네 같은 사람도 어느 것이 옳고 그른지 그것마저 잘 구별하지 못하는 주제에 장자의 말을 이러쿵저러쿵 한다는 것부터가

42

흡사 모기에게 산을 지우고 노래기에게 강을 건너게 하는 거나 마찬가
지여서 도저히 말도 안 되는 이야기야. 그리고 장자의 미묘하고 지극한
의론을 알아듣지도 못하면서 하찮은 구변 따위로 한때의 승리를 거둔 것을
뽐내고 있는 꼴이란 우물 안 개구리를 너무도 닮았거든.」

    注 1) **公孫龍** 趙의 辯士, 『堅白의 궤변』으로 유명하다.
         2) **堅白** 단단한 돌은 돌이 아니고 흰 말은 말이 아니라(堅石非石, 白
             馬非馬)는 궤변.
         3) **同異** 상식적인 개념을 뒤바꾼 것, 堅白의 例가 있다.

곡(哭) 대신에 노래를   ——至 樂

장자의 부인이 죽었을 때 친구인 혜자(惠子)[1]가 조상을 갔다. 장자는
비스듬히 기대고 앉아 분(盆)[2]을 두들기며 노래를 부르고 있었다. 그것을
본 혜자가
「자네는 부인과 함께 살며 같이 자식을 기르고 같이 늙어온 사이가
아닌가. 부인이 죽어서 울지 않는 정도라면 또 모르겠는데 분을 두들겨가며
노래까지 부른다는 건 좀 너무하지 않은가.」
하고 나무라자 장자는 이렇게 대답했다.
「그런 게 아닐세. 그 사람이 죽었을 당시에는 나도 슬프지 않은 게 아
니었네. 그러나 잘 생각해 보면 인간이란 애당초부터 생명을 가지고 있지
않았어. 생명은 고사하고 형체도 없었으며 형체는 고사하고 기운조차 없
었네. 그저 망막하고 혼돈된 대도(大道) 속에 섞여 있던 것이 변해서 기운을
낳게 되고 기운이 변해서 형체가 생기고 형체가 변해서 생명을 갖게 되고
그것이 지금 또 변해서 죽어간 것뿐이네. 즉 삶과 죽음의 변천이란 것은
사시(四時)의 순환과 역시 마찬가지가 아닌가. 그리고 모처럼 하늘과 땅을

침실삼아 편안히 잠들어 있는 참된 모습 옆에서 엉엉 소리쳐 운다는 것은
천명(天命)의 자연을 분간하지 못하는 천박한 짓으로 생각되었기 때문에
우는 것을 그만둔걸세.」

　　　圖 1) 惠子　전국시대 송나라 사람으로 名家의 한 사람. 본명은 惠施.
　　　　　2) 盆　뚝배기와 같은 것으로 고대 악기.

꿈속의 문답(問答)　　　　　　　　　　—— 至　樂

　장자는 초(楚)나라로 가던 도중 들판에 버려진 해골을 보게 되었는데,
그것은 바싹 말라빠진 앙상한 형체만이 남아 있었다. 장자는 들고 있던
채찍으로 해골을 두드리며 조용히 말을 건넸다.
　「그대는 삶을 탐내고 욕심에 사로잡혀 이 꼴이 되었는가. 아니면 망국의
화를 입고 처형의 죄를 받아 이 모양이 되었는가. 혹은 못된 일을 저지르고
부모 처자에게 욕된 이름을 남기는 것이 부끄러워 이렇게 되었는가. 굶
주리고 추워서 이렇게 죽고 말았는가. 또는 천수(天壽)를 다하고 이 지경에
이른 것인가.」
　말을 마친 장자는 해골을 끌어당겨 그것을 베개삼아 옆으로 누웠다. 그날
밤 해골이 꿈에 나타나 말을 건넸다.
　「그대의 말하는 품이 흡사 변사인 것처럼 보이는데 그대가 말한 모든
것은 어느 것이나 다 육신이 살아 있는 인간 세상의 근심 걱정일 뿐 죽은
사람의 세계와는 전혀 상관이 없는 일이오. 듣고 싶다면 죽은 사람의 세계가
어떤 것인가를 말해 줄 수도 있소.」
　「좋소. 어디 들어 보도록 합시다.」
　「그런데 죽은 사람의 세계란 위로 임금도 없고 아래로 신하도 없으며
봄 가을 등 계절의 구별조차도 없소. 그저 유연히 하늘과 땅으로서 봄

가을을 삼을 뿐, 그 즐거움이란 인간 세상의 왕자도 알 수 없는 그런 것이오.」

장자는 잘 믿어지지 않아서 다시 물었다.

「하지만 만일 내가 사람의 수명을 맡고 있는 천신(天神)에게 부탁해서 그대의 몸을 옛날 그대로 뼈와 살과 피부를 만들어 부모와 처자와 옛 친구들이 있는 곳으로 보내 줄 수 있다면 그대도 그것을 원하지 않겠소?」

그러자 해골은 몹시 못마땅한 표정을 지으며 대답했다.

「무슨 소리를 하는 거요, 왕자보다도 더한 즐거움을 버리고 또다시 천박한 인간 세계의 고통을 겪으란 말이오?」

나무로 만든 닭　　　　　　　　　　　——達　生

싸움닭을 잘 길들이기로 유명한 기성자(紀渻子)[1]가 한 왕의 부탁으로 싸움닭 한 마리를 길들이게 되었다. 열흘이 지나자 왕은 기성자를 불러 물었다.

「어떤가, 이제 그만하면 싸움을 붙여 볼 만큼 되었는가?」

「아직 멀었습니다. 이제 한창 허세를 부리고 있는 중입니다.」

그 뒤 열흘이 지나 또 물었다.

「아직 멀었습니다. 아직도 다른 닭의 울음소리나 그림자만 보아도 덤벼들려 합니다.」

다시 열흘이 지나서 물었다.

「아직도 멀었습니다. 적을 보면 노려보기만 할 뿐 여전히 지지 않으려는 태도가 가시지 않았습니다.」

그리고 열흘이 지나서 다시 물었다.

「그런 대로 좋을 것으로 보입니다. 이젠 상대방 닭이 아무리 소리치며 덤벼들어도 조금도 태도가 달라지지 않습니다. 멀리서 바라보면 흡사 나무로 깎아 만든 닭처럼 보입니다. 덕(德)이 충실해진 증거입니다. 이만하면 어떤 닭이라도 상대가 되려 하지 않고 틀림없이 도망칠 것입니다.」

註 1) 紀渻子　齊의 현인.

가난과 고생의 차이　　　　　　　　　——山　水

　장자가 누덕누덕 기운 옷에 허리띠를 질끈 동여매고 다 떨어진 신을 새끼로 발에 얽어맨 채 대궐로 위왕(魏王)을 찾아갔다.
　「이거 장선생 아니시오? 고생이 너무도 심하십니다.」
　장자는 위왕의 이 말에 다음과 같이 대답했다.
　「천만에요. 가난하기는 하지만 고생이랄 건 없습니다. 고생이란 선비가 모처럼 도덕을 배웠으면서도 그것을 실천하지 못해 고통스러워하는 모습으로, 누더기 옷에 떨어진 신을 신는 것은 가난한 것은 될 수 있지만 고생이라고는 말할 수 없습니다. 다만 때를 만나지 못했을 뿐이지요. 임금께선 나무를 잘 타는 원숭이를 알고 계시겠지요. 들메〔枏〕나무나 가래나무나 예장(豫章)나무를 만나 가지를 잡고 한창 신바람이 나 있을 때는 예(羿)나 봉몽(逢蒙) 같은 명궁(名弓)으로도 쏘아 떨어뜨릴 수 없지만, 회양목이나 가시나무, 탱자나무처럼 가시가 돋친 위험한 나무 사이에 있을 때는 조심조심 걸어가며, 눈을 두리번거리고 후들후들 겁이 나 떨게 됩니다. 이것은 원숭이의 뼈나 힘줄이 굳어 버려서 그런 것이 아니고, 있는 장소가 불편해서 있는 기능을 제대로 발휘할 수 없기 때문입니다. 그것과 마찬가지로 오늘과 같은 세상에서 어둡고 어리석은 사악한 재상들 틈바구니에 끼여 있게 되면 고통스럽지 않을래야 않을 도리가 없을 것입니다. 비간(比干)이 가슴을 갈라야만 했던 것도 역시 그런 예의 하나로 볼 수 있을 것입니다.」

두 첩(妾)의 아름다움　　　　　　　　—— 山　水

　　양자(陽子)가 송(宋)나라로 가서 어느 여관에 묵게 되었다. 여관 주인에게 두 첩이 있었는데 한 여자는 미인이었고 또 한 여자는 못생긴 편이었다. 그런데 못생긴 쪽이 대우를 받고 미인은 그 아랫자리에 놓여 있었다. 양자가 그 까닭을 묻자 여관 주인은 이렇게 대답했다.

　　「좀 잘생긴 여자는 제 스스로 잘생긴 것을 자랑하기 때문에 나는 도리어 싫증이 나서 그녀가 조금도 잘생긴 것 같아 보이지 않습니다. 못생긴 여자는 제 스스로 못생긴 것을 알고 언제나 기를 못 펴고 지내기 때문에 나는 그것이 공연히 귀엽고 기특하기만 해서 얼굴 못생긴 것은 조금도 느껴지지 않습지요.」

　　그 말을 듣고 양자는 제자들에게 이렇게 타일렀다.

　　「너희들도 명심해 두어라. 남에게 좋은 일을 하고도 제 스스로 잘한 것 같은 태도를 갖지 않게 된다면 어디를 가나 남들로부터 사랑받지 않는 일은 없을 것이다.」

참다운 화공(畫工)　　　　　　　　—— 田子方

　　송(宋)나라의 원군(元君)이 화공을 불러 그림을 그리게 했다. 불려온 많은 화공들은 명령을 받기가 무섭게 곧장 일어나 붓을 씻고 먹을 갈기 시작하여, 방안이 비좁아 다 들어가지 못하고 밖에 있는 사람이 반이 넘는 형편이었다. 거기에 뒤늦게 나타난 화공 한 사람이 있었는데 걸음걸이는 너무도 태연스러웠고, 명령을 받고도 성급하게 일어서는 일도 없이 그대로 여관을 향해 돌아가 버리고 말았다. 원군이 사람을 시켜 그의 거동을 살피게

했는데, 그 화공은 옷을 훨훨 벗어 버리고 두 다리를 쭉 뻗고는 쉬고 있다는
것이었다. 원군은 그 말을 듣자
「됐다, 됐어. 그 사람이야말로 참다운 화공이다.」
하고 감탄했다.

활쏘기의 명인(名人)   —— 田子廳

　열어구(列禦寇)[1]가 백혼무인(伯昏無人)[2]에게 활 쏘는 재주를 보였다.
　활촉 끝이 닿도록 활줄을 마냥 잡아당기어 물이 가득 담겨 있는 잔을
팔뚝 위에 올려 놓은 채 화살을 쏘아 보냈다. 화살 하나가 줄을 떠났다고
생각되는 순간 어느새 다른 화살이 줄에 와 얹혀 있었고, 그 화살이 줄을
떠나가기가 무섭게 또 다른 화살이 줄에 와 얹혔다. 그러는데도 그동안
몸뚱이는 나무로 만든 사람처럼 꼼짝도 하지 않았다.
　그것을 보자 백혼무인은 말했다.
　「이것은 맞히려고 쏜 것이지 맞히지 않으려고 쏜 것은 아니다. 그러니
맞은 것은 당연하지 않는가. 어디 자네와 같이 한번 높은 산으로 올라가서
쑥 내민 바위 끝을 밟고 백 길 깊은 못을 굽어보기로 하자. 그래도 자네가
과연 활을 제대로 쏠 수 있을까?」
　이리하여 두 사람은 높은 산으로 올라가 내민 바위를 딛고 백 길 못을
굽어보게 되었다. 백혼무인은 못을 등 뒤로 하고 뒷걸음을 치더니 발뒤
꿈치를 삼분의 이나 허공으로 나가 있도록 한 다음 열어구를 손짓해 그리로
와서 서도록 했다.
　열어구는 제대로 서 있지 못하고 바위에 엎드린 채 온몸에는 식은땀이
발끝까지 흘러내렸다. 백혼무인은 그것을 보자 이렇게 말했다.
　「원래 덕이 지극한 사람은 위로는 하늘 끝까지 아래로는 황천(黃泉)의
밑바닥까지 우주의 사방 팔방을 남김없이 날아다녀도 마음이나 얼굴에

사소한 동요도 없는 것이다. 그런데 너는 지금 눈앞이 캄캄해지고 부들부들 떠는 그런 모습이 아닌가. 그래가지고 아무리 활을 쏜들 어떻게 과녁에 가서 맞히겠는가.」

  [註] 1) **列禦寇**　列子.
    2) **伯昏無仁**　上古의 현인.

도(道)가 있는 곳   — 知北遊

동곽자(東郭子)[1]가 장자에게 물었다.
「당신이 말하는 도란 어디에 있는 것입니까?」
「어디에고 있지.」
「어디라고 분명히 이름을 일러 주십시오.」
「땅강아지와 개미에게 있다.」
「꽤 시시한 것에 있군요.」
「벼쭉정이와 피〔稗〕에도 있지.」
「점점 더 시시하군요.」
「기왓장에도 있지.」
「점점 극단으로 가는군요.」
「똥이나 오줌에도 있는걸.」
동곽자는 잠자코 있을 수밖에 없었다.
그러자 장자는 이렇게 말했다.
「도대체 자네가 묻는 것이 틀려먹었네. 예를 들어 귀족 집의 집사가 시장에서 돼지를 차례차례 더듬어 살찌고 여윈 것을 골라내고자 할 때도 머리가 있는 위쪽보다는 궁둥이와 발이 있는 아래쪽으로 갈수록 알아내기가 쉬운 법일세. 자네도 도가 어디에 있다고 결정지으려고 해서는 안 되네. 사물(事物)을 초월해 있는 것으로 생각해서도 안 되네. 도는 어디에나 있는 것이며 참다운 가르침도 역시 그런걸세.」

囲 1) 東郭子　이름은 順子, 田子方篇에 그의 스승으로 나온다.

원숭이의 재주 　　　　　　　　　　　　　—— 徐無鬼

오왕(吳王)이 원숭이 사냥을 하기 위해 강 건너 산으로 올라갔다. 대부분의 원숭이들은 일행을 보는 즉시 소리없이 깊은 숲속으로 달아나 버렸다. 그런데 유독 한 놈이 나뭇가지 사이로 이리로 갔다, 저리로 갔다 재주를 부리며 달아날 생각을 하지 않았다. 왕이 활을 쏘면 화살이 날아오는 대로 한 손으로 척척 받아넘겼다. 그래서 왕은 시종들에게 명령을 내려 눈코 뜰 새 없이 마구 활을 쏘도록 했다. 원숭이란 놈은 마침내 손이 미치지 못해 화살을 맞고 거꾸러졌다. 그것을 본 왕은 동행했던 안불의(顔不疑)를 돌아보며 말했다.

「이 원숭이는 제 재주만 믿고 까불어대다가 마침내 죽고 말았다. 주의하지 않으면 안 될 일이다. 그대도 잘난 척하며 남을 업신여기는 일이 없도록 하게.」

안불의는 그 길로 돌아와 동오(董梧)라는 어진 사람을 스승으로 섬기며 남을 업신여기는 태도를 버리고 세속적인 낙 같은 것에도 관심을 두지 않고 높은 벼슬도 버리고는 수양에만 힘썼기 때문에 삼 년 뒤에는 온 국민들로부터 존경을 받게 되었다.

행운의 상(相)

—— 徐無鬼

남백자기(南伯子綦)에게 여덟 명의 아들이 있었다. 어느 날 그는 구방인(九方歅)이란 관상 잘 보는 사람을 불러 그들 여덟 명의 관상을 물었다.

「자식들 가운데 누가 가장 행운을 누리게 되는지 관상을 좀 봐주시오.」

「곤(梱)이라는 아드님이 가장 뛰어납니다.」

자기는 싱글벙글하며 물었다.

「대관절 어떤 행운이란 말이오?」

「곤이란 아드님은 일국의 임금님과 다름없는 식복(食福)을 누리며 일생을 마치겠습니다.」

그 말을 듣자 자기는 눈물을 주루룩 흘리며 말했다.

「내 자식이 어쩌면 그렇게까지 불행하게 된다는 건가.」

「원 천만에, 일국의 임금과 같은 식복을 누리게 된다면 그 부귀의 은택이 삼족(三族)에까지 미칠 것이 아닙니까? 더구나 부모님이야 말할 것도 없지 않습니까? 지금 그런 기쁜 소식을 듣고 슬퍼하신다면 모처럼 찾아온 복을 멀리하는 것이 됩니다. 아드님은 행운의 상을 가졌지만 우시는 아버님은 불운한 상이 됩니다.」

「아마 당신은 아직 모를 거요. 당신이 말한 곤의 복이란 단순한 술 냄새와 고기 맛이 코와 입으로 들어오는 것만을 말한 것일 뿐, 그런 사치스러운 것이 어디서 어떻게 오는 것인가는 모르고 있는 거요. 만일 내가 양을 기르지도 않는데 암양이 집안에 생겨난다거나, 사냥을 한 적도 없는데 메추라기가 집 모퉁이에 떨어져 있다면 당신도 아마 이상하게 여길 거요. 나는 내 자식들이 모두 천지 자연에 몸과 마음을 맡기도록 하고 있소. 하늘을 따라 낙을 찾고 땅을 의지하여 먹을 것을 구할 뿐, 세속적인 일에 손을 댄다거나 공연한 계획을 꾸민다거나 색다른 이상한 짓을 저지르게 한 일도 없소. 자식들이 다같이 자연의 진실을 본받아 외물(外物)로 인해 마음을 어지럽히는 일이 없이 생긴 그대로에 만족하게 했을 뿐 세속적인 좋고 나쁜 일을 꾀한 적도 없소. 그런데 지금 일국의 임금과 똑같은 세속적인 식복을 누리게 된다니 알 수 없는 일이 아니오? 대체로 이상한 징후는 이상한 행동이 있기 때문인데 그럴 만한 까닭을 모르겠소. 정말 두렵기만 하오. 나와 내 자식들이 지은 죄가 아니라면 아마 하늘이 내린 괴변일거요. 그런 생각에서 내가 울었던 것이오.」

그런 일이 있은 뒤 얼마 안 되어 곤을 연(燕)나라로 보내게 되었다. 그런데 도중에 도둑에게 붙잡혀 팔려넘어가게 되었는데 도둑들은 혹시 곤이 도망이라도 칠까 해서 발목을 잘라 버린 채 제(齊)나라로 데리고 와서 팔아넘겼다. 그러나 운 좋게 거공(渠公)[1]에게 팔리어 문지기 노릇을 하게 되었기 때문에 그는 일생 동안 고기를 먹으며 지낼 수가 있었다.

🈠 1) 渠公   일설에는 齊康公이라고도 한다.

달팽이 뿔 위에서의 싸움   —— 則 陽

위(魏)나라 재상인 혜자(惠子)가 혜왕(惠王)에게 대진인(戴晋人)이라는 어진 사람을 만나 보게 했다. 대진인은 왕에게 말했다.
「임금님, 임금님께선 달팽이를 알고 계시겠지요?」
「알고 있습니다.」
「그 달팽이의 왼쪽 뿔에는 촉씨(觸氏)가, 그리고 오른쪽 뿔에는 만씨 (蠻氏)가 나라를 만들어가지고 있었습니다. 그런데 언젠가 그들은 영토를 더 차지하려고 전쟁을 일으켰고 그 결과 죽은 사람이 수만 명이나 되었고 달아나는 적을 보름이나 추격한 뒤에야 비로소 군대를 돌렸습니다.」
「그거야 터무니없는 이야기겠지요.」
「하지만 그 터무니없는 이야기가 사실이라는 것을 보여 드리겠습니다. 임금께선 대관절 이 우주가 사방이나 위아래로 끝이 있다고 생각하십니 까?」

「끝이 없다고 보아야겠지요.」

「그렇다면 마음이 끝없는 세상에서 놀고 있는 사람의 위치에서 보았을 때, 사람이 서로 오고가는 이 땅 위의 나라들은 있어도 그만, 없어도 그만인 하찮은 것으로 보이지 않겠습니까?」

「과연 그렇겠군요.」

「그 나라들 가운데 위라는 나라가 있고 그 위나라 가운데 양(梁)이라는 도시가 있고 그 도시 가운데 임금님이 계십니다. 무궁한 우주에 비한다면 왕과 달팽이 뿔 위에 있는 만씨가 과연 어느 정도의 차이가 있겠습니까?」

「과연 큰 차가 없을 것 같습니다.」

대진인은 그대로 물러가 버렸는데, 혜왕은 멍하니 넋 잃은 사람처럼 앉아 있었다. 대진인이 물러가고 혜자가 들어왔다.

「아니, 지금 그 사람은 대단한 인물이야. 성인도 그만은 못할 거야.」 하고 감탄해 마지않는 혜왕에게 혜자는 이렇게 말했다.

「피리를 불면 높은 소리가 울립니다. 그러나 칼의 손잡이에 있는 작은 구멍은 아무리 불어도 쉬이 하고 바람이 빠져나갈 뿐입니다. 세상에서는 요순(堯舜)을 성인이라고 떠들어대지만, 그들을 대진인 앞에 세워 두고 비교한다면 고작 쉬이 하는 소리가 날 정도일 것입니다.」

붕어의 노여움   ── 外 物

장자는 집이 가난했기 때문에 언젠가 감하후(監河侯)[1]에게 돈을 꾸러 갔었다.

「빌려 주고말고, 마침 봉읍(封邑)에서 세금이 들어오게 되어 있으니 그것이 들어오면 삼백 금(金) 정도 융통해 주겠소. 그만하면 궁색을 면할 수 있을지.」

그 말을 듣자 장자는 성난 목소리로 받아넘겼다.

「내가 아까 이리로 오던 도중 누군가 뒤에서 나를 부르길래 주위를 둘러보았더니 수레바퀴 자국으로 생긴 길바닥의 물웅덩이에 붕어란 놈이 한 마리 있지 않겠소? 내가 『대관절 넌 웬 놈이냐?』고 물었더니 놈은 『난 동해(東海)의 수관(水官)이오. 부디 한 말이나 한 되쯤 물을 길어다가 나를 도와 줄 수 없겠소?』 합디다. 그래서 나는 『그야 어렵잖지. 나는 지금 남쪽으로 오(吳)나라와 월(越)나라 임금을 만나러 가는 길이니 겸사겸사 서강(西江)의 물을 이리로 끌고 와서 너를 맞이하도록 해주겠다. 그러면 문제 없겠지.』 하지 않았겠소? 그랬더니 붕어란 놈은 화를 내며 이렇게 말했소. 『난 지금 당장 목을 축일 물이 없어 곤란을 겪고 있는 중이오. 한 말이나 아니면 한 되의 물만 있어도 살아날 수가 있지만 만일 당신이 그런 소리를 한다면 아예 그만두는 것이 좋소. 차라리 일찌감치 건어물 가게 앞에서 내 시체를 찾아 주시도록 바라겠소.』 합디다.」

註 1) **監河侯**　魏의 文侯, 혹은 侯를 姓으로 보기도 한다.

낚시와 경륜(經綸)　　　　　　　　—— 外 物

임국(任國)[1]의 공자(公子)가 큰 낚시와 굵은 낚싯줄을 만들어 쉰 마리의 소를 미끼로 해서 회계산(會稽山)에 자리를 잡고 앉아 낚싯대를 동해 바다에 드리우고 고기를 낚고 있었다. 매일같이 그렇게 하기를 일 년 가까이 했는데도 아무것도 걸리는 것이 없었다.

그러다가 겨우 어떻게 큰 고기 한 마리가 낚시를 물기는 했으나 낚시를 삼킨 채 물 속 깊숙이 들어가 버리고 말았다. 얼마 동안 시간이 지나자 그 고기가 무서운 기세로 물 위로 쑥 솟아오르며 지느러미를 흔들었다.

그러자 온통 산더미 같은 파도가 일어나며, 바닷물 진동하는 소리가 마치 귀신의 울음소리처럼 울려 천 리 밖에 있는 사람들까지 깜짝 놀라 몸을 떨 지경이었다.

공자는 겨우 그 고기를 끌어올려 배를 가르고 토막을 내어 포를 만들었다. 원체 큰 고기라서 제하(制河)[2] 동쪽 창오산(蒼梧山) 북쪽 사람들이 골고루 실컷 먹을 만큼 한 몫씩을 얻게 되었다.

그 뒤로 수다스럽고 시시한 이야기를 즐기는 모든 사람들은 모두 얼이 빠진 듯이 이 이야기를 주고받았다 한다.

하기야 가느다란 낚싯줄을 매단 보잘것없는 낚싯대를 메고 들 가운데 있는 도랑으로 나가 붕어나 작은 물고기들을 노리고 있는 사람들에게는 이런 큰 고기를 낚는다는 것은 생각조차 할 수 없는 일이다.

마찬가지로 시시한 말재간을 부리며 세상의 평판을 얻으려는 사람은 큰 출세 같은 것은 생각조차 할 수 없다.

다시 말해 이 임나라 공자의 됨됨이를 이해하지 못하는 사람들과는 도저히 함께 천하의 경륜(經綸)을 논할 수 없다는 이야기이다.

    註 1) **任國**　黃帝의 후예를 봉한 나라.
      2) **制河**　浙江.

무용지물(無用之物)　　　　　—— 外　物

「자네의 의론은 전혀 쓸모가 없는 것들이야.」
하고 혜자가 말하자 장자는 이렇게 대답했다.

「그런 게 아닐세. 쓸모 없는 것〔無用〕을 알고 있어야만 쓸모 있는 것〔用〕도 말할 수 있는 법이거든. 땅만 하더라도 넓고 큰 것임에는 틀림없지만, 사람이 서는 데는 발붙일 곳만 있으면 그만일세. 그러나 발을 딛고 그 주위가 전부 낭떠러지가 되도록 파내려 가보게. 그렇게 되면 서 있는 그 땅이 무슨 소용이 있겠는가.」

「소용이 없지.」

「그렇다면 쓸모 없는 것이 실은 쓸모 있는 것에 도움이 된다는 것을 알 수 있지 않겠는가.」

참으로 흰 것은 때묻어 보인다　　──寓 言

양자거(陽子居)가 노담을 찾아 멀리 남쪽의 패(沛)에 갔을 때는 노담이 벌써 서쪽에 있는 진(秦)나라로 떠난 뒤였다. 양자거는 위나라 수도 양(梁)에까지 가서야 노담을 따를 수 있었다. 그는 성 밖에까지 노담을 맞으러 나갔는데 노담은 같이 오는 도중 하늘을 우러러보며 탄식 섞인 목소리로 중얼거렸다.

「나는 맨 처음 너에게 좀 취할 점이 있는 줄로 알았는데 지금 보니 전혀 형편없는 녀석이로구나.」

양자거는 그 말에 대답을 하지 못했다. 그러나 이윽고 여인숙에 이르자 노담에게 세숫대야와 양칫물, 손수건, 빗 등 필요한 것들을 갖다 놓은 다음 방 밖에서 신을 벗어 던지고 조심조심 무릎걸음을 치며 들어가 공손히 물었다.

「아까부터 여쭈어 보려 했습니다만 도중이라 그럴 겨를이 없었습니다. 지금은 한가하실 것 같아 여쭈어 볼까 합니다. 아까 저를 보시고 전혀 형편없는 놈이라고 하셨는데 그 까닭이 무엇인지 알고 싶습니다.」

노담은 대답했다.

「너는 말이다. 눈을 부릅뜨듯 크게 뜨고 거만을 부리며 잘난 체하는 것처럼 보인다. 그래가지고는 모든 사람들로부터 따돌림을 당하게 된다. 참으로 흰 것은 도리어 때묻은 것처럼 보이고 덕이 차 있는 사람은 도리어 모자라는 것처럼 보이는 법이다.」

양자거는 자지러지게 놀라 얼굴빛을 바꾸며

「네, 이제야 알겠습니다.」
하고 대답했다.

처음 양자거가 집을 떠나 여인숙에 들게 되었을 때는 함께 있는 손님들까지 그를 정중히 받들어 모셨고, 여인숙 주인은 깔방석을, 마누라는 손수건과 빗을 들고 나왔으며, 누구나 자리를 피해 주었고 난롯가에서 불을 쬐고 있던 사람도 따뜻한 곳을 양보하는 형편이었다. 그러나 그가 돌아갈 즈음에는 함께 자는 손님들이 그와 서로 자리를 다투기를 꺼리지 않을 정도로 흉허물 없는 태도로 그를 대해 주었다.

왕이 되기 싫은 왕자　　　　　　　　——讓　王

월나라에서는 삼 대(代)를 계속해서 왕이 피살되었으므로 왕자인 수(搜)는 왕이 되기 싫어서 산중의 굴속으로 달아나고 말았다. 월나라에서는 왕이 없는지라 왕자 수를 찾아 헤맸으나 좀처럼 찾을 수 없었다. 겨우 그가 있는 동굴을 발견하기는 했으나 왕자는 밖으로 나오려 하지 않았다. 그래서 사람들은 쑥을 태워 억지로 그를 나오게 한 다음 국왕의 수레에 모시게 했다. 왕자도 하는 수 없어 끈을 붙잡고 수레에 오르기는 했으나 하늘을 우러러보며 큰소리로 외쳤다.
「왕이 되는 건가, 내가 또 왕이 되는 건가. 왜 나를 가만 두지 못하는가!」

왕자 수는 왕이 되기를 싫어한 것은 아니고 왕이 됨으로써 죽게 될 것을 두려워했다. 그와 같은 사람은 왕이 되는 대신 생명을 잃게 되는 일을 하지 않는 사람이라 말할 수 있다. 그러나 한편 그렇기 때문에 월나라 사람들은 그를 왕으로 받들려 했던 것이다.

사물(事物)의 가벼움과 무거움　　　　　——讓　王

　한(韓)나라와 위(魏)나라가 서로 영토를 침략하여 싸우고 있었다. 자화자(子華子)가 소희공(昭僖公)을 만났을 때 그가 몹시 우울한 표정을 짓고 있어서 이렇게 말했다.

　「지금 가령 세상 사람들이 왕 앞에서 서약서를 썼다고 합시다. 그 서약서에는 『왼손으로 이 서약서를 잡으면 오른손이 잘릴 것이며 오른손으로 잡으면 왼손이 잘리게 된다. 그러나 이것을 잡는 사람에겐 틀림없이 천하를 차지하도록 할 것이다.』 하고 씌어져 있습니다. 왕께선 그것을 잡으시겠습니까?」

　「아니오. 나는 잡지 않겠소.」

　「참으로 훌륭하십니다. 그러고 보면 두 팔은 천하보다도 소중한 것이며 몸뚱이는 두 팔보다도 소중한 것이 아니겠습니까? 그리고 한 나라는 천하보다 가벼운 것이며 지금 다투고 있는 땅은 한 나라보다도 더욱 가벼운 것입니다. 그런데 지금 왕께선 몸을 괴롭히고 삶을 해쳐가면서까지 그것을 손에 넣지 못해 걱정을 하고 계십니까?」

　그 말을 들은 소희공은 말했다.

　「참으로 좋은 말씀을 해주셨소. 나를 가르쳐 주는 사람은 많지만 그런 말을 들려 준 사람은 여지껏 없었소.」

　분명 자화자는 사물의 가벼움과 무거움을 안 사람이라 할 수 있다.

용(龍)의 턱을 더듬는다　　　　　——列禦寇

　어떤 사람이 송(宋)나라 임금을 만나 보고 십 승(乘)의 수레를 얻어 몹시 만족해하며 장자에게 자랑을 하려고 찾아온 일이 있었다. 장자는 그를 보고 이렇게 말해 주었다.

「어느 강가에 가난한 아버지와 아들이 살고 있었다네. 갈대로 발을 만들어 그날그날을 겨우 살아가고 있었지. 그런데 어느 날 아들이 물 속으로 들어가서 값이 천 금(金)이나 나가는 구슬을 주워가지고 왔겠지. 그걸 본 아버지는 아들에게 이렇게 말했다지 뭔가.『그런 구슬 따위는 돌로 부숴 버려라. 대부분 그런 구슬은 아홉 길이나 되는 깊은 물 속에 사는 흑룡(黑龍)의 턱 밑에밖에 없는 것이란 말이다. 네놈이 그것을 가지고 올 수 있었던 걸 보니 틀림없이 그 흑룡이 잠들어 있었을 것이다. 그놈이 눈이라도 뜨고 있어 보아라. 너까짓 것은 통째로 집어삼키고 말았을 것이다.』라고 말이야. 그런데 지금 송나라의 위험한 형편이라든가 송나라 임금의 횡포로 말하면, 아홉 길 물 밑에 있는 흑룡 정도가 아니란 말일세. 자네가 수레를 얻게 된 것은 송나라 임금이 잠을 자고 있었기 때문이야. 만일 그가 깨어 있었더라면 자네 역시 통째로 삼키고 말았을걸세.」

천지(天地)를 널삼아   —— 列禦寇

장자가 죽게 되었을 때, 제자들은 장사를 후하게 지낼 생각이었으나 장자는 이렇게 말했다.

「하늘과 땅을 널로 삼고 해와 달을 한 쌍의 구슬로 삼고, 별들을 구슬 장식으로 하고, 만물(萬物)을 부장(副葬)이라고 생각한다면 내 장례식에 부족한 것이 뭐가 있겠느냐? 이 위에 또 무엇을 더하겠다는 것이냐?」

「그러나 아무렇게나 장사를 지내면 까마귀나 솔개가 선생님의 유체를 쪼아 먹을까 걱정입니다.」

「물론 땅 위에 있으면 까마귀와 솔개의 밥이 된다. 그러나 땅 밑에 있으면 땅강아지나 개미의 밥이 되지 않느냐? 까마귀와 솔개가 먹을 것을 땅

강아지나 개미에게 준다고 해서 나을 게 무엇이겠느냐? 그런 공정하지
못한 생각으로 사물을 공정하게 만들려고 한다면 그 공정은 참다운 공정이
될 수 없다. 또 사심(私心)이 없는 무심(無心)의 감응(感應)에 의하지 않고
교활한 인위(人爲)로써 사물에 대응하려 한다면 그것은 참다운 대응이 되지
못한다. 어쨌든 명지(明知)를 자랑하는 사람은 자신의 지혜를 쓰게 되므로
도리어 외물(外物)의 부림을 당하게 된다. 그러나 신지(神知)를 가진 사람은
무심으로써 사물에 감응하여 순하게 따르게 된다. 명지가 신지에 미치지
못하는 것은 오늘에 비롯된 것이 아닌데 어리석은 인간들은 자신의 지
식이나 생각만을 믿고 인위에 빠져 버리기 때문에 그들이 하는 일은 밖
으로만 치달을 뿐 내적(內的)인 것에는 아무런 도움도 주지 못한다. 참으로
슬픈 일이 아니냐.」

列 子 篇

■ 列 子

八券＝八篇으로 이루어졌으며, 춘추 말기, 전국
초기의 도가적 사상가인 列子, 즉 列禦寇(B.C.
450~375)의 저서라고 한다. 그러나 列子의 전기
에는 의문스러운 대목이 적지 않으며, 《列子》의
성립에 대해서도 여러 異說이 있다. 적어도 이
八篇의 文章의 성립 연대는 상당히 뒤로 물려져야
하지만, 내용의 소재에는 戰國期의 것으로 생각
되는 것과 《莊子》와 중복되는 것이 많으므로 여
기서는 《莊子》 다음으로 수록했다.

인생의 세 가지 즐거움　　　　　—天 瑞

공자가 태산(太山)에서 유유자적하고 있을 때의 일이다. 노나라의 성(郕)
이란 마을 어귀에서 영계기(榮啓期)와 마주치게 되었다.

영계기는 사슴의 털가죽을 두르고 노끈으로 띠를 두른 허술한 차림으로
거문고를 타면서 흥겹게 노래를 부르고 있었다. 공자가
「당신은 뭐가 그렇게도 즐겁소?」
하고 묻자 영계기는 이렇게 대답했다.
「내게는 즐거운 일이 수없이 많소. 우선 하늘이 만든 만물 가운데서
무엇보다 귀한 것은 사람이 아니오? 그런데 나는 그 사람으로 태어났으니
이것이 첫째로 즐거운 일이오. 또 남자와 여자 사이에는 남자가 더 귀하지
않소? 그런데 나는 그 남자로 태어났으니 이것이 둘째로 즐서운 일이오.
또 사람으로 태어나더라도 햇빛도 못 보고 죽기도 하고, 배내옷을 벗기
전에 죽기도 하는데 나는 벌써 아흔까지 세상을 살았으니 이것이 셋째로
즐거운 일이오. 가난한 것은 선비의 본분이요, 죽음이란 인생의 종착점에
불과한 것, 그 본분을 달게 여기며 종착점까지 걸어가고 있는데 또 무엇이
못마땅해 마음을 괴롭힌단 말이오.」
공자는 그가 하는 말을 듣고
「대단한 인물이로군. 참으로 마음에 여유를 지니고 있는 사람이다.」
하고 감탄했다.

생(生)과 사(死)　　　　　—天 瑞

임류(林類)는 벌써 백 살에 가까운 노인이다. 봄이 되었는데도 아직

겨울의 털옷을 두른 채 밭두렁 사이로 이삭을 주우러 다니면서 노래를 부르고 있었다.

공자는 위(衛)나라로 가던 도중, 멀리 논밭 사이에서 그의 모습을 바라보고 제자들을 돌아보며 말했다.

「저 노인은 말이 통할 것만 같다. 어디 한번 가서 말을 걸어 보아라.」

자공이 달려가 밭 이쪽에서 노인을 기다리고 있다가 그를 대하는 즉시 탄식 섞인 어조로 말을 건넸다.

「당신은 자신을 후회한 적이 없으십니까? 그런 나이에 노래를 부르면서 이삭을 줍고 계시니.」

임유는 이삭줍기를 그치지 않고 여전히 노래를 부르고 있었다. 자공은 몇 번이고 되풀이해 물었다. 그제야 임유는 마지못해 눈을 들며 말했다.

「내게 무슨 후회가 있겠는가.」

「당신은 젊었을 때 공부나 기술을 배운 일이 없고 나이가 들어서도 입신출세(立身出世)를 위해 애쓴 적이 없으며, 늙도록 처자가 없이 이제 수명도 곧 다해가지 않습니까? 그런데 대관절 뭐가 즐거워서 이삭을 주으면서 노래를 부르고 계십니까?」

임유는 웃으며 대답했다.

「내가 낙으로 삼고 있는 것은 누구에게나 다 있는 거야. 그런데 사람들은 도리어 그것을 걱정의 씨앗으로 만들고 있거든. 나는 젊었을 때 학문을 닦은 일도, 나이 들어 출세를 꿈꾼 일도 없기 때문에 이처럼 오래 살 수 있었던 거야. 나이 늙어 처자식도 없고 죽을 때도 이제 멀지 않았으므로 이렇게 즐기고 있는 것이 아닌가.」

「오래 사는 것은 누구나가 원하는 일이며, 죽는다는 건 누구나가 싫어하는 것이 아닙니까? 그런데 당신은 그것을 즐겁다고 하시니 대관절 무슨 까닭으로 그런 말씀을 하시는 겁니까?」

「죽는 것과 태어난다는 것은, 가고 오고 하는 것과 마찬가지야. 그러므로 이 세상에서 죽는다는 것은 저 세상에서 태어나는 것일지도 모르지. 어느 쪽이 더 나은 것인지도 알 수 없는 일이야. 악착스레 살아 있으려는 것이 어리석은 일일지도 모르고, 지금 죽는 편이 지금까지 살아왔던 것보다 나을지도 모를 일이 아닌가.」

자공은 이 말을 듣고도 얼른 이해가 되지 않았으므로 돌아와 공자에게 고하자 공자는 이렇게 평했다.

「말이 통할 만한 사람으로 보았더니 역시 틀림없었군. 그러나 그가 한 대답만으로 아직 죽고 사는 도리를 완전히 다 말했다고 볼 수는 없다.」

자공은 학문을 하는 것에 싫증이 나기 시작해서 공자에게 물었다.

「학문이란 것은 어느 정도까지 하면 그만둘 수 있습니까?」

「살아 있는 동안은 그만둘 수 없는 것이다.」

「그러면, 저 역시 그만둘 한계점은 없는 것입니까?」

「있기야 하지. 저 무덤을 보아라. 넓고 큰 것도 있고, 높이 쌓아올린 것이며, 둥글게 만든 것, 가마솥 밑바닥처럼 생긴 것, 모양은 가지각색이지만, 결국 그리로 들어가게 되면 그만둘 수 있다.」

「과연 죽음이란 대단한 것이로군요. 훌륭한 사람에게 있어서는 휴식처가 되고, 보통 인간들에게는 마지 못해 쓸려가는 곳이 되는 셈이군요.」

「너도 이젠 그것을 알게 된 모양이로구나. 사람은 누구나가 살아 있는 즐거움만을 생각하고, 그것이 고통스러운 것임을 생각지 않으며, 나이를 먹으면 몸이 약해지고 고달픈 것만을 알고 그 편안함은 생각해 보려고도 하지 않으며, 죽는 것이 나쁜 것인 줄만 알고 그것이 쉬는 장소라는 것을 모르고 있다.」

기 우(杞 憂)　　　　　　　　——天 瑞

기(杞)나라에, 하늘이 무너지고 땅이 갈라지면 몸 둘 곳이 없어지지 않을까 걱정이 되어, 잠도 제대로 못 자고, 밥도 제대로 못 먹는 사람이 있었다.

그러자 그가 그렇게 걱정하는 것이 딱해서 일부러 그를 찾아간 친구가 있었다.

「이것 보게. 하늘이란 기운이 쌓인 것에 불과한 거야. 기운이란 어디든지 다 있어. 그러니까, 우리가 몸을 폈다 움츠렸다 하기도 하고, 숨을 빨아들였다 내쉬었다 하며, 날이면 날마다 하고 있는 것은 모두가 하늘 안에서 하고 있는걸세. 그 하늘이 무너지지나 않을까 걱정하는 것은 터무니없는 생각이란 말일세.」

「하늘이 참으로 기운이 쌓인 것이라고 하더라도, 해나 달이나 별이 떨어지는 일은 있을 수 있지 않은가?」

「그것들도 역시 기운이 쌓인 것으로 다만 빛을 가지고 있을 뿐이야. 그러므로 설사 떨어지는 일이 있더라도 맞아서 상처를 입거나 하는 그런 것이 아니란 말일세.」

「그럼 땅이 갈라지면 어떻게 하지?」

「땅은 흙덩이가 쌓이고 쌓여서 된 것에 불과한걸세. 흙덩이는 사방으로 빈틈 없이 꽉 차 있어서 흙덩이 아닌 곳이 없어. 그러니까 우리가 날마다 걸어다니고 뛰노는 것은, 모두 땅 위에서 하고 있는 거야. 그 땅이 무너질 리가 있겠는가?」

걱정하던 사람은 그제야 마음이 놓여 웃는 얼굴을 지었고, 일러 주러 갔던 사람도 그가 기뻐하는 것을 보고 매우 만족해했다.

장려자(長慮子)는 그 말을 듣고 비웃으며 이렇게 말했다.

「무지개나 구름이나, 안개나 바람이나, 비나 사시(四時)의 변화나 모두 쌓인 기운이 하늘 가운데 나타나 있는 것이며, 산이나 강이나 바다나 쇠나 돌이나, 불이나 나무나 모두 쌓인 기운의 모습이 땅 위로 나타나 생기는 것이다. 하늘과 땅이 기운과 흙이 쌓여서 된 것이라면 어떻게 무너지지 않는다고 말할 수 있겠는가. 물론 하늘과 땅은 무한한 공간 속의 한 작은 존재이기는 하지만 얼굴을 지닌 물건 가운데서는 가장 큰 것이라 말할 수 있다. 그것이 없어진다는 것도 어려운 일이며, 그것을 안다는 것도 어려운 일이다. 그러고 보면, 그것이 허물어지지나 않을까 하고 걱정하는 것은 너무 앞선 걱정이긴 하지만, 그것이 허물어지지 않는다고 단언하는 것도 정당한 것은 못 된다. 하늘과 땅도 허물어지지 않을 수 없는 것인

이상 언젠가는 반드시 무너지는 때가 온다. 그것이 무너지는 시기를 당하게 된다면 어떻게 걱정을 아니 할 수 있겠는가.」

　열자는 그 이야기를 듣자 이렇게 비웃어 말했다.
「천지가 무너진다는 것도 잘못이요, 무너지지 않는다는 것도 잘못이다. 무너지고 안 무너지고는 우리들이 알 바 아니다. 그러나 무너지지 않으면 무너지지 않아서 다행이며 무너지는 것은 무너질 때의 일이다. 살아 있는 동안은 죽음을 생각할 필요가 없고, 죽은 다음에는 사는 것을 생각할 필요가 없다. 이 세상에 태어나는 것은 태어날 때의 일이며, 이 세상을 떠나는 것은 떠날 때의 일이다. 하늘과 땅이 무너지고 안 무너지는, 그런 것에 신경 쓸 필요는 없지 않은가.」

도둑질의 차이　　　　　　　　　　　　──天 瑞

　제(齊)나라의 국씨(國氏)란 사람은 큰 부자였고, 송(宋)나라의 향씨(向氏)란 사람은 몹시 가난했다. 그래서 향씨는 제나라로 가서 국씨에게 부자가 되는 비결을 가르쳐 달라고 부탁했다. 그러자 국씨는 이렇게 대답했다.
「나는 교묘하게 도둑질을 했을 뿐이오. 도둑질한 덕분에 일 년째는 그럭저럭 지낼 만하게 되었고, 이 년째에는 제법 편하게 되었으며, 삼 년째에는 아주 풍부하게 되었지요. 그러고 나서 차츰 이웃 사람 이웃 마을까지 유복하게 만들어 줄 수 있었던 겁니다.」
　향씨는 그 말을 듣자 어찌나 기뻤던지 국씨가 도둑질을 했다는 그 말만을 그대로 받아들인 다음 그것이 어떤 도둑질인가는 알아보지도 않은 채, 마침내 남의 집 담을 넘고 벽을 뚫어 닥치는 대로 마구 도둑질을 했기 때문에 얼마 안 가서 절도죄로 몰리어 훔쳐온 것은 물론, 가지고 있던 것마저 다 빼앗기고 말았다.

향씨는 국씨에게 속았다는 생각에서 다시 그를 찾아가 원망을 늘어놓았다. 국씨가

「대관절 당신은 도둑질을 어떻게 했소?」

하고 묻자 향씨는 사실 그대로 들려 주었다. 그의 말을 듣자 국씨는 이렇게 이야기했다.

「저럴 수가 있나. 당신이 그토록 도둑의 도리를 엉뚱하게 생각할 줄은 몰랐소. 내 자세히 설명을 하겠소. 대개 하늘에는 천시(天時)란 것이 있고, 땅에는 지리(地利)란 것이 있지 않소? 나는 그 천시와 지리를 훔치고, 비와 이슬의 축임과 산과 못의 물건들을 훔쳐다가 농사를 짓고 곡식을 기르며, 담을 쌓고 집을 세웠던 거요. 또 뭍에서는 새 짐승을 훔치고, 물에서는 물고기와 자라들을 훔쳐다가 먹는 재료로 만들었던 거요. 모든 것이 도둑질 아닌 것은 없었소. 즉 곡식이든, 흙과 나무든, 새 짐승과 물고기든, 모두가 하늘이 만들어낸 것으로, 내가 가진 것은 아니었소. 그러나 하늘이 만든 것은 훔쳐도 재난을 당하지는 않는 법이오. 하지만 금은보화 따위는 사람들이 만든 것으로 하늘이 준 것은 아니오. 당신은 그걸 훔치고 죄를 받은 것이므로 남을 원망할 수는 없는 일이오.」

향씨는 도무지 뭐가 뭔지 알 수가 없었다. 국씨가 또 자기를 속이는 것만 같아 동곽(東廓) 선생을 찾아가 그의 의견을 물었다. 동곽 선생의 대답은 이러했다.

「네가 지금 네 것으로 알고 있는 그 몸뚱이도 훔친 것이 아니라고는 할 수 없지 않느냐. 즉 음양(陰陽) 두 기운의 조화(調和)를 훔쳐다가 네 생명을 만들어내고, 네 몸뚱이를 생겨나게 한 것이다. 더더구나 나 이외의 것을 내 것으로 만드는 것이 도둑질이 안 될 수는 없다. 틀림없이 천지와 만물은 떨어져 존재하는 것이 아니며, 만물은 모두가 천지에 속해 있는 것이다. 그것을 내 것이라고 믿고 있다면 그것은 지나친 착각이다. 다만 국씨가 한 도둑질은 자연의 공도(公道)에 따른 것이기 때문에 화가 되지 않지만, 네가 한 도둑질은 나 개인의 욕심에서 생겨난 것이므로 죄를 받은 것이다. 하지만 공과 사의 구별이 있든 없든, 그것은 도둑질인 것이다. 공이니 사니 하는 것은 천지 이치를 놓고 하는 말이긴 하지만, 참으로 천지의 이치를 아는 사람에겐, 어느 것은 도둑질이 되고 어느 것은 도둑질이

되지 않는다는 그런 구별이 있을 수 없다.」

도술(道術)이 따로 없다　　　　　——黃 帝

진(晉)나라 범씨(范氏) 집에 자화(子華)라는 아들이 있었다. 협객 기질이 있어서 부하들의 뒤를 잘 보살펴 주었기 때문에 온 국민들로부터 신망이 두터웠고, 국왕으로부터도 총애를 입어, 비록 벼슬은 하지 않았으나 그 세도는 대신들을 능가할 정도였다. 그러므로 그의 눈에 든 사람이면 나라에서 작위를 받을 수도 있고, 그에게 밉게 보인 사람은 관직에서 쫓겨나는 형편이었다. 이리하여 그의 저택을 드나드는 사람의 수는 대궐과 맞먹을 지경이었다. 자화는 그 문하에 있는 협객들에게 지혜를 겨루게도 하고, 힘을 비교해 보기도 하여, 그 결과 그가 보는 앞에서 죽는 사람이 있어도 예사로 알고 있었다. 날이면 날마다 아침부터 저녁까지 그런 시합 구경으로 낙을 삼고 있었기 때문에, 오래지 않아 온 나라 안이 전부 그런 기분에 물들고 말았다.

그런데 범씨의 상객(上客) 가운데 화생(禾生)과 자백(子伯)이란 사람이 있었는데, 언젠가 두 사람은 교외로 놀러가서 상구개(商丘開)라는 농부의 집에서 하룻밤을 묵게 되었다. 밤이 이슥해서, 두 사람은 자화의 위세가 당당한 사람을 망하게도 할 수 있고, 망한 사람을 다시 일으켜 세울 수도 있으며, 부자를 가난뱅이로, 가난뱅이를 부자로도 만들 수 있을 정도라고 이야기를 주고받았다. 상구개는 일찍부터 가난에 시달려오던 터였는데 창 밑에 숨어 그 이야기들을 몰래 듣고 있었다. 그렇다면 나도 한 번, 하는 생각에서 이웃집에서 양식을 꾸어다가 망태에 담아가지고 자화의 집으로 찾아갔다.

자화의 집 손님들로 말하면 모두가 좋은 가문의 사람들로, 비단 옷에 마차를 타고 다니거나, 유유히 큰길을 활개치며 돌아다니는 그런 사람들뿐이었으므로, 새까맣게 햇볕에 그을린 주름살투성이인 상구개가 허름한 차림을 하고 나타난 것을 보자, 누구나 다 그를 무시할 수밖에 없었다. 그 결과 그를 놀려 주기도 하고 속이기도 하며, 혹은 툭툭 건드리기도 하고 귀찮게 굴기도 하는 그런 형편이었다. 그러나 상구개는 당연한 듯이 조금도 화를 내지 않았으므로 장난을 치는 것도 흥미롭지가 못해 그를 놀리던 사람들도 자연 싫증이 나기 시작했다. 그래서 마지막엔 상구개를 높은 층계집으로 데리고 올라가서 모든 사람들이 보는 앞에서

「여기서 아래로 뛰어내리는 사람에겐 상금으로 백 금을 주기로 하자.」
하고 허튼 소리를 주고받았다. 나도 나도 하고 찬성하는 사람들이 많은 것을 보자, 상구개는 그것이 참말인 줄 알고 남보다 먼저 뛰어내리고 말았다. 그런데 이상하게도 마치 나는 새가 날아 앉듯 몸에 상처 하나 없이 사뿐 뛰어내리는 것이었다. 범씨 집 문객들은 그것을 우연한 요행수로 보고 별로 이상하게는 생각지 않았다. 그래서 이번에는 강으로 데리고 나가 물이 깊은 곳을 가리키며

「저 물 속에는 보물 구슬이 빠져 있다. 잠수해 들어가면 주워 올 수 있을 텐데.」
하고 수군거렸다. 그러자 상구개는 또 그 말을 곧이듣고 물 속으로 뛰어들었다. 그런데 이윽고 물 위로 나오는 그를 보니, 손에는 틀림없는 구슬이 쥐어져 있지 않겠는가. 그제야 사람들은 그가 보통 인물이 아니란 걸 알게 되었고, 자화도 비로소 그를 후히 대접하여, 고기 반찬을 먹고 비단옷을 입은 상객들 틈에 낄 수 있게 했다.

어느 날, 돌연 범씨 집 창고가 큰 불에 휩싸이게 되었다. 자화는 상구개에게

「만일 당신이 불 속으로 뛰어들어 비단을 꺼내온다면, 꺼내 온 분량에 따라 상을 주겠소.」
라고 했다. 상구개는 주저하는 기색도 없이 불 속을 들어갔다 나왔다 하며 비단을 꺼내왔는데, 연기를 마시지도 않고 화상을 입은 곳도 없었다. 그래서 범씨 집 사람들은 그가 도술에 통한 사람이 틀림없다는 생각에서 앞을 다투어 지난 일을 사과했다.

「나는 당신이 도사인 줄도 모르고 당신을 속이려 했습니다.」

「나는 당신이 신인(神人)인 줄도 모르고 당신을 욕보이려 했습니다.」

「당신은 틀림없이 나를 바보 같은 놈이라고 생각하셨을 겁니다.」

「당신은 나를 눈뜬 장님이라고 욕하셨겠지요?」

「어떻게 당신의 그 도술을 가르쳐 주실 수 없겠습니까?」

그러자 상구개는 이렇게 대답했다.

「내게 도술 같은 건 없습니다. 나 자신도 어떻게 그럴 수 있었는지 알 수 없습니다. 그러나 한 가지 짐작되는 것이 있으니 그것을 말해 보기로 하지요. 앞서 당신들 중 두 분이 우리 집에 묵고 계실 때, 범씨의 위세는 당당한 사람을 망하게도 할 수 있고 망한 사람을 다시 일으켜 세울 수도 있으며, 부자를 가난뱅이로 또 가난뱅이를 부자로도 만들 수 있다고 칭찬하는 것을 듣고 나는 그것을 참인 줄로만 믿고 있었습니다. 그래서 먼 길을 찾아 여기까지 왔던 것입니다. 이리로 와서도, 여러분이 말하는 것은 모두가 참인 줄로 생각하고, 다만 그것을 참인 줄로 믿는 마음이 부족하지나 않을까, 그것을 실천하는 데 부족함이 없지나 않은가 하는 것이 걱정되어, 내 몸이 어떤 취급을 당하고, 어떤 이득과 손해가 있는가 하는 것은 생각할 겨를도 없었으며, 그저 한 마음 한 뜻으로 그것에 온힘이 쏠려 있었습니다. 그런데 이제 와서 당신들이 나를 속였다는 것을 알게 되자, 내 마음속에 남을 의심하는 생각이 싹터올라서, 사람을 대하면 눈과 귀를 움직여 주의를 하게끔 되었습니다. 지금까지 한 일을 돌이켜 볼 때, 용케도 그때 화상을 입지 않고, 물 속에 빠져 죽지도 않았다는 생각이 들며, 새삼스럽게 가슴이 두근거리고 몸이 후들후들 떨려옵니다. 이젠 두 번 다시 물이나 불 옆에 가지 못할 것 같습니다.」

이런 일이 있은 뒤로, 범씨 집 문객들은 길에서 거지나 말의 병을 고치는 사람을 보더라도 절대로 무시하는 일이 없었고, 말을 하려면 반드시 차에서 내려 인사부터 먼저 하게끔 되었다.

공자의 제자인 재아(宰我)가 이 말을 공자에게 전하자 공자는 이렇게 말했다.

「너는 그런 걸 모른단 말이냐. 원래 완전히 믿어 조금도 의심을 품지 않는 사람은 물건을 감동케 할 수 있는 법이다. 하늘과 땅도 움직일 수 있고, 귀신도 감동케 하며, 우주의 끝까지 가더라도 그것을 방해하는 것은 없다. 그까짓 고작 위험한 장소에 발을 들여놓고, 물이나 불 속으로 뛰어드는 것쯤이야 문제삼을 것도 없지 않으냐. 상구개란 사람은 거짓을 참으로 믿고 있었는데도 그를 방해하는 것이 없었다. 하물며 참을 참으로 믿는 경우에야 말할 나위가 있겠느냐. 너도 이 점을 깊이 마음에 새겨 두어라.」

갈매기의 교훈 ──── 黃 帝

어느 바닷가에 갈매기를 좋아하는 사람이 살고 있었다. 매일 아침 바닷가로 나가 갈매기와 함께 놀았는데, 모여드는 갈매기가 백 마리를 넘을 정도였다. 어느 날 그는 아버지로부터

「사람들 말이, 너는 갈매기와 함께 놀아도 갈매기가 달아나지 않는다니 오늘은 그 중 한 놈을 잡아가지고 오너라. 나도 한번 가지고 놀고 싶다.」 하는 부탁을 받았다. 그리고 이튿날 바닷가로 나가 보았더니, 갈매기는 공중을 빙빙 돌 뿐 한 놈도 가까이 오지 않았다.

그러므로 『참된 말은 말을 떠나서 있고, 참된 행동은 행실에 나타나지 않는다.』고 했다. 보통 사람들의 지혜란 것은 참으로 천박하다.

속세의 고락(苦樂) ──── 周穆王

주(周)나라의 윤씨(尹氏)는 살림을 어찌나 알뜰하게 살았던지, 그의

밑에서 일하는 사람들은 아침 일찍부터 저녁 늦게까지 쉴새없이 일에 시달리는 형편이었다. 그 가운데 늙은 종 한 사람은 이젠 고생에 찌들어서 몸이 몹시 쇠약해 있는데도 윤씨는 그런 것엔 아랑곳하지 않고 여전히 힘든 일만 시키고 있었다. 늙은 종은 온종일 일에 시달린 나머지 밤만 되면 정신없이 잠에 빠지곤 했다. 너무 지친 탓인지 몸과 마음이 각각이 되어, 밤마다 꿈속에서는 한 나라의 임금으로 앉아 백성들을 거느리고 정치를 하며, 대궐 안에서 편안히 하고 싶은 것이면 무엇이고 할 수 있는, 세상에 다시없는 행복한 생활을 누리고 있었다. 그리고는 눈만 뜨면 다시 힘든 일에 시달려야 했다. 그래서 누군가가 그의 고통을 위로해 주자 그는 이렇게 말했다.

「사람의 수명을 백 년으로 잡더라도, 밤과 낮이 반반씩 차지하고 있지 않은가. 물론 나 같은 사람은 종의 신분으로 혹사당하고 있기 때문에 고통스러운 것만은 틀림없는 사실이지만, 밤만 되면 임금이 되어 다시없는 쾌락을 즐길 수 있으니 별로 워망스러울 것도 없다.」

한편 주인인 윤씨도 공연한 일에 신경을 쓰고 살림살이에만 골몰했기 때문에, 몸과 마음이 다같이 지쳐서 밤만 되면 정신없이 잠이 들곤 했다. 그런데 밤마다 꿈속에서는 남의 집 하인이 되어, 해야 할 일이 너무도 많아 잠시도 쉴 사이가 없었고, 게다가 툭하면 꾸중이고 걸핏하면 매질을 당했기 때문에 꿈결에도 헛소리를 중얼거리며 매에 못 견디어 신음 소리를 외치다가는 날이 밝아야만 겨우 그치는 형편이었다.

윤씨는 너무도 고통스러워 친구에게 그런 통사정을 했다. 그 친구는 이렇게 대답했다.

「자네는 신분도 훌륭하고 재산도 많아서 다른 누구보다도 훨씬 나은 형편인데 밤이면 꿈속에서 남의 집 하인이 된다고 하지 않는가. 결국 낙이 있으면 고통이 있는 것이 세상 이치가 아니겠는가. 자네가 낮이고 밤이고 자네가 원하는 대로 되기를 바란다는 것은 원래가 무리일세.」

친구의 이 말을 듣고부터 윤씨는 하인들에게 일을 알맞게 시키고, 자신도 너무 간섭하지 않았기 때문에 윤씨 자신도 늙은 종도 그다지 고통을 겪는 일이 없게 되었다.

꿈과 현실   —— 周穆王

정(鄭)나라의 어떤 사람이 들판으로 나가 땔나무를 하고 있는데, 무엇에 놀라 정신없이 달아나는 사슴과 마주치게 되었다. 그는 길목을 지키고 있다가 단번에 사슴을 쳐서 잡았다. 혹시 누가 보기라도 하면 어쩌나 싶어 물이 마른 웅덩이 속에 감추고 나뭇가지로 덮어 두고서야 마음을 놓았다. 그런데 어떻게 하다가 그만 자신이 감춰 둔 그 장소를 찾지 못하고 말았다. 그가 혹시 꿈을 꾼 것이 아닌가 하고 길을 걸어가며 중얼거리는 것을 지나가던 사람이 듣고는, 그만 그 사슴이 있는 곳을 찾아 제 것으로 만들고 말았다.

사슴을 주워 집으로 돌아온 사람은 그의 아내에게 이렇게 말했다.

「아까 나무꾼 한 사람이, 사슴을 잡은 꿈을 꾸고도 그 장소를 알 수 없다기에, 내가 가서 그걸 찾아냈으니 그 친구는 현실과 일치하는 정몽(正夢)을 꾼 셈이거든.」

그러자 아내가 말했다.

「당신이야말로 나무꾼이 사슴을 잡은 꿈을 꾼 것이 아닐까요? 나무꾼 남자란 건 실지로 있었던 것이 아닐 거예요. 그런데 당신이 지금 정말로 사슴을 얻어가지고 온 것을 보면 당신 쪽이 정몽을 꾼 거예요.」

남자는 또 이렇게 말했다.

「이렇게 내가 사슴을 손에 넣게 된 이상 새삼스럽게 내 꿈이니 남의 꿈이니 하고 따질 필요도 없지.」

한편 나무꾼은 집에 돌아와서도 사슴을 잃어버린 것을 안타까워했는데, 그날 밤 사슴을 감춰 둔 장소와 그 사슴을 횡령한 남자까지 꿈속에서 제대로 볼 수 있었다. 그래서 이튿날 아침 일찍 꿈에서 본 기억을 더듬어가며 마침내 횡령한 사람의 집을 찾아낸 그는 이를 관에 고발해서 사슴을 되찾으려 했다. 사건은 재판으로 옮겨갔다.

재판관은 나무꾼을 보고 말했다.

「너는 맨 처음 실지로 사슴을 잡고도 공연히 꿈이 아닌가 의심했고,

나중에는 실은 꿈속에서 사슴을 찾은 것뿐인데 그것을 진실인 것처럼 생각하기에 이르렀다. 또 상대방은 실지로 사슴을 가지고 있으면서 너와 사슴을 놓고 맞거니 틀리거니 하고 다투고 있으며, 또 그의 아내는 꿈속에서 다른 사람이 잡은 사슴이란 것을 인정하면서, 남이 잡은 것이 아니라고 우기고 있다. 어쨌든 사슴이 현재 있으니까 이것을 둘로 나눠 가지도록 하여라.」

이 사건이 정나라 임금에게까지 올라가자, 임금은

「허허, 재판관 역시 꿈속에서 남의 사슴을 나눠 주려는 건가.」

하고, 대신에게 물었다. 대신은 이렇게 말했다.

「꿈인지 아닌지는 우리들로서는 분간하기 어려운 일입니다. 꿈이냐 현실이냐 하는 것은 황제(黃帝)나 공자만이 알 수 있는 일인데, 두 분은 이미 죽고 없으므로, 아무도 그것을 구별할 수 없을 것입니다. 이번 일만은 재판관이 말한 것을 옳은 것으로 해두는 것이 좋을 것 같습니다.」

건망증의 고마움 　　　　　　　　　　—— 周穆王

송나라 양리(陽里)에 사는 화자(華子)란 사람은 중년에 이르러 건망증에 걸리고 말았다. 아침에 남에게 빌어온 물건은 저녁이면 까맣게 잊어버리고, 저녁에 남에게 물건을 빌려 주고는 이튿날 아침이면 까맣게 잊어버리며, 길에서는 걸어가는 것을 잊고, 집에 있을 때는 앉는 것을 잊고, 지금은 앞서의 일을 까맣게 모르고, 뒤에는 지금 일을 전혀 잊고 만다. 집안 사람들이 걱정이 되어 점쟁이에게 점을 쳐보아도 점괘가 나오지 않고, 무당에게 부탁해서 굿을 해보아도 효과가 없었으며, 의원에게 치료를 받게 했건만 도무지 나아지지 않았다.

그런데 노나라의 어느 선비가 고쳐 보겠다고 자청하고 나섰다. 화자의 집에서는 재산의 반을 나눠 주겠다는 약속을 했다. 그러자 그 선비는 이렇게 말했다.

「이건 원래가 점을 칠 성질의 것도 아니고, 굿으로 나을 수도 없는 것이며, 약으로도 낫지 않는 것입니다. 나는 시험삼아 주인 어른의 마음을 바꾸고 생각을 고쳐 볼까 합니다. 그러면 혹 나을 수도 있을 테니까요.」

그래서 시험삼아 화자의 옷을 벗겨 보았더니 역시 옷을 입으려 했고, 배를 고프게 해두었더니 또한 밥을 먹고 싶어했으며, 어두운 곳에 있게 해두었더니 밝은 곳으로 나가려 했다. 선비는 그것을 보자 반가운 얼굴로 화자의 아들에게 말했다.

「이 병은 고칠 수 있습니다. 그러나 내가 고치는 방법은 대대로 비밀히 전해온 것이라 남에게 알릴 수는 없으니 다른 분들은 다 물러가시도록 하고, 나 혼자서 이레 동안 환자와 함께 방에 있도록 해주시오.」

그래서 시키는 대로 했다. 그러므로 그가 무엇을 어떻게 했는지는 알 수 없었다. 그러나 어찌 됐든 오래 된 병이 하루 아침에 씻은 듯이 달아나 버리고 말았다.

그런데 화자는 병이 낫게 되자, 노발대발해서 아내를 내쫓고, 자식들에게 호통을 치며, 창을 들고 선비를 뒤쫓았다. 사람들이 화자를 붙들고 그 까닭을 묻자 그는 이렇게 대답했다.

「지금까지 내가 건망증에 걸려 있었을 때는 마음이 태평스러워서 세상이 있는지 없는지 그것마저 모르고 지냈었다. 그런데 지금 갑자기 생각이 되살아나매 지금까지 수십 년 동안에 일어났던 생사(生死)와 득실(得失)과 희비(喜悲) 등 가지가지 일들이 한꺼번에 밀어닥치고 있다. 앞으로도 계속 그것들이 내 마음을 괴롭힐 것을 생각하니 걱정이 되어 견딜 수 없다. 비록 잠시 동안이나마 모든 것을 잊어버리고 사는 일은 두 번 다시 없을 것이 아닌가.」

자공(子貢)이 이 말을 듣고 잘 이해되지 않아 공자에게 물었더니, 공자는

「이것은 너로서는 아직 알 수 없는 일이다.」

하고, 수제자인 안회(顏回)에게 이 이야기를 기록에 남기도록 했다.

틀리지 않은 사람은 없다　　　　—— 周穆王

진(秦)나라 봉씨(逢氏)란 사람에게 아들이 하나 있었다. 어릴 때부터
퍽 영리한 아이였는데, 어른이 되고 나서 이상한 병에 걸려 모든 판단을
보통 사람들과는 정반대로 하는 것이었다. 노래를 들으면 우는 것으로 알고,
흰 것을 보면 검다고 생각하고, 향내를 맡으면 구리다고 하고, 단 걸 먹으면
쓰다고 하며, 좋은 걸 보면 나쁘다고 하는 식으로, 천지 사방이라든가, 물과
불이라든가, 춥고 더운 거라든가, 모든 것을 정반대로 생각하게끔 되었다.
양씨(楊氏)라는 이웃 사람이 환자의 아버지에게

「노나라에는 재주가 뛰어난 분들이 많다고 하니 혹 그런 병을 고칠지도
알 수 없지 않은가 ? 한번 가서 알아보는 것이 어떻겠는가 ? 」
하고 권했으므로 봉씨는 노나라로 길을 떠났다. 그런 도중 진(陳)나라를
지나다가 노자를 만나게 되었다. 봉씨가 아들의 병의 상태를 말하자 노자는
이렇게 말했다.

「그대는 어떻게 그대 아들의 생각이 틀린 것을 아시오 ? 지금 온 세상
사람들이 다 옳고 그른 것을 구별하지 못하고, 이해 득실을 분간하지 못하는
등 그대 아들과 똑같은 병에 걸린 사람이 대부분이오. 물론 도리를 제대로
깨친 사람은 한 사람도 없소. 그리고 자기 한 사람의 생각이 틀렸다 해서
집안 사람 전부를 틀렸다고 볼 수는 없으며, 한 집안 사람이 다 틀렸다고
해서 온 고을 사람이 다 틀렸다고는 볼 수 없소. 또 한 고을 사람의 생각이
틀렸다고 해서 온 나라 사람이 다 틀렸다고는 볼 수 없으며, 한 나라 사람의
생각이 틀렸다고 해서 온 천하가 다 틀렸다고 단언할 수도 없는 것이오.
그러나 온 천하가 다 틀린 생각을 가졌다면 누가 그것을 바로잡을 수가
있겠소 ? 가령 온 세상 사람이 다 그대 아들처럼 되어 버렸다고 한다면,
거꾸로 그대의 생각이 틀린 것이 되고 말 것이오. 슬픔이나 즐거움이라든가,
소리나 빛이라든가, 냄새나 맛이라든가, 옳고 그른 것이라든가, 누가 그것을
올바르게 알아맞출 수 있겠소 ? 그리고 이렇게 말하는 내 말 자체가 반드시
틀린 것이 아니라고도 말할 수 없는 것이오. 더구나 노나라 사람들이란

틀려도 이만저만 틀리지 않았는데 어떻게 남의 틀린 것을 바로잡을 수 있겠소? 그대도 가지고 있는 양식을 짊어지고 빨리 집으로 돌아가는 편이 좋을 것이오.」

슬픔은 뿌리 없는 풀   —— 周穆王

연(燕)나라 사람으로, 태어난 곳은 연나라지만 초(楚)나라에서 자란 사람이 있었다. 늙어서 고향으로 돌아오게 되었는데, 도중 진(晉)나라까지 오게 되었다. 그때 같이 오던 사람이 그를 놀려 줄 생각으로, 어느 도시를 가리키며

「이것이 연나라 도시일세.」

하자, 그는 깜짝 놀라며 얼굴 표정을 바꾸었다. 다시 사당(祠堂)을 가리키며

「저것이 자네 마을의 사당일세.」

하자, 그는 깊은 한숨을 내쉬었다.

다시 어느 집을 가리키며

「이것이 자네 조상들이 살던 집일세.」

하자, 그는 소리없이 눈물을 주루룩 흘렸다. 이번엔 또 어느 무덤을 가리키며

「이것이 자네 조상의 무덤일세.」

하자, 그는 그만 견디다 못해 엉엉 울어 버리고 말았다. 그제야 동행하던 사람은 껄껄 너털웃음을 웃으며

「이 사람아, 내가 한 말은 모두가 거짓말이었네. 여기는 아직 진나라일세.」

하고 놀려 주었다. 울던 그는 몹시 부끄럽기만 했다.

마침내 그는 연나라로 들어와, 정말 연나라 도시를 보고, 자기가 태어난

마을의 사당을 보고, 그리고 자기가 태어났던 집과 조상의 무덤들을 보았으나 전과 달리 슬픈 생각이 별로 들지 않았다.

우공이 산을 옮기다〔愚公移山〕　　　　──湯　問

　태행산(太行山)과 왕옥산(王屋山)은 사방이 칠백 리, 높이가 일만 길이나 되며, 원래는 기주(冀州) 남쪽 하양(河陽) 북쪽에 있었다.

　북산(北山)에 사는 우공(愚公)이란 사람은 나이 아흔에 가깝도록 이 두 산을 마주 보며 살아왔다. 그런데 산이 북쪽을 딱 가로막고 있어 내왕이 몹시 불편한 것을 못마땅하게 생각해오던 우공은, 어느 날 가족들을 모아 놓고 이런 상의를 했다.

　「나는 너희들과 있는 힘을 다해 험한 산을 편편하게 만들고, 예주(豫州) 남쪽까지 똑바로 길을 열어 한수(漢水) 북쪽에까지 갈 수 있게끔 하고 싶은데 어떠냐?」

　가족들은 모두 찬성했다. 그러나 우공의 부인만은 의아한 표정을 지으며

　「당신 힘으로는 조그만 언덕 하나도 제대로 파낼 수가 없을 텐데 저런 큰 산을 어떻게 하겠다는 거예요? 그리고 파낸 흙과 돌을 어디다 어떻게 옮겨 놓겠다는 겁니까?」

하고 말했다. 그러나 다른 사람들은

　「그 흙과 돌은 발해(渤海) 끝, 은토(隱土) 북쪽에라도 버리면 되겠지요.」

하고 찬성했다. 합의를 본 우공은 세 아들과 손자들을 데리고 나와, 돌을 깨고 흙을 파내어 소쿠리 삼태기에 담아 발해 끝에까지 옮겨 놓기 시작했다. 우공의 이웃에 사는 경성씨(京城氏)라는 과부에게는 겨우 열여덟 살밖에 되지 않은 한 사내아이가 있었는데, 그애도 좋아라고 일을 거들었다. 그런데 일 년이 지나서야 겨우 발해까지 한 번 왕복을 마치는 형편이었다.

　황하 근처에 사는 지수(智叟)라는 사람은 그것을 보고 웃으면서 우공에게

충고했다.

「자네, 보아하니 이건 지나치게 바보스러운 짓일세. 여생이 얼마 남지 않은 그 가냘픈 힘으로는, 산 한쪽 귀퉁이도 떼어내기 어려울 터인데, 이런 큰 산의 흙과 돌을 어떻게 하겠다는 건가?」

그러자 북산의 우공은 딱하다는 듯이 한숨을 쉬며 이렇게 말했다.

「자네같이 천박한 마음을 가진 사람으로서는 도저히 알 수 없을걸세. 자네의 지혜는 저 과부집 어린아이만도 못하다네, 알겠나. 설령 여생이 얼마 남지 않은 내가 죽는다 해도 자식들은 살아 있을 것이 아닌가. 자식은 또 손자를 얻고, 그 손자는 또 자식을 낳고 해서 자자손손 영원히 끊어질 리가 없지 않은가. 그런데 산이란 불어나지 않으니, 어느 땐가는 틀림없이 다 파낼 때가 올 것이 아니겠는가.」

지수도 그 말을 듣자 다시 할 말이 없었다. 한편 두 산을 지키는 조사신(操蛇神)[1]은, 이대로 계속되다가는 필경 산이 없어질 것이 두려워 딱한 사정을 옥황상제에게 호소했다. 옥황상제는 우공의 그 참된 마음에 감탄한 나머지 힘이 세기로 유명한 천신(天神)인 과아씨(夸娥氏)의 두 아들에게 명령해서, 태행과 왕옥 두 산을 업어다가, 하나는 삭동(朔東) 땅에, 또 하나는 옹남(雍南) 땅에 옮겨 놓도록 하였다. 그 뒤로 기주 남쪽, 한수 북쪽에는 나즈막한 언덕 하나도 남아 있지 않게 되었다.

　　註 1) **操蛇神**　산과 바다의 神, 손에 뱀을 들고 있다.

태양문답(太陽問答)　　　　　　　　　——湯　問

공자가 동쪽 지방을 여행하고 있을 때의 일이다. 어느 곳에서 두 아이가 서로 말다툼을 하고 있는 것을 보고 그 까닭을 물었다. 한 아이가

「나는 해가 처음 떠오를 때보다 한낮에 더 멀리 있다고 생각한단 말예요.」

하고 말했다. 그러자 또 한 아이는

「나는 해가 처음 떠오를 때가 한낮보다 더 멀다고 생각하는데.」

하고 말했다. 그러자 첫번째 아이가

「해가 처음 떠올랐을 때는 차의 덮개〔車蓋〕만큼 크게 보이지만, 한낮에는 대접 정도야. 크게 보이는 것은 가깝기 때문이고 작게 보이는 것은 멀기 때문이야.」

하고 이유를 설명했다. 그러자 나중 아이는 또 이렇게 말했다.

「해가 처음 뜰 때는 서늘하지만, 한낮이 되면 뜨겁잖아. 이건 가까우면 뜨거워지고 멀면 차가워지기 때문이란 말야.」

　공자가 얼른 결정을 내리지 못하고 서 있자 두 아이는

「할아버지를 훌륭한 분이라고 말한 사람이 대관절 누구였지 ? 」

하고 웃었다.

마음을 바꿔 넣은 이야기　　　　　—— 湯　問

　노(魯)나라의 공호(公扈)란 사람과 조(趙)나라의 제영(齊嬰)이란 사람이 병이 나서, 함께 유명한 편작(扁鵲)에게로 가서 치료를 받았다.

　편작은 병을 고쳐 주고 나서 두 사람에게 이런 말을 했다.

「두 분의 병은 밖에서 내장으로 들어온 병이라 약으로 고칠 수 있었습니다. 그러나 또 하나 날 때부터 가지고 있는 병이 있는데 몸이 자라나는 대로 점점 악화되어가고 있는 것 같소이다. 두 분을 위해 그 병마저 고쳐 드렸으면 싶은데 의향이 어떠하신지요 ? 」

「그럼 먼저 어떤 병인지 들려 주실 수 없겠습니까 ? 」

　그러자 편작은 공호를 보고 말했다.

「댁은 마음은 강한데 기운이 약하오. 그래서 생각하는 점은 뛰어나지만 결단력이 부족합니다. 그런데 제영이란 분은 마음은 약하나 기운은 강한

편입니다. 그래서 생각은 모자라면서 독단적인 판단과 행동에 빠지기가
쉽습니다. 만일 두 분의 마음을 서로 바꿔 넣는다면 둘 다 균형잡힌 인
격자가 될 수 있을 것입니다만.」

그리하여 결국 편작은 두 사람에게 독한 술을 먹여 사흘 동안 마취 상태에
빠뜨려 놓고, 가슴을 갈라 염통을 꺼내 서로 바꿔 붙인 다음 정신나는 약을
먹였다. 두 사람은 곧 깨어나 하직 인사를 고하고 집으로 돌아갔다.

그런데 제영의 마음을 자기 가슴에 바꿔 넣은 공호는 생각에 따라 제영의
집을 자기 집으로 알고 찾아갔다. 제영의 부인과 아이들이 그가 누구인지
알 리가 없었다. 제영 역시 공호의 집을 자기 집으로 알고 찾아갔기 때문에
똑같은 사태가 벌어질 수밖에 없었다. 그래서 양쪽 집에선 관가에 소송을
제기하게 되었다. 피고로 몰린 두 사람은 편작을 증인으로 세웠고, 편작의
해명에 의해 의심이 풀렸으므로 소송은 곧 취하되었다.

궁술(弓術)의 극치   — 湯 問

옛날, 감승(甘蠅)이란 명궁(名弓)이 있었다. 그가 활의 줄만 당겨도 짐
승이 땅에 쓰러지고 새가 공중에서 떨어지곤 했다. 그의 제자인 비위(飛衛)
는 감승에게서 궁술을 배워 솜씨가 감승을 능가할 정도였다. 또한 기창
(紀昌)이란 사람이 비위에게 궁술을 배우고 싶어했는데 그는 비위로부터
「너는 먼저 눈을 깜빡거리지 않는 연습부터 해야 한다. 눈을 깜빡거리지
않게 된 뒤라야 활에 대한 이야기를 들을 수 있다.」
라는 교훈을 받았다. 그래서 그는 집에 돌아오자, 아내가 짜고 있는 베틀
밑에 반듯하게 위를 보고 누워서 베틀채가 오르내리는 것을 눈여겨보는
연습을 했다. 두 해 뒤에는 송곳 끝이 눈시울을 향해 떨어져도 눈 하나
깜박이지 않게 되었다. 그런 사실을 비위에게 보고하자, 비위는 또
「그것만으로는 아직 멀었다. 이제는 보는 연습을 끝마치면 그런 대로

배울 수 있을 것이다. 작은 것이 큰 것과 같이 보이고, 먼 것이 똑똑히 보이게끔 되거든 내게로 와서 일러라.」

하고 돌려보냈다. 그래서 기창은 남쪽 창문에 말총으로 이(虱)를 매달아 놓고, 멀리서 그것을 바라보기 시작했다. 열흘쯤 지나자 이는 점점 크게 보였고, 삼 년 후에는 수레바퀴만큼 크게 보였다. 그 눈으로 다른 물건을 바라보면 모두 산더미처럼 크게 보였다. 그래서 연나라에서 나는 뿔로 만든 활에 북쪽에서 나는 쑥대 화살을 재어 쏘았더니, 화살은 보기좋게 이란 놈의 염통을 꿰뚫었는데 이를 매어 둔 말총은 끊어지지 않은 채 그대로 남아 있었다. 이 사실을 비위에게 보고하자, 비위는 껑충 뛰어오르며 가슴을 두드리고 나서

「너도 이젠 성공하게 되었구나.」

하고 기뻐했다.

기창은 비위의 제주를 다 배우고 난 다음, 이제 자기를 대적할 수 있는 자가 과연 누군가 하는 것을 생각하게 되었다. 단 한 사람 비위밖에 없었다. 그래서 비위를 죽여 없애기로 결심했는데, 어느 날 들 한가운데서 서로 마주치게 되었다. 두 사람은 서로 상대방을 향해 활을 쏘았으나 화살이 중간에서 서로 맞부딪치는 순간 그대로 살그머니 땅에 떨어져 먼지 하나 일지 않았다. 그렇게 마주 쏘는 동안 비위의 화살이 먼저 떨어지고, 기창에게는 하나가 남아 있었다. 기창이 하나 남은 화살을 쏘아보내자, 비위는 가시나무 가시로 그것을 감쪽같이 받아넘겼다. 그러자 두 사람은 울면서 활을 집어던지고 땅바닥에 엎드려 마주 절을 하고 부자(父子)의 의를 맺었다. 둘은 팔뚝을 베어 피를 내고, 활의 비법(秘法)을 다시는 세상에 전하지 말자고 맹세했다.

말 모는 비결(秘訣)　　　　　—— 湯　問

　조보(造父)[1]의 스승을 태두씨(泰豆氏)라 불렀다. 조보가 그에게서 말 모는 법을 배우기 시작했을 때, 예를 극진히 해서 그를 정성껏 모셨으나, 삼 년 동안 태두씨는 아무것도 가르쳐 주는 것이 없었다. 그러나 조보는 조금도 변함없이 그를 극진히 섬겼다. 그러자 태두씨는 비로소 이런 말을 들려 주었다.

　「옛 시(詩) 가운데에도 『양궁(良弓)의 아들은 반드시 먼저 키를 만들고 양야(良冶)의 아들은 반드시 먼저 갖옷[裘]을 만든다.』고 했다. 너도 먼저 내 걸음걸이부터 배워야 한다. 나처럼 걸을 수 있어야만 비로소 여섯 개의 고삐를 잡고, 여섯 마리 말을 몰 수 있게 된다.」

　「가르치신 대로 하겠습니다.」

　그러자 태두씨는 나무 말뚝을 주욱 박아 길을 만들었다. 그 말뚝은 겨우 발을 올려 놓을 정도였으며 발걸음 너비에 맞춰 세워 두고 그 위를 밟고 빠른 걸음으로 왔다갔다했으나 발을 헛디디는 일은 없었다. 조보는 그것을 배우기 시작하자 사흘 동안에 완전히 터득해 버렸다. 태두는 감탄해서 말했다.

　「너는 참으로 영리하고 이해가 빠르구나. 말을 모는 기술이란 것도 대체로 이것과 다를 것이 없다. 지금 네가 걷고 있을 때, 발의 움직임이 마음에 생각하는 그대로 움직였기 때문이다. 이것을 말 모는 기술에 비교해 볼 때, 고삐를 다루어 차체를 안정시키고, 말머리를 당겼다 늦췄다 하며 조절하는 것은 자기 마음속으로 올바로 자질을 해가며, 손끝으로 그것을 가늠하게 된다. 자기 마음속에 깨닫는 무엇이 있어야 말의 비위도 맞출 수 있는 것이다. 그렇게 되면 말을 앞으로 몰든 뒤로 물리치든, 먹줄을 칠한 듯이 곧게 되고, 돌아서든 방향을 바꾸든, 보기 좋게 직각으로 되고 둥글게도 되며, 멀리 가더라도 힘에 여유가 생긴다. 이래야만 참으로 말을 몰 줄 안다고 할 수 있다. 말의 마음을 재갈이 있는 곳에서 파악하여 그것이 고삐로 옮겨지고, 고삐에서 손으로 옮겨진 다음 손에서 마음으로 전해지면, 눈으로 보지 않아도, 또 채찍으로 말을 몰지 않아도 마음은 조용하고 자세는 바르게 되며, 여섯 마리 말의 고삐가 어지러워지는 일이 없이 스물 네 개의 발굽이 제 위치를 잃지 않게 되고, 돌고 나아가고 물러나는 것이 절도 있게 행해진다. 이렇게 되면 수레바퀴에는 그 폭 이상의 지면은 필요없게 되고, 말 발굽에는 그 크기 이상의 지면이 필요없게 된다. 그리하여 산과 골짜기의 험한 곳도, 초원과 습지대의 넓은 곳도, 아무 거리낌 없이 똑같이 느껴지게 된다. 이것이 내 기술의 비결이다. 너도 이 점을 마음에 새겨 두지 않으면 안 된다.」

　　註 造父　周穆王의 말몰이로 이름을 떨친 名人.

인력(人力)과 천명(天命)　　　　　　　——力 命

인력(人力)이 천명(天命)에게 말했다.

「당신의 능력과 내 것을 비교하면 어느 쪽이 나을까요?」

「당신은 다른 것들에 대해 어떤 능력을 가지고 있기에 나와 자신을 비교하는 거지요?」

「인간이 오래 살고 일찍 죽는 것도, 망하고 흥하는 것도, 귀하게 되고 천하게 되는 것도, 가난하게 살고 부자로 사는 것도 모두가 나의 힘에 의하기 때문이오.」

그러자 천명은 이렇게 받았다.

「팽조(彭祖)란 사람은 지혜는 요순(堯舜)보다 나을 것이 없었지만 팔백 년이나 살 수 있었고, 공자의 제자 안회(顏回)의 재주는 범인보다 못한 편이 아니었는데도 안회는 서른두 살로 죽었소. 공자의 덕이 제후들만 못하지는 않았지만 진채(陳蔡) 사이에서 심한 고난[1]을 겪었고, 은(殷)나라 주왕(紂王)은 은나라 삼인(三仁)으로 불리는 미자(微子), 기자(箕子), 비간

(比干)보다 위라고는 할 수 없는데도 천자의 자리에 있었소. 또 계찰(季札)이란 오나라의 어진 사람은 오나라의 벼슬을 가지지 못했는데, 어질지도 못한 전항(田恒)[2]은 제 나라 정치를 혼자 휘둘렀고, 백이, 숙제는 수양산에서 굶어 죽었는데, 노나라 계손씨(季孫氏)[3]는 훌륭하다고 이름난 전금(展禽)[4]보다 풍족한 생활을 했소. 만일 이런 것들이 다 인력으로 이뤄진 것이라면, 어째서 한쪽은 오래 살게 하고, 한쪽은 일찍 죽게 하며, 성인을 망하게 만들고 무도한 사람을 흥하게 만들며, 어진 사람을 천하게 만들고 어리석은 사람을 높은 지위에 올려 놓으며, 착한 사람을 가난하게 하고 악한 사람을 부자로 만드는 것이오?」

「결국 당신 말대로 한다면, 나는 사물에 대해 별로 큰 역할을 하지 못한다는 이야기가 되는데, 그렇다면 세상에 있는 것들이 그렇게 되는 것은 당신이 지배하고 있기 때문이란 말이오?」

「아니지, 천명이란 이름이 붙은 이상 어떻게 그런 것을 지배할 수 있겠소. 나는 다만 곧은 것은 곧은 그대로 뻗어가게 놓아 두고, 굽은 것은 굽은 그대로 내버려 둘 뿐이오. 오래 살든 일찍 죽든, 망하든 흥하든, 귀하게 되든 천하게 되든, 부자가 되든 가난뱅이가 되든 모두가 자연 그대로 되는 것일 뿐, 내가 무엇 때문에 그런 걸 알려 하겠소. 나와는 아무런 상관도 없는 것이오.」

註 1) **陳蔡** 사이의 고난　孔子가 楚에 초빙되어가다 陳나라와 蔡나라 사이의 들판에서 양국의 大夫들에 의해 저지되었던 일.
　　2) **田恒**　齊나라는 본래 姜氏의 것인데, 田恒이 임금 자리를 빼앗았다.
　　3) **季孫氏**　춘추시대 魯나라의 권세가.
　　4) **展禽**　柳下惠, 춘추시대 魯나라의 성인.

병도 운명(運命)　　　　　　　　　　　　　—力 命

　양주(楊朱)에게 계량(季梁)이란 친구가 있었다. 언젠가 계량이 병이 들어
이레를 앓는 동안 몹시 중태에 빠졌다. 아들들은 주위에 둘러앉아 슬피
울며 의원을 부르려 했다. 그러자 계량은 양주에게 말했다.
　「내 자식들은 모두 못난 놈들뿐이라서 보다시피 저 모양들이 아닌가.
수고스럽지만 나를 위해 노래라도 불러 자식들을 깨우쳐 주지 않겠나?」
　그래서 양주는 이런 노래를 불렀다.

　　　하늘도 모르는 것을
　　　사람이 어떻게 알리.
　　　행복도 하늘의 더은 아니며
　　　재난도 사람이 한 짓은 아니다.
　　　나와 그대는 훤히 알지만
　　　의원이나 무당이 알 리가 없지.

　그러나 아들들은 무슨 뜻인지 알지 못하고, 결국 세 사람의 의원을 불러
보이기로 했다. 한 사람은 교씨(矯氏)라 했고, 다른 한 사람은 유씨(俞氏),
또 한 사람은 노씨(盧氏)였다. 진찰을 마치자 교씨는 계량을 보고 말했다.
　「당신은 추위와 더위를 적당히 조절하지 못하고, 허실(虛實)이 균형을
잃고 있습니다. 병은 음식이며, 남녀의 관계라든가 마음을 지나치게 쓴
때문에 생긴 것이지 하늘 때문도 귀신 때문도 아닙니다. 병이 상당히 깊기는
했지만 고칠 수는 있습니다.」
　그러자 계량은
　「돌팔이 의원이다. 당장 쫓아 버려라.」
하고 명령했다. 다음 유씨는 이렇게 말했다.
　「당신은 태어날 때부터 기운을 잘 타고 나지 못했는데, 어머니의 젖이
너무 많았습니다. 병은 하루 이틀에 생긴 것이 아니고 오랫동안 두고두고

커진 것이므로 이젠 고칠 수가 없습니다.」

　그러자 계량은

「보통 의원이 아니다. 음식 대접이라도 해서 보내라.」

하고 시켰다. 다음 노씨는 또 이렇게 말했다.

「당신의 병은 하늘 때문도 아니고 사람 때문도 아니며 귀신 때문도
아닙니다. 세상에 태어날 때부터 이미 이런 병에 걸리게끔 정해져 있었
으므로 아무리 약을 쓰고 침을 놓아 보아야 병을 어떻게 해볼 도리가
없습니다.」

　그러자 계량은

「참으로 명의다. 후히 대접해서 보내도록 해라.」

하고 시켰다. 그리고 나서 계량의 병은 저절로 낫게 되었다.

죽음은 슬프지 않다　　　　　　　——力　命

　제(齊)나라의 경공(景公)이 수도 교외에 있는 우산(牛山)에 올라갔을
때, 북쪽으로 즐비하게 늘어서 있는 서울 거리의 풍경을 굽어보고 눈물을
흘리며 이렇게 말했다.

「정말 아름다운 나라다. 나무까지 시퍼렇게 무성해 있구나. 어떻게 이
나라를 두고 죽을 수 있단 말인가. 만일 이 세상에 처음부터 죽음이란 것이
없었다면 나도 이곳을 떠나 다른 곳으로 가지 않아도 좋으련만.」

　행신(幸臣)인 사공(史孔)과 양구거(梁丘據)는 경공의 그런 말을 듣자
덩달아 울면서 말했다.

「소인들은 전하의 덕택으로 살고 있지만, 만일 마른 나물이나 상한 고
기라도 먹을 수 있고, 짐말이나 낡은 수레라도 타면서 살아갈 수만 있다면,
조금도 죽고 싶은 생각은 없습니다. 하물며 전하의 경우야 더욱 그러하지
않겠습니까 ?」

그러나 대신인 안자(晏子)[1]만은 옆에서 그런 말을 들으며 웃고만 있었다. 경공은 눈물을 닦으며 안자 쪽을 돌아보고

「과인은 오늘 여기 와서 슬픔을 느꼈소. 사공과 양구거도 함께 울어 주었는데, 경만이 혼자 웃고 있으니 어찌된 일이오?」

하고 물었다. 안자는 이렇게 대답했다.

「만일 어진 임금이 언제까지고 죽지 않고 제나라를 다스릴 수 있었다면, 태공망(太公望)이나 환공(桓公)이 틀림없이 그렇게 되었을 것이옵니다. 만일 용기있는 임금이 언제까지나 죽지않고 제나라를 다스릴 수 있었다면, 장공(莊公)과 영공(靈公)이 틀림없이 그렇게 했을 것입니다. 이런 분들이 제나라를 다스리고 있다면 전하께서는 도롱이와 삿갓을 쓰고 논밭에서 농사일을 하기에 바빠 죽고 싶지 않다는 그런 생각을 가질 겨를마저 없었을 것입니다. 더구나 전하께서 임금이 되시는 것 같은 그런 일은 있을 수 없었을 것입니다. 번갈아 임금이 되고 번갈아 그 자리를 떠나게 되어 있기 때문에 전하께 그 차례가 돌아오게 된 것뿐입니다. 그런데 전하만이 죽고 싶지 않다면서 울고 계신다면 너무 자기 욕심만 차리는 것이 아니옵니까? 소신은 그런 임금님과 임금님의 비위를 맞추려는 신하들을 보게 되었기 때문에 혼자 웃었던 것입니다.」

경공은 어찌나 무안했던지 손수 잔을 들어 벌주(罰酒)를 마시고, 사공과 양구거에게도 각각 두 잔씩 벌주를 마시게 했다.

　　　註　1) 晏子　晏嬰, 저서에 《晏子春秋》가 있다고 한다.

동문오(東門吳)가 슬프지 않은 이유　　　——力　命

위(魏)나라에 동문오란 사람이 있었다. 아들이 죽었는데도 그는 조금도 슬픈 기색을 보이지 않았다. 그의 아내가

「당신은 끔찍이도 자식을 사랑하더니만 그 자식이 죽었는데 조금도 슬퍼하는 기색이 없으니 어떻게 된 노릇입니까?」
하고 물었다. 그러자 동문오는
「내게는 그동안 자식이 주욱 없지 않았는가. 자식이 없을 때는 별로 자식 없는 것이 슬픈 줄 모르고 살아왔거든. 지금 자식이 죽었다고는 하지만, 전에 자식이 없었을 때와 다를 것이 없지 않은가. 다시 원래대로 된 것뿐인데 슬퍼할 것까지야 없지 않은가.」
하고 태연하게 대답했다.

쾌락주의 ──楊 朱

자산(子産)은 정(鄭)나라의 재상이 되어 삼 년 동안 한 나라의 정치를 자신의 손안에서 좌우하게 되었다. 그리하여 착한 사람은 그의 교화에 감복하고, 악한 사람은 그 형벌을 두려워하여 정나라는 살기 좋은 나라가 되었고, 이웃 나라들도 정나라를 한층 대우하게 되었다.

그런데 자산에게는 공손조(公孫朝)라는 형과 공손목(公孫穆)이라는 아우가 있었다. 조는 술을 좋아하기로 유명했고, 목은 여자를 지나치게 좋아했다. 조의 집에는 술이 천 석이나 저장되어 있었고, 누룩도 산더미처럼 쌓여 있었으며, 대문에서 백 보(步) 바깥까지 술과 술찌끼 냄새가 사람의 코를 찌르는 형편이었다. 그가 한번 술을 마셨다 하면, 세상이 돌아가는 것도, 무엇이 옳고 그른지도, 집안 형편이 어떻게 돌아가는지도, 친척 동기간의 사이가 어떻게 되어가는지도, 죽고 사는 슬픔과 기쁨 같은 모든 것이 관심 밖이었고, 홍수나 화재가 눈앞에 닥쳐와도 정신을 못 차릴 정도였다. 한편 목은, 저택 깊숙한 곳에 수십 개의 방이 줄을 지어 있었고, 방마다 고르고 고른 젊고 아름다운 여인들이 살고 있었다. 그가 한번 음욕이 일었다 하면, 가까운 시종들도 다 멀리해 버리고, 친구와의 교제도 끊은 채 깊숙한 안방에 틀어박혀 밤인지 낮인지 분간도 못 하고, 석 달에 한 번 정도 겨우 얼굴을 내밀 정도인데, 그러고도 만족하지 못한 듯한 태도였다. 근처에 어여쁜 처녀가 있다는 소문만 들으면 돈을 주어 자기 것으로 만들든가, 사람을 넣어 중매를 붙이든가 하여, 도저히 어찌해 볼 수 없다는 것을 알기 전에는 단념하지 못하는 형편이었다.

자산은 평소부터 이들 두 형제 때문에 골치를 앓고 있어, 하루는 가만히 등석(鄧析)을 찾아가 상의했다.

「사람들이 말하기를, 몸을 닦은 뒤에 집을 다스리고, 집을 다스린 뒤에 나라를 다스린다 했는데, 이 말은 곧 가까운 곳에서부터 먼 곳으로 힘이 미치게 한다는 뜻이 아니겠는가? 그런데 내 경우는, 나라의 정치는 잘 되어가고 있지만 집안은 저런 형편일세. 순서가 바뀐 것 같지만, 어떻게 저들 두 사람을 구하는 방법이 없을까?」

그러자 등석은 이렇게 대답했다.

「나도 전부터 이상하다고는 생각하고 있었으나 자진해서 말을 못 했던 것뿐일세. 왜 그들이 맑은 정신으로 있을 때를 틈타서 충고하지 않는가.」

그래서 자산은 등석의 의견에 따라, 기회를 틈타 두 형제들을 만나 이렇게 충고했다.

「사람이 새나 짐승보다 귀한 까닭은 생각과 판단력이 있기 때문이며, 그런 생각과 판단에 있어서 가장 중요한 것은 예의를 지키는 일이다. 예의를 지키면 명성과 지위는 절로 찾아오게 된다. 그러나 만일 정욕에 따라 행동하며 향락에 빠지게 되면 생명마저 위태롭게 된다. 만일 내가 하는 말을 들어 준다면 회개와 동시에 녹을 먹는 귀한 신분이 될 수 있을 것이다.」

그러자 두 형제는 이렇게 대답했다.

「우린들 왜 그 정도야 모르겠는가. 그걸 알고 있으면서도 이런 길을 택한 것이며, 그것도 이미 오랜 옛날 일이다. 그런 충고는 들으나마나다. 대체로 사람이 살아간다는 것은 어려운 일이지만 죽는다는 것은 쉬운 일이다. 어려운 삶에서 쉬운 죽음을 기다리는 것이 인생이라면 깊이 생각해 볼 문제가 아니겠는가. 예의가 소중한 것이라 하여 자연의 정욕을 억제하며 명성을 얻는 그런 짓을 할 바엔 차라리 죽는 편이 낫다. 일생의 환락을 마음껏 즐기고, 눈앞의 즐거움을 맛보려고 하면, 마음에 걸리는 것은 다만 배불리 먹고 싫도록 마시지 못할까, 정력이 모자라 욕망대로 하지 못하지나 않을까 하는 것뿐이다. 세상의 평판이 나쁘다든가, 생명이 위태롭다든가, 그런 것을 걱정하고 있을 겨를은 없다. 더구나 그대는 나라를 다스리는 재주를 남에게 자랑하며, 달콤한 소리로 우리들의 마음을 흔들어 놓고, 명예나 지위로 우리들의 마음을 사려 하고 있으니, 그 얼마나 얄팍하고 속없는 짓인가. 우리도 그만 너와는 손을 끊고 싶은 심정이다. 그리고 대체로 겉모양을 다듬는 사람은 사물을 잘 다스리기 어렵고 자기 자신까지 괴롭히게 되지만, 이와는 반대로 마음속을 제대로 다스리는 사람은 사물이 어지러워지는 법도 없으며 타고난 성정(性情)도 편하게 된다. 그대와 같이 겉치레만 한다면 그것이 일시적으로는 성과를 거둘지 모르나 인간의 심리를 정확히 파악하는 경지에까지는 이르지 못한다. 우리처럼 마음속을 훌륭하게 다스리는 그런 방법으로 나간다면 그것을 온 천하에 미치게 하여, 군신(君臣)과 상하(上下)의 도리 같은 걸 없애 버리게 된다. 우리는 일찍부터 이러한 방법을 네게 충고해 줄 생각이었는데 거꾸로 우리를 설득시키려는 것인가?」

자산은 멍하니 대답도 못 하고 앉아 있었다. 뒷날 등석을 만나 그런 이야기를 했더니, 등석은 이렇게 평했다.

「자네는 도를 깨달은 사람들과 같이 있으면서도 그걸 모르고 있었군. 누가 자네를 지혜 있는 사람이라 불렀는지 모르겠네. 정나라가 잘 다스려진 것도 우연한 일이었을 뿐 자네 때문은 아니었던 것 같네.」

삶과 죽음은 그대로   ──楊　朱

제자인 맹손양(孟孫陽)이 양자(楊子)[1]에게 물었다.

「지금 어떤 한 사람이 삶을 귀중히 알고 자기 몸을 소중히 여기며, 죽지 않기를 바란다면 그것이 가능해질까요?」

「죽지 않는 도리는 있을 수 없다.」

「그럼 오래 살기를 바란다면 그것은 가능하겠습니까?」

「오래 사는 도리도 있을 수 없다. 삶은 귀중히 여긴다고 해서 얻어지는 것이 아니며, 몸은 소중히 한다고 해서 튼튼해지는 것도 아니다. 그리고 오래 살아서 어찌 하겠다는 건가? 사람의 오정(五情)은 예나 지금이나 변함이 없다. 몸의 안위(安危)도, 세상의 고락도, 변화와 혼란한 세상을 다스리는 일도, 다 예나 지금이 다를 것이 없다. 그런 것들은 우리가 벌써 보고 듣고 경험해온 것들이다. 그렇다면 백 년이란 수명도 너무 긴 것이 아닌가. 하물며 언제까지나 살아 남아 고통을 더하려 하다니 될 법이나 한 일인가.」

「그렇다면 일찍 죽는 편이 오래 사는 것보다 낫다는 말씀이 되겠는데, 그럼 칼날 앞에 몸을 드러내고 끓는 물이나 불 속으로 뛰어들면 원대로 되겠군요.」

그러자 양자는 이렇게 대답했다.

「그런 건 아니다. 사람으로 태어난 이상은 그냥 되어가는 대로 내맡겨 두고, 하고 싶은 일을 멋대로 하면서 죽기를 기다려야 한다. 그리고 죽게 되었을 때는 역시 되어가는 대로 내맡겨 두고 마지막까지 가서 죽으면 그만인 것이다. 어느 것이고 되어가는 그대로 내맡기기로 한다면, 새삼스레 오래 살려 한다든가 일찍 죽으려고 생각할 필요는 조금도 없게 된다.」

　　註 1) 楊子　楊朱. 전국시대 衛나라 사람, 字는 子居, 극단적인 이기주의자.

둔인(遁人)과 순민(順民)　　　　　　　　—— 楊　朱

양주(楊朱)는 다음과 같이 말하고 있다.

사람이 아등바등하며 조금도 편할 날이 없는 것은, 다음 네 가지 때문

이다. 첫째는 오래 살려는 욕심, 둘째는 명예욕, 셋째는 지위를 차지하려는
마음, 넷째는 재물을 탐하는 마음이다. 이 네 가지 소망을 가진 사람은,
죽은 사람을 무서워하고, 남을 무서워하고, 권력을 무서워하고, 형벌을
무서워한다. 이런 사람을 가리켜 『둔인(遁人)』, 즉 도망다니는 사람이라
한다. 이같은 사람은 죽든 살든 그의 운명은 남의 손에 쥐어져 있는 셈이다.
그러나 자연의 운명에 거스를 생각이 없어 굳이 오래 살기를 바라지도
않고, 지체가 높은 것을 자랑할 생각이 없어 명예를 부러워하지도 않으며,
권력을 휘두를 생각이 없어 지위를 탐내는 일도 없고, 부자가 부럽지 않기
때문에 재물을 욕심내는 일도 없는 사람을 가리켜 『순민(順民)』 즉 순한
백성이라 부른다. 이런 사람은 세상에 거스르는 일이 없고, 운명은 자기
손아귀에 쥐어져 있다. 그러기에 옛 말에도 『사람이 만일 결혼이나 벼슬을
하지 않으면 정욕도 반으로 줄어든다. 사람이 만일 입고 먹지 않는다면
군신(君臣)의 도리 따위는 필요하지 않게 된다.』고 했다.

주(周)나라 속담에도 『늙은 농부는 앉혀 놓으면 죽는다.』는 말이 있다.
 농부들은 아침 일찍 들판으로 나가 밤 늦게 집으로 돌아오며, 그것이
자기의 분수인 줄 알고, 콩죽 같은 험한 음식을 먹으면서도 그것을 천하
별미로 알고 있으며, 살결은 거칠어 두꺼워지고, 근육은 불끈 불거져 있다.
그러므로 일단 이 가난한 농부를 털담요와 비단 방석에 앉혀 놓고, 맛있는
쌀밥과 고기반찬과 과일들을 먹게 하면, 마음은 나른해지고 몸은 지쳐 빠져
마지막엔 열이 북받쳐 병들어 죽게 될 것이다. 또 이와는 반대로, 송(宋)
나라나 노(魯)나라의 귀족들에게 가난한 농부와 똑같은 논밭을 주어 일을
하도록 한다면 이들 역시 석 달이 못 가서 병들어 죽고 말 것이다.

즉 농부들은 자기가 편하다고 생각하는 곳과 맛있다고 생각하는 음식을
천하 제일로 알고 있는 것이다.

옛날 송나라에 한 농부가 있었다. 그는 언제나 누더기를 두르고 겨우겨우
겨울을 지낸 다음, 봄이 되면 들로 나가 농사일을 시작하며 따뜻한 햇볕에
몸을 내맡겼다. 이 농부는 이 세상에 큰 저택이나 따뜻한 방이 있다는 것도,

솜옷이며 여우나 담비의 털옷이 있다는 것도 모르고 있었기 때문에, 그의
아내를 돌아보며

「햇볕을 쬐는 따뜻한 맛은 아무도 모를 거야. 이것을 임금께 말씀드리면
틀림없이 상을 주실 거야.」

라고 했다. 이 말을 들은 마을의 부자 한 사람이 그 농부를 이렇게 깨우쳐
주었다.

「옛날, 들콩〔戎菽〕과 수삼대〔甘枲莖〕와 미나리〔芹萍子〕를 맛있는 것으로
믿고 있는 한 사람이 그 고을의 양반에게 그것들이 기가 막히게 맛이 있는
물건이라고 일러 주었으므로, 양반도 그것을 가져오라 하여 먹어 보았겠지.
그랬더니 입안이 따끔따끔하고 뱃속이 울렁울렁해지지 않겠는가. 남의
웃음거리가 된 양반은 그 농부를 불러 호통을 쳤고 농부는 공연한 욕을
먹게 되었는데, 당신이 바로 그 모양이로군그래.」

남의 뒤가 되어라　　　　　　　　——説　符

열자(列子)가 호구자림(壺丘子林)에게서 배우고 있을 때의 일이다. 호
구자림은 이렇게 말했다.

「너도 남의 뒤가 되는 법을 알면 자신의 몸을 보존할 수 있다.」

「남의 뒤가 되려면 어떻게 해야만 합니까?」

「네 그림자를 보면 알 수 있을 것이다.」

그래서 열자가 머리를 돌려 자기 그림자를 보았더니, 자신의 몸이 굽으면
그림자도 굽고, 몸이 반듯하면 그림자도 반듯했다.

결국 그림자는 굽히는 것도 곧게 하는 것도 몸이 하는 그대로 따라 할
뿐이었다. 마찬가지로 구부리든 펴든 사물의 형편에 따라 그대로 하면 된다.
이것이 남의 뒤가 되면서도 실상은 남의 앞이 되는 것이다.

앞을 내다본다   ——說 符

열자가 하도 가난해서 얼굴에까지 굶주린 모습이 나타났다. 그것을 보고
누군가가 정(鄭)나라 재상인 자양(子陽)에게 말했다.

「열어구(列禦寇)는 훌륭한 선비라 하지 않습니까? 그가 정나라에 살고
있으면서 몹시 가난에 시달리고 있는 모양인데, 결국은 당신이 선비를
좋아하지 않기 때문이라는 평을 듣지 않겠소?」

그래서 자양은 즉시 사람을 시켜 열자에게 쌀을 보내 주도록 했다. 열자는
문 밖에까지 나와 사자(使者)를 정중히 맞아들였지만 쌀만은 거절했다.
사자를 보내고 열자가 안으로 들어오자 부인은 가슴을 치며 안타까워했다.

「나는 훌륭한 선비의 처자가 되면 누구나 편안히 살게 되는 줄 알고
있었는데, 끼니마저 잇지 못하며, 게다가 재상이 동정해서 보내 주는 쌀마저
사양하니 너무하지 않습니까?」

그러자 열자는 웃으면서 이렇게 대답했다.

「재상이 자기 스스로 나를 생각해서 보낸 것이 아니고, 남의 말만 듣고
보낸 것이거든. 그렇다면 내게 죄를 씌울 때도 역시 남의 말에 따라 할
것이 아닌가. 그래서 받지 않았을 뿐이야.」

그 뒤 과연 정나라 사람들이 난을 일으켜 자양을 죽였으나, 열자는 같은
일당으로 몰리지 않게 되었다.

때가 결정한다   ——說 符

노(魯)나라 시씨(施氏) 집에 두 아들이 있었다. 하나는 학문을 좋아했고
하나는 병법을 즐겼다. 학문을 좋아하던 아들은 제(齊)나라 임금을 찾아가

공자(公子)의 스승이 되었고, 병법을 즐기던 아들은 초(楚)나라로 가서 대장이 되었다. 이리하여 두 아들은 나라에서 받는 녹으로 집을 부유하게 만들었고, 그들의 출세는 가문의 자랑이 되었다.

시씨의 이웃에 사는 맹씨(孟氏) 집에도 역시 두 아들이 있어서 하나는 학문을 좋아했고 하나는 병법을 공부하고 있었다.

몹시 가난하기만 했던 그들은 시씨가 잘 사는 것을 보자 부러운 생각이 들어 그 집으로 찾아가 출세하는 방법을 물었다. 시씨 집 두 형제는 그들이 해온 그대로를 일러 주었다. 그리하여 맹씨 집 아들 중 한 사람은 진(秦)나라로 가서 그가 배운 학문을 가지고 진나라 왕을 달래 보았다. 진왕은

「지금은 제후들이 실력으로 서로 겨루고 있는 시대이므로, 힘을 기울여야 할 일은, 군사를 튼튼히 하는 것과 식량을 풍부히 하는 것뿐이다. 인의(仁義)로써 나라를 다스린다면 멸망을 불러올 따름이다.」

하고, 결국은 궁형(宮刑)에 처한 다음 내쫓고 말았다. 또 한 사람의 아들은 위(衛)나라로 가서 병법으로 위나라 임금을 달랬다. 임금은

「우리 나라는 약한 나라로, 큰 나라들 틈에 끼여 있으므로 큰 나라를 잘 섬기고 작은 나라들과 가깝게 지내는 것이 나라를 편안히 하는 길이다. 만일 무력이나 권모술수를 함부로 쓰다가는 당장 망하고 만다.

그러나 이 사람을 이대로 돌려보내게 되면, 다른 나라로 가서 우리 나라를 해롭게 할 염려가 많다.」

하고, 마침내는 다리를 자르는 월형(刖刑)에 처하고 노나라로 돌려보냈다.

이렇게 돌아오게 되자, 맹씨 집 세 부자는 가슴을 치며 원수라도 되는 듯이 시씨를 찾아가 원망했다. 그러자 시씨는 이렇게 대답했다.

「무릇 시기를 탄 사람은 일어나고, 시기를 잃은 사람은 망하는 법이다. 당신들이 한 일은 우리와 똑같은데, 그 결과가 다른 것은 시기를 타지 못한 까닭이오. 그리고 세상 이치란 반드시 옳고 그른 것이 결정되어 있는 것은 아니오. 앞에 쓰이던 것이 지금은 버려지기도 하고, 지금 버려졌던 것이 뒤에 쓰이게도 되는 거요. 결국 사물이 쓰이고 쓰이지 않는 것은 일정한 옳고 그른 것이 있어서가 아니오. 기회를 타고 시기를 보아, 그때그때 일에 따라 변통하는 것은 지혜에 관한 문제가 아니겠소? 당신들의 학문이 공자처럼 넓고, 병법이 여상(呂常)[1]과 같이 훌륭하더라도, 그런 지혜가

부족하면 가는 곳마다 불행한 일을 당하게 마련입니다.」

맹씨 집 부자는 그 말에 비로소 깨닫는 바가 있었던지 찌푸린 얼굴을 누그리며

「잘 알았습니다. 더 말씀 안 하셔도 좋습니다.」

하고 물러갔다.

　註 1) 呂常　姜太公.

앞보다 뒤를 보라　　　　　　　　　　──説 符

진(晋)나라의 문공(文公)이 국외로 나가 제후들과 모임을 갖게 되었을 때 그는 위(衛)나라를 치려 했다. 옆에 있던 공자(公子) 서(鋤)가 하늘을 바라보며 껄껄 웃었다. 문공이 무슨 웃음을 그렇게 웃느냐고 꾸짖자, 공자 서는 이런 대답을 했다.

「신은 이웃집 사람의 이야기가 생각나서 웃었습니다. 그는 친정으로 근친 (謹親)을 가는 아내를 데리고 길을 가던 도중, 길가에서 뽕 따는 여인을 보게 되었는데 갑자기 엉큼한 욕심이 일어 수작을 붙였습니다. 그러다가 무심코 뒤를 돌아다보았더니 자기 아내를 손짓해 부르는 남자가 있더라는 것입니다. 신은 문득 그 생각이 나서 웃었습니다.」

문공은 그의 말뜻을 깨닫고, 곧 위나라를 치려던 계획을 중지하고 군사를 이끌고 본국으로 향해 떠났는데, 미처 국경에 이르기도 전에 북쪽을 침범해온 적이 있다는 보고를 받게 되었다.

도둑을 없애는 법　　　　　　　　　—— 説 符

　　진(晉)나라는 도둑이 많아 곤란을 겪고 있었다. 그런데 극옹(隙雍)이란 사람이 있어, 도둑을 얼굴만 척 보고 눈치만 한 번 살피면 금방 알아내곤 했다. 그래서 임금은 그에게 도둑을 잡도록 했는데 천 명 중 단 한 사람도 틀리는 일이 없었다. 임금은 크게 기뻐하며 조문자(趙文子)[1]에게 자랑했다.

　　「나는 단 한 사람을 얻음으로써 나라 안 도둑을 근절시킬 수 있게 되었다. 이제 많은 사람이 필요 없게 되었다.」

　　그러자 조문자는 이렇게 대답했다.

　　「임금께서 한 사람의 도둑잡이만을 믿고 도둑을 잡으려 하신다면 도둑이 근절되는 일은 없을 것입니다. 그리고 그 극옹이란 사람도 틀림없이 제 명에 죽지 못할 것입니다.」

　　그러는 동안 도둑들은 서로 상의한 끝에

　　「우리가 고통을 받게 되는 것은 모두 극옹이란 놈 때문이다.」

하는 결론을 내리고, 마침내 극옹을 유인해서 죽여 버리고 말았다. 임금은 그 소문을 듣자 깜짝 놀라 즉시 문자를 불러 오게 했다.

　　「과연 경이 말한 대로 극옹은 죽고 말았다. 그렇다면 도둑을 잡는 데 어떤 방법이 있다는 건가 ?」

　　조문자는 이렇게 대답했다.

　　「주(周)나라 속담에 『못에 숨어 있는 고기까지 들여다보는 것은 좋지 못한 일이오, 사람의 비밀까지 알아내는 영리함은 재난을 받게 된다.』고 했습니다. 만일 임금께서 도둑을 없애시려거든, 어진 사람을 등용해서 정치를 맡도록 하고, 교화(敎化)가 위에서 아래로 미치도록 하시는 것이 가장 빠른 길입니다. 백성들이 염치를 알게 되면 도둑질은 자연 하지 않게 됩니다.」

　　그래서 진나라 임금이 수회(隨會)[2]를 등용하여 정치를 맡기자 과연 도둑들은 모두 이웃 진(秦)나라로 달아나 버렸다.

［註］ 1) 文子 노자의 제자라고 한다. 저서인 《文子》 2권이 전해오는데, 後
人의 작품이라는 것이 정평이다.
2) 隨會 본명은 土會, 隨 땅을 采邑으로 받았다. 隨季라고도 한다.

흰 송아지   ──説 符

송(宋)나라에, 인의(仁義)를 행하기 좋아해서 삼 대(三代)를 내려오며
그러기를 게을리하지 않는 집이 있었다. 그 집에서 한 번은 별로 그럴 만한
이유도 없는데 검은 소가 흰 송아지를 낳았다. 공자에게 물었더니 공자는
이렇게 대답했다.

「그건 좋은 징조다. 옥황상제에게 바치는 것이 좋을 것이다.」

그러고 나서 일 년쯤 지나자, 아버지 되는 사람이 아무 이유도 없이 눈이
멀어 버렸다. 그러고는 앞서 그 검은 소가 또 흰 송아지를 낳았다. 아버지는
이번에도 또 아들을 불러 공자에게 가서 물어 오라고 했다. 아들은

「앞서 물으러 갔을 때도 좋은 징조라고 했는데 아버님께서 앞을 못
보시게 되지 않았습니까? 더 이상 물어 볼 필요는 없을 줄 압니다.」
하고 가기를 꺼려했다. 그러나 아버지가

「아니다. 성인의 말씀이란, 처음엔 틀리는 것 같아도 나중엔 맞는 법이다.
앞으로 어떤 일이 있을지는 아직 모를 일이니 좌우간 여쭈어 보고 오너라.」
하는지라, 아들은 다시 공자에게로 갔다. 공자는

「좋은 징조다.」
하고, 또 그 송아지로 옥황상제께 제사를 드리라고 시켰다. 아들이 돌아와
그대로 보고하자, 아버지는

「공자가 시키신 대로 해라.」
하고 시켰다. 그리고 일 년쯤 지나서 그 아들 역시 원인 모르게 눈이 멀어

버렸다.

그 뒤, 초(楚)나라가 송나라로 쳐들어와 이 아버지와 아들이 살고 있는 성을 포위했다. 성안 사람들은 식량이 떨어져 어린아이들을 서로 바꿔 잡아먹는가 하면 죽은 사람의 뼈를 깨어 불을 때는 지경에 이르렀다. 젊은 사람과 장년들은 모두 성 위로 올라가 적과 싸워 반 이상이 전사했다. 그러나 이들만은 다같이 앞을 못 보는 병신이라서 싸움에 끌려 나가는 일도 없이 온 집안이 무사했으며, 게다가 전쟁이 끝나 평화로워지자 아버지와 아들이 다같이 눈을 뜨게 되었다.

두 광대　　　　　　　　　　　　　　　　　　—説 符

한 광대〔蘭子〕가 송(宋)나라의 원군(元君)에게 재주를 팔러 갔다. 원군은 그를 불러들여 재주를 부려 보라고 시켰다. 광대는 자기 키의 배나 되는 몽둥이 두 개를 정강이에 올려 놓고, 걸어가기도 하고 뛰어 돌아다니기도 했으며, 혹은 일곱 자루의 칼을 두 손에 쥐고 구슬 던지듯 공중으로 번갈아 던져 올리는데, 다섯 자루는 언제나 공중에 떠 있었다. 원군은 매우 감탄한 나머지, 즉시 상금을 주도록 했다. 그러자 재주가 뛰어난 다른 한 명의 광대가 그 이야기를 듣고, 자기도 재주를 보여 주겠다고 원군을 찾아왔다. 그랬더니 원군은 크게 화를 내며

「앞서는 이상한 재주를 가진 사람이 왔다기에 구경한 일이 있었다. 아무 쓸데없는 짓이긴 했지만 다소 신기한 점도 없지 않았기 때문에 상금을 주었었다. 그런데 이 녀석은 그 소문을 듣고 또다시 그런 상금을 탈 생각으로 찾아온 것이리라.」

하고, 그를 잡아 가둔 다음 죽일 작정이었으나, 몇 달이 지나자 그냥 놓아 주었다.

선비와 보통사람과 강도　　　　　　　　—説　符

우결(牛缺)은 상지(上地)라는 지방에 사는 유명한 선비였다. 그가 조(趙)나라의 수도 한단(邯鄲)으로 가던 도중 우수(耦水)의 벌판에서 강도를 만났다. 강도들은 그의 의복은 물론 수레와 소까지 몽땅 빼앗았다. 그런데 우결은 조금도 난처해하는 표정이 없이 그대로 태평스럽게 걸어가고 있었다. 강도는 그런 광경을 보자 뒤쫓아가서 그 이유를 물었다. 그는

「군자는, 내 몸을 기르는 재물로 인해 마음을 상하게 하는 그런 짓은 하지 않는다.」

고 대답했다. 강도들도

「과연 어진 사람이다.」

하고 감탄했으나, 이윽고 마음이 달라져 이런 생각을 했다.

『저토록 훌륭한 사람이 한단으로 가서 크게 출세라도 해서 우리들을 문제삼는다면 재미 없을 것이 아닌가. 아예 죽여 없애 버려야 후환이 없을 것이다.』

그래서 그들은 다시 우결을 뒤쫓아가서 죽이고 말았다.

연(燕)나라의 어느 사람이 이 이야기를 듣고, 가족들을 모아 놓고

「강도를 만났을 때는 상지의 우결과 같이 해서는 안 된다.」

하고 타일렀다. 모두 그 말을 옳은 것으로 받아들였다. 얼마 후 그의 아우가 진(秦)나라로 가게 되었는데, 함곡관(函谷關) 아래에 이르자 역시 강도떼를 만나게 되었다. 그는 형의 교훈이 머리에 떠올랐으므로 있는 힘을 다해 싸웠으나 결국은 지고, 물건을 있는 대로 몽땅 빼앗기고 말았다. 그래서 이번에는 그들의 뒤를 따라가며 물건을 돌려 달라고 사정을 했다. 강도들은 성을 내며

「살려 준 것만도 고마울 텐데 끝까지 성가시게 구는군. 우리의 근거지라도 눈치채게 되면 큰일이다. 이왕 강도질을 한 이상 용서고 사정이고 생각할 필요없다.」

하고 그를 죽인 다음, 내친 김에 따라온 사람들마저 해치고 말았다.

도둑의 밥　　　　　　　　　　　　　　　　—說　符

　　동쪽 어느 나라에 사는 원정목(爰旌目)이란 사람이 여행 길에 배가 고파
죽을 지경에 이르렀다. 호보(狐父)라는 곳에 사는 구(丘)라는 도둑이 그
것을 보고, 마침 가지고 있던 병 속의 물에 만 밥을 꺼내 먹이자 서너
번 받아 먹고는 겨우 정신을 차리게 되었다. 그는 구를 보고
　「당신은 누구시길래 나를……」
하고 물었다.
　「나는 호보에 사는 구란 사람이오.」
하고 대답하자, 원정목은 그 말에
　「그럼 넌 도둑이 아니냐? 어떻게 내게 밥을 먹여 주었단 말이냐? 나는
정의(正義)를 위해 도둑놈의 밥 같은 걸 먹을 수는 없다.」
하고, 두 손으로 땅을 짚고는 먹은 것을 토해내려 했다. 그러나 잘 나오지
않는지라 억지로 토해내려다가 그대로 죽고 말았다.
　　물론 호보에 사는 구는 도둑임에는 틀림없다.
　　그러나 음식 자체가 도둑은 아니다. 사람이 도둑이라고 해서 먹는 것까지
도둑놈 취급하는 것은, 명분과 실지를 제대로 분간하지 못하는 행동이다.

원한의 자살행위　　　　　　　　　　　　　　—說　符

　　주여숙(柱厲叔)은 거오공(莒敖公) 밑에서 벼슬을 하고 있었으나 자기를
알아 주지 않는다 해서 벼슬을 그만두고 바닷가로 와서 숨어 살며, 여름에는
마름이나 연밥으로, 겨울에는 도토리와 밤으로 연명을 하고 있었다.
　　그러다가 오공이 난을 만나 위험한 처지에 놓이게 되자, 친구에게 하직

인사를 하고 거오공과 함께 죽을 각오로 길을 떠나려 했다. 친구가
「자네는 오공이 자신을 몰라 준다 해서 벼슬을 버리고 오지 않았나. 그런
데 이제 죽으러 가다니 무슨 소린가.」
하고 묻자 주여숙은 이렇게 대답했다.
「그런 것이 아닐세. 오공이 나를 몰라 주었기 때문에 물러난 것은 이미
말한 대로지만, 지금 내가 오공을 위해 죽어 보이면, 오공이 사람 보는
눈이 없었다는 것을 분명히 깨닫게 되거든. 말하자면 내가 죽어 보임으로써
뒷날 임금으로서 신하를 알아보지 못한 과오를 부끄럽게 만들어 주려는
걸세.」

대개 임금에게 인정을 받으면 그를 위해 죽고, 그렇지 못할 경우 죽지
않는 것이 올바른 도리인 것이다.
주여숙의 경우는 임금을 원망한 나머지 자기 몸마저 생각하지 않았으니
어리석은 행동이라 할 수밖에 없다.

갈림길과 양(羊)　　　　　　　　　　——説　符

양주(楊朱)의 이웃 사람이 양을 한 마리 놓쳐 버렸다. 그래서 집 사람들을
거느리고 양주의 하인들에게까지 도움을 청해 양의 뒤를 쫓는 소동을
벌였다. 양주가 그 사람에게 물었다.
「아니, 양은 한 마리가 달아났을 뿐인데, 무엇하러 그토록 많은 사람들을
데리고 가는 거지?」
「도망간 쪽에는 갈림길〔岐〕이 많아서요.」
얼마를 지난 후 그가 돌아왔기에 양은 찾았느냐고 다시 물었다.
「놓치고 말았습니다.」
「왜 놓쳤단 말인가?」

「갈림길에도 또 갈림길이 있어서, 어디로 갔는지 도무지 알 수가 없어서 그만 돌아오고 말았습니다.」

양자는 그 말을 듣고 난 후 슬픔에 잠긴 표정으로 한동안은 아무 말도 하지 않았고, 그날 하루 동안 웃는 얼굴을 보이지 않았다. 제자들이 이상하게 생각하고

「양이란 그리 귀중한 짐승도 아니고 더구나 선생님 댁의 것도 아니잖습니까? 그런데 그것이 달아났다 해서 그토록 괴로워하시며 말씀도 안 하시고 웃지도 않으시니 어찌 된 까닭입니까?」

하고 물었으나, 양주는 대답마저 하지 않았다. 맹손양(孟孫陽)이란 제자는 심도자(心都子)에게 그 이야기를 했다. 그 뒤 심도자는 맹손양과 함께 양주를 찾아와서 이런 질문을 했다.

「옛날 세 사람의 형제가 있어서 함께 제나라, 노나라 지방으로 유학을 떠나 같은 선생 밑에서 인의(仁義)의 도를 배워가지고 돌아왔습니다. 그런데 아버지로부터 『인의란 어떤 것이냐?』 하는 질문을 받자, 맏아들은 『인의란 내 몸을 소중히 하고 이름을 뒤로 하는 것입니다.』라고 대답하고, 둘째는 『인의란 내 몸을 죽여 이름을 빛내는 것입니다.』라고 대답하고, 셋째는 『인의란 그 몸과 이름을 함께 완전히 하는 것입니다.』라고 대답했다고 합니다. 이 세 가지는 각각 서로 반대되는 것으로, 다같이 유가(儒家)의 말에서 나온 것인 바, 어느 것이 좋고 어느 것이 나쁜 것입니까?」

「황하 근처에 살고 있는 뱃사공이 말이다. 물에 익숙하고 헤엄을 잘 쳤으므로 그 수입이 백 사람의 권솔을 거느릴 수 있을 정도였다. 그래서 양식을 가지고 그에게 헤엄치는 재주를 배우러 오는 사람이 수없이 많았지만, 반수 가량은 재주를 익히는 도중 물에 빠져 죽고 말았다는 거야. 물론 그들은 헤엄치는 것을 배우러 왔고, 물에 빠지는 것을 배우러 온 것은 아니었지만, 많은 수입을 얻는 것과 물에 빠져 죽는 것과는 너무도 큰 이해(利害)의 차이가 있다. 너희들은 이 중 어느 쪽이 좋고 어느 쪽이 나쁘냐?」

심도자는 그 말을 듣자, 잠자코 머리를 끄덕이며 물러갔다. 그래서 맹손양은 심도자에게 물었다.

「어떻게 된 거요? 당신의 질문도 너무 거리가 멀고, 선생님의 대답도 비꼬는 것만 같아, 나는 더욱 뭐가 뭔지 알 수가 없구료.」

「말하자면, 큰 길에도 갈림길이 많으면 양을 놓치게 되고, 일을 배우는 데도 욕심이 지나치면 생명까지 잃게 된다는 거지. 학문이란 것도 그 근본은 똑같은 하나이지만, 그 끝이 갈라져 서로 틀리게 되면 역시 이 꼴이 되는 거야. 다만 뿌리가 같은 하나로 돌아옴으로써 이해득실에서 벗어날 수가 있는 거야. 그대는 오랫동안 선생님 밑에서 배우며 자라났고, 선생님의 도를 익히고 있었을 텐데, 아직도 선생님이 비유하신 말씀의 뜻을 모른단 말인가.」

옷이 달라지면 ——説 符

양주의 동생인 양포(楊布)는 어느 날 흰 옷을 입고 밖에 나갔다가 비를 맞았기 때문에 흰 옷을 벗고 검정 옷으로 바꿔입고 돌아왔다. 그러자 집에 있던 개가 뛰어나와 마구 짖어댔다. 양포가 화가 나서 개를 두들겨 주려 하자, 양주는 동생을 말리며 이렇게 말했다.
「때릴 것은 없다. 너도 마찬가지가 아니겠니? 만일 이 개가 흰 개였는데 밖에 나갔다가 검정 개가 되어 돌아온다면, 역시 이상하게 생각할 것이 아니냐.」

불사 장생술(不死 長生術) ——説 符

옛날에 죽지 않고 오래 사는 재주를 알고 있는 사람이 있었다. 연(燕)나라 임금이 사람을 보내 그 재주를 배워 오도록 시켰다. 그러나 꾸물대고 있는 동안 그 재주를 알고 있는 사람이 죽고 말았다. 임금은 화가 치밀어 배우라고 보냈던 사람을 죽이려 했다. 그러나 임금이 총애하는 신하 한 사람이

「사람의 근심 가운데 가장 절실한 것이 죽는 것이요, 소중한 것 가운데 가장 큰 것이 사는 것입니다. 죽지 않는 재주를 알고 있다는 그 사람은, 소중한 자기 생명마저 잃고 말았는데 어떻게 남을 죽지 않게 할 수가 있었겠습니까?」

하고 말해 줌으로써 사자로 갔던 사람은 죽지 않고 무사했다.

제자(齊子)라는 사람도 그 재주를 배우려 하고 있었는데, 그가 죽었다는 말을 듣자 가슴을 치며 안타까워했다.

부자(富子)란 사람은 그 이야기를 듣고 웃으며 이렇게 말했다.

「배우려던 것은 죽지 않는 재주가 아니었는가. 그러나 그 재주를 알고 있는 사람까지 죽고 말았는데, 그런 걸 배우지 못했다고 해서 안타까워한다는 것은 배우려는 목적이 무엇인지조차 모르고 있는 것이 아닌가.」

호자(胡子)란 사람은 또한 그 이야기를 듣고 말했다.

「부자의 말은 잘못이다. 대개 사람 가운데는 어떤 재주를 가지고 있으면서도 그것을 실행하지 못하는 사람이 있고, 또 그것을 실행하고 있으면서 그 재주를 알지 못하는 사람도 있다. 위(衛)나라에 수학(數學)에 뛰어난 사람이 있었는데, 임종이 가까워오자 그가 가진 비결을 자기 아들에게 가르쳐 주었다. 아들은 아버지가 한 말을 알고만 있을 뿐 실지로 그것을 쓰지는 못했다. 그러나 다른 사람이 묻기에 그의 아버지가 말한 것을 그 사람에게 그대로 일러 주었고, 그 사람은 또 배운 그대로 그 재주를 익혀서 죽은 이와 똑같이 되었다고 한다. 그러고 보면, 그 사람이 죽었다고 해서 죽지 않는 재주를 몰랐었다고 말할 수는 없지 않겠는가.」

동심천심(童心天心)　　　　　　　　　　──説　符

　제(齊)나라 전씨(田氏)가 저택 뜰에서 어느 사람의 송별 잔치를 열었다. 전씨네 식객(食客)이 천 명이나 모여 있었는데 그 중 두 사람이 잔치 도중에 물고기와 기러기를 바쳤다.

　전씨는 그것을 보자 감탄해서 말했다.

　「하늘은 인간에게 후한 은택을 내리셨다. 오곡을 번성하게 하고, 고기와 새를 만들어 인간에게 쓰도록 해주셨으니까.」

　모여 있던 사람들은 입을 모아 그의 말이 지당하다고 추켜세웠다. 그러나 마침 그 자리에 함께 앉아 있던 포씨(鮑氏)의 열두 살 먹은 아이가 앞으로 나와 이렇게 말했다.

　「그렇지 않습니다. 하늘과 땅 사이에 생겨난 모든 물건들은 어느 것이나 사람과 똑같은 생물들로서, 그 사이에 귀하고 천한 구별이 있을 리가 없습니다. 다만 몸뚱이가 크고 작고, 지혜의 힘이 다르기 때문에 서로가 제압하고, 서로가 잡아먹고 할 뿐입니다. 어느 것이든 다른 것을 위해서 생겨난 것은 아닙니다. 사람은 먹을 수 있는 것이면 그것을 잡아먹곤 하지만, 결코 하늘이 처음부터 사람을 위해 그것들을 생겨나게 한 것은 아닐 겁니다. 모기와 등에가 사람의 살을 물고, 범과 늑대가 다른 짐승들의 고기를 먹는 것도, 하늘이 처음부터 모기나 등에를 위해 사람을 만들고, 범이나 늑대를 위해 다른 짐승들을 만들지 않았다는 증거가 아니겠습니까?」

戰國策篇

■ 戰國策

책 이름은 『戰國策謀의 書』 정도의 뜻이다. 戰國
期의 십이 개 국에서 활약한 유세객들의 행동과
언설이 흥미진진하게 활자화되어 있다. 전한말
劉向이 당시에 전해진 《國策》《國事》《短長》《事
語》《長書》《俗書》 등의 여러 책을 비교 교정하여
編定한 것인데 소재는 물론 戰國期의 이야기로
보아 무방하다. 劉向本(三十三卷) 외 十卷本(宋나라
鮑彪의 編定)이 通行本으로서 널리 사용되고 있다.
이 책에서는 편의상 十卷本을 사용했다.

명궁과 그 상수(上手)　　　　　　—— 西周·赧王

　　초(楚)나라에 양유기(養由基)라는 사람이 있었다. 활의 명수로, 백 보 밖에서 버드나무 잎을 쏘아도 백발백중이었다. 보고 있는 사람들은 다같이 잘 쏜다고 감탄하고 있는데, 마침 그곳을 지나가던 어떤 사람이

　「잘 쏘는군. 쏘는 법을 가르쳐 줄 만하군.」

하고 말했다. 그래서 양유기가

　「다른 사람들은 모두 나를 칭찬하고 있는데, 당신만이 쏘는 법을 가르쳐 줄 만하다고 하니, 그럼 어디 한번 내게 쏘는 법을 보여 주시겠습니까?」

하고 말하자, 지나가던 그 사람은 이렇게 대답했다.

　「나는 뭐 당신에게 활을 쏠 때 왼쪽 손을 어떻게 버티고, 오른쪽 손을 이렇게 굽히고 하는 것을 가르쳐 줄 수 있다는 얘기가 아니오. 버들 잎을 쏘아 백발백중으로 맞춘다 하더라도, 잘 맞출 수 있을 때 그만두지 않으면 이윽고는 힘이 빠지고 지쳐, 화살이 굽어서 나가게 되는 법이오. 한 발이라도 맞지 않는다면 지금까지 얻어온 이름이 헛것이 되고 만다는 거요.」

새 그물 치는 법　　　　　　—— 東周·惠王

　　초(楚)나라 신하인 두혁(杜赫)은 초나라 장군 경취(景翠)가 주(周)나라에서 크게 대우받고 있다는 말을 듣고 주나라 임금에게 이렇게 말했다.

　「주나라는 나라가 작기 때문에, 가지고 있는 보물을 다 써가며 제후들의 비위를 맞추려 하고 있지만 깊이 생각하지 않으면 안 됩니다. 비유를 든다면, 새 그물을 칠 경우, 새가 없는 곳에 쳐두면 종일 한 마리도 걸리지 않을 것이며, 새가 많이 있는 곳에 치면 도리어 새를 놀라게 만들고 맙니다.

새가 있는지 없는지 애매한 곳에 쳐두어야만 많은 새를 잡을 수 있을 것입니다. 지금 임금께서 너무 거물인 인물에게 호의를 보이게 되면 상대는 임금을 얕잡아 보게 되고, 작은 인물에게 호의를 보여서는 기대한 효과가 나타나지 않고, 경비만 자꾸 늘어나게 됩니다. 그러므로 임금께선 지금은 궁하게 지내지만 장차 크게 될 인물에게 호의를 보여야만 합니다. 이래야만 소망을 성취할 수 있습니다.」

아내를 고르는 법 　　　　　── 秦 · 惠文君

초(楚)나라에 아내 둘을 거느리고 있는 사람이 있었다. 어떤 사람이 그중 나이 많은 여자를 꾀려고 했더니, 그녀는 욕을 마구 퍼부었다. 그래서 이번엔 젊은 여자에게 말을 걸었는데 그녀는 금세 솔깃해했다.

얼마 후 영감이 죽었기 때문에 여자들은 떳떳이 시집을 갈 수 있게 됐다. 그래서 어느 사람이 지난번 욕심을 부리던 사람에게

「이젠 마음대로 골라잡을 수 있게 되었네. 나이 많은 편을 취하려는가, 적은 편을 취하려는가 ?」

하고 물어 보았다. 그랬더니 그는

「나이 많은 편을 얻고 싶네.」

하는 것이었다.

「나이 많은 여자는 자네를 욕했고, 젊은 쪽은 자네를 좋아하지 않았는가 ? 그런데 어째서 나이 많은 편을 얻으려 하는 건가 ?」

「남의 손에 있는 동안은 내게 끌리는 여자를 얻을 수밖에 없지만, 이제 내 아내가 될 바엔 나를 위해 남을 꾸짖어 주는 쪽이 바람직해서 하는 이야기일세.」

병은 의원에게 ──秦·武王

유명한 편작(扁鵲)이 진(秦)나라 무왕(武王)의 병을 진찰한 다음, 병이 난 곳을 수술하고자 했다. 그러나 시종 한 사람이
「임금님의 병은 귀 앞쪽, 눈 밑인 만큼, 수술을 한다고 해서 꼭 낫는다고도 볼 수 없으며, 잘못하면 귀가 멀어지고 눈이 흐려질 염려마저 없지 않습니다.」
하고 말렸으므로, 무왕은 그 말을 편작에게 전했다. 그러자 편작은 화가 나서 석침(石鍼)을 내던지며 말했다.
「임금께선 일을 아는 사람과 의논을 하고는 일을 전혀 모르는 사람과 그것을 깨뜨려 버리고 있습니다. 그런 무리들에게 진나라 정치를 맡기시게 되면 단 한 번으로 나라를 망치고 말 것입니다.」

증삼(曾參)의 살인 ──秦·武王

옛날 공자의 제자로, 효자로 이름이 높은 증삼이 비(費)란 곳에 살고 있었을 때다. 마침 같은 지방에 성과 이름이 똑같은 사람이 살고 있었는데, 그 사람이 살인을 저질렀다. 누군가가 증삼의 어머니에게 달려와서
「증삼이 사람을 죽였습니다.」
하고 전했으나, 증삼의 어머니는
「내 아들은 사람을 죽이거나 하지는 않아요.」
하며, 태연히 베틀에서 베를 짜고 있었다. 얼마 후 또 한 사람이 달려와서
「증삼이 사람을 죽였습니다.」

114

하고 전했다. 그러나 어머니는 여전히 베틀에서 베만 짜고 있었다. 그런데, 얼마 후 또 다른 사람이 달려와서

「사람을 죽인 것은 증삼이 틀림없다고 합니다.」

하고 전하자, 어머니도 그만 놀라 북을 내던지고, 담을 넘어 어디론가 숨어 버렸다.

결국 증삼 같은 어진 사람으로 그 어머니의 신뢰를 받고 있으면서도, 세 사람이 의심을 하면 사랑하는 어머니로서도 더 이상 믿지 않을 수가 없게 되는 것이다.

세객(說客) 대책   —— 秦·武王

진왕(秦王)이 승삼인 감무(甘茂)에게

「초나라의 유세객으로 사신이 되어 오는 사람들 중에는 대하기 어려운 사람들이 많아. 그들과 이야기를 하다 보면 나도 모르게 끌려들고 만단 말이야. 왜 그런지 모르겠어.」

하고 상의하자, 감무는 이렇게 대답했다.

「걱정하실 것 없습니다. 다루기 힘든 사신이 오거든 무조건 들어 주시지 말고, 다루기 수월한 사람이 오거든 꼭꼭 청을 들어 주도록 하십시오. 그러면 다루기 수월한 사람이 등용되고, 다루기 힘든 사람은 등용되지 않을 것입니다. 그렇게 된 다음 상대방을 요리하면 됩니다.」

가난한 집 처녀

—— 秦·昭襄王

냇가에 사는 처녀들이 한집에 모여 길쌈을 하는데, 그 중 한 처녀가 집이 가난해서 등불을 가지고 오지 못했다. 그래서 다른 처녀들이 그 처녀를 한패에서 따돌리려 했다. 그러자 처녀는 그 자리를 뜨면서 그녀들에게 이렇게 말했다.

「나는 등불을 가지고 오지 못하기 때문에 언제나 남보다 먼저 와서 방을 쓸고 자리를 깔곤 했는데, 쓰고 남은 등불 빛이 사방 벽을 비추는 것까지 그렇게 아까워할 것이 뭐람. 벽에 비치는 불빛쯤 내게 주어도 손해될 것은 없을 텐데. 내가 여러 사람을 위해서 도움이 되는 줄로 알고 있는데, 어째서 나를 따돌리려는 거지?」

처녀들도 그 말을 듣고 보니 과연 그럴싸하지라, 그 처녀를 다시 붙들어 두기로 했다.

숲의 신통력

—— 秦·昭襄王

응후(應侯) 범수(范雎)[1]가 진(秦)나라의 소왕(昭王)에게 말했다.

「항사(恒思) 땅에, 그곳을 지켜 주는 숲이 있었던 것을 아실 줄 압니다. 그런데 항사에 한 못된 젊은 사람이, 숲과 내기를 걸어 『내가 이기면 너는 내게 사흘 동안만 신통력을 빌려 주기로 한다. 그 대신 내가 지면 너는 나를 죽지 않을 만큼 혼을 내도 좋다.』고 약속하고 왼쪽 손은 숲의 몫, 오른쪽 손은 제 몫으로 하여 주사위를 집어 던진 결과 숲이 지고 말았습니다. 그래서 신통력을 빌려 주게 되었는데, 사흘이 지나도 젊은 사람은 돌려 주지 않았습니다. 닷새가 지나자 숲은 시들기 시작했고, 이레가 지나자 죽고 말았습니다. 그런데, 여기서 나라는 임금님의 숲이요, 권세와 지위는 임금님의 신통력입니다. 그것을 남에게 빌려 주고, 위태롭지 않을 리가 없습니다. 신은 손가락이 팔목보다 굵고, 팔뚝이 넓적다리보다 크다는 이야기는 아직 들어 보지 못했습니다. 만일 그런 일이 있다면, 병이 대단한 사람임에 틀림없습니다. 또 백 명이 바가지를 메고 달리는 것은 한 사람이 가지고 달리는 것만큼 빠르지 못합니다. 만일 백 명이 바가지를 메고 간다면, 바가지는 틀림없이 깨어지고 말 것입니다. 지금 진나라에서는 화양군(華陽郡)[2]이, 양후(穰侯)[3]가, 태후(太后)[4]께서 세력을 휘두르고 있고, 그리고 임금께서 세력을 잡고 계십니다. 나라가 바가지 같은 그릇이 아니라면 이야기는 달라지겠습니다만, 만일 바가지라고 한다면 진나라도 필경은 깨어지고 말 것입니다. 또 저는 이런 말도 듣고 있습니다. 『나무 열매가 많으면 가지는 휘기 마련이고, 가지가 휘는 나무는 속이 병들기 마련이다. 서울이 너무 크면 나라가 위태롭고, 신하가 너무 강하면 그 임금을 위태롭게 한다.』는 것입니다.」

　　　1) 范雎　魏나라 사람으로 字는 叔, 秦의 승상을 지내며 應侯에 봉해졌다.
　　　　『범저』라고 오용되기도 한다.
　　　2) 華陽郡　芊戌, 秦나라 宣太后의 친동생.
　　　3) 穰侯　魏冉, 宣太后의 의붓동생. 승상을 지냈다.
　　　4) 太后　秦昭王의 모후인 宣太后.

바람은 이 세상에서나　　　── 秦·昭襄王

　　진나라 혜문왕(惠文王)의 부인이요, 소양왕(昭襄王)의 어머니인 선태후(宣太后)는 위추부(魏醜夫)라는 사내를 사랑하고 있었다. 임종이 가까워 오자

　「내가 죽거든 위자(魏子)를 내 무덤에 순장(殉葬)하도록 해라.」

하고 명령했다.

위추부가 걱정하고 있는 것을 본 용예(庸芮)가 그를 위해 이렇게 태후를 설득했다.

「죽은 사람에게 아는 것이 있다고 생각하십니까?」

「없겠지.」

「만일 태후께서 총명을 가지시고, 죽은 사람에게는 아는 것이 없다고 믿고 계신다면, 살아 계실 때 사랑하던 사람을, 아는 것이 없는 죽은 사람과 함께 장사 지내는 일은 없을 줄 압니다. 또 만일 죽은 사람에게 아는 것이 있다고 한다면, 선제(先帝)께서는 태후께서 바람 피신 것을 언제까지나 노여워하고 계실 것이므로, 태후께서는 저 세상에서 자기의 허물을 고치기에 여념이 없을 터인데, 어느 여가에 위추부와 정답게 지내실 수 있겠습니까?」

그래서 태후도

「과연 그렇겠군.」

하고 순장의 명령을 거두었다.

뼈다귀 하나가 싸움의 원인　　——秦·昭襄王

천하의 책사(策士)들이 진나라에 대항하기 위한 합종론(合從論)을 위해 조나라로 모여들어, 진나라를 공격하려 했다.

진나라 재상인 범수(范雎)는 소양왕(昭襄王)에게 이렇게 말했다.

「임금께선 진넘하지 마시옵소서. 그들의 모의를 중지시켜 보이겠습니다. 진나라가 천하의 책사들로부터 미움받을 이유는 없습니다. 그런데 그들이 모여 진나라를 치려 하는 것은 자기들의 출세가 목적일 뿐입니다. 임금께선 궁전을 지키는 저 개들을 보십시오. 자고 싶은 놈은 누워 있고, 일어서고 싶은 놈은 일어서 있고, 걷고 싶은 놈은 걷고, 가만히 있고 싶은 놈은 가만히 있을 뿐 싸우는 놈은 하나도 없습니다. 그러나 거기에 뼈다귀를 하나 던져 주면, 갑자기 뛰어들어 서로 물어뜯으며 싸우게 됩니다. 까닭인즉 그것을 앗으려는 투쟁심 때문입니다.」

범수는 그 길로 당저(唐雎)에게 명해서, 악대(樂隊)를 수레에 싣고 오천 금(金)을 가지고 조나라의 무안(武安)이란 도시로 가게 했다.

거기서 크게 잔치를 벌이고 책사들을 무마하기 위해서였다.

범수는 당저에게 이렇게 당부했다.

「조나라 수도 한단(邯鄲)에 있는 책사들 가운데, 어느 녀석이 돈을 얻으러 찾아올는지도 모르지만, 그럴 경우 진나라를 치자고 주장하는 놈에게는 물론 돈을 주어서는 안 되네. 돈을 주어도 좋은 사람에게는 형제처럼 대우해야만 하네. 자네가 진나라를 위해 도움이 되게끔 해주기만 한다면 돈의 용도는 묻지 않겠네. 돈을 다 쓰게 되면 그만큼 효과도 클 것이 아닌가. 그리고 다시 오천 금쯤 다른 사람을 시켜 보내 주도록 하겠네.」

당저가 무안으로 들어가서, 아직 삼천 금도 채 뿌리기 전에, 책사들은 돈을 얻어 가지려고 서로 시샘을 하며 덤벼들기 시작했다.

중구난방(衆口難防)　　　　　　　　　　— 秦·昭襄王

진나라가 조나라 한단을 공격했으나, 열일곱 달이 지나도록 함락되지 않았다.

장모(莊某)라는 사람이 대장인 왕계(王稽)에게 말했다.

「장군은 어째서 부하 장교들에게 위로 선물을 내리시지 않습니까?」

「나와 우리 임금의 사이는, 남의 말에 의해 사이가 벌어지거나 할 염려는 없으니까 굳이 그들의 환심을 살 필요가 없기 때문이야.」

「그런 것이 아닙니다. 비록 아비와 자식 사이라 하더라도, 반드시 시행될 수 있는 명령과, 도저히 실행될 수 없는 명령이 있는 것입니다. 아버지로부터 『본처와 이혼해라.』든가 『첩을 팔아 버리라.』든가 하는 명령을 받게 되면 이런 것들은 반드시 시행된다고 할 수 있겠지만, 『미련을 갖지 말아라.』 하고 명령한다면 그것은 도저히 그대로 실행될 수 없는 것입니다. 그 결과 마을 문간을 지키는 할미로부터 『어느 날 밤에 아무집 새댁이 아무댁 나리를 몰래 맞아들이고 말이야.』 하는 소문을 퍼뜨리게끔 만들게 될 것입니다. 결국 본처를 내쫓고 첩을 팔아 버리긴 했지만, 그것이 자기가 원하는 것이 아니기 때문입니다. 또 공연히 남의 일을 고자질하고 싶은 것이 사람의 감정입니다. 지금 장군께선 임금님의 사랑을 받고 있기는 하지만, 아버지와 아들처럼 친할 리는 만무합니다. 또 장교들은 지위가 낮기는 하지만 문지기 할미처럼 천하지는 않습니다. 게다가 장군께선 임금의 사랑을 혼자 실컷 누리며 아랫사람들을 업신여기게끔 된 지 퍽 오래 됩니다. 『세 사람이 합치면 범이 나타났다는 헛소문도 참말이 될 수 있고, 열 사람이 합치면 단단한 쇠방망이도 휘게 할 수 있으며, 많은 입이 모이면 날개 없는 소문노 날려 보낼 수 있다.』고 합니다. 그러기에 장교들에게 위로 선물을 내려 정을 통해 두는 것이 좋다는 것입니다.』

그러나 왕계는 그 말을 한쪽 귀로 흘러 버리고 말았다.

얼마 후 장교들은 궁지에 빠지게 되자, 왕계와 그의 부장(副將)인 두지(杜摯)가 반역을 꾀하고 있다고 모략을 하기에 이르렀다.

큰 투자

——秦·孝文王

위(衛)나라 수도 복양(濮陽) 사람인 여불위(呂不韋)는, 조나라의 수도 한단으로 장사를 하러 가서, 진나라에서 조나라로 인질이 되어 온 이인(異人)[1]을 만난 일이 있었는데, 집에 돌아오자 아버지에게 이렇게 말했다.

「밭을 갈면 벌이는 몇 배나 되겠습니까?」

「열 배쯤 되지.」

「구슬을 팔면 몇 배나 됩니까?」

「백 배는 되겠지.」

「나라의 임금을 받들어 세우면 몇 배나 벌이가 되겠습니까?」

「그야 계산할 수도 없어.」

「아무리 농사일을 열심히 해보았자 호화로운 생활을 하기는 어렵지만, 만일 나라를 세우고 임금을 받들어 모신다면, 은택이 자손에게까지 미치게 될 것입니다. 한번 가서 그를 돌보아 주었으면 싶습니다. 지금 진나라 왕자 이인이란 사람이 조나라에 인질로 와 있습니다.」

註 1) 異人　孝文王의 庶子 子楚, 즉 莊襄王, 秦始皇의 아버지이다.

직간(直諫)하는
사람에게는 상상(上賞)을 주라　　　——齊·威王

추기(鄒忌)라는 제나라 재상은 키가 팔 척에 인물도 잘났다. 조회에 나가기 위해 거울을 들여다보며 차비를 차리던 그는 아내에게

「나와 성북(城北)에 사는 서공(徐公)과 누가 더 미남일까?」

하고 물었다. 아내는

「당신이 훨씬 잘났지요. 서공이 어떻게 당신을 당하겠어요?」

하고 대답했다.

성북에 사는 서공은 제나라 제일의 미남이라는 정평이 있는 사람이었으므로, 추기는 자신이 생기지 않았다. 그래서 다시 첩에게 물어 보았다.

「나와 서공과 누가 더 미남일까?」

「서공이 어떻게 당신을 당하겠어요?」

이튿날 손님 한 사람이 찾아와 같이 이야기하던 중

「나와 서공을 비교하면 누가 더 잘났을까?」

하고 물었다. 손님은

「서공이 상공의 용모를 어떻게 당할 수 있겠습니까?」

하고 대답했다. 이튿날 서공이 찾아왔다. 그의 용모를 자세히 뜯어 볼수록 자기보다 잘난 것처럼 보였다. 그래서 다시 거울 속에 자기 얼굴을 비춰 보았으나 역시 그만은 못했다. 그래서 밤에 잠자리에 들어 생각해 보니 『내 아내가 나를 미남이라고 한 것은 내 편을 들어서 한 이야기였고, 첩이 나를 미남이라고 한 것은 내가 무서워서 한 이야기일 게고, 손님이 나를 미남이라고 한 것은 내게서 무언가 바라고 있는 마음에서 나온 말이다.』 하는 결론을 얻게 되었다. 그래서 조회에 나가 위왕(威王)을 뵙고 이런 말을 했다.

「신은 자신이 서공보다 잘생기지 못했다는 것을 잘 알고 있습니다. 그런데 신의 처는 편을 들 생각에서, 첩은 두려운 생각에서, 또 손님은 아첨하는 마음에서, 모두 신이 서공보다 잘났다고 말했습니다. 그런데 제 나라는 사방이 천 리로서 백스물이나 되는 성이 있으며, 궁녀의 시신들은 모두 임금님의 편을 들고, 조정의 신하들은 모두 임금님을 두려워하며, 나라 안의 모든 사람들은 임금님께 바라는 마음을 가지고 있습니다. 그러고 보면 임금님께선 완전히 눈이 가려져 있는 것이 됩니다.」

위왕은 과연 그렇겠다는 생각이 들어서 즉시 명령을 내렸다.

「뭇 신하들과 관리나 백성들 중 과인의 잘못을 직간(直諫)하는 사람에게는 상상(上賞)을 주고, 글로써 과인을 간하는 사람에겐 중상(中賞)을 주고, 사람들이 듣는 앞에서 과인을 비난하여 그 말이 과인의 귀로 들어오게끔 한 사람에겐 하상(下賞)을 주리라.」

농부의 횡재(橫財)　　　　　　　　—— 齊·宣王

제나라가 위(魏)나라를 치려고 했을 때, 순우곤(淳于髡)은 제나라 왕에게 이렇게 간했다.

「한자로(韓子盧)는 천하에 유명한 걸음 빠른 개였고, 동곽준(東郭逡)은 세상에서 둘도 없이 날랜 토끼였습니다. 그 한자로가 동곽준을 뒤좇아, 산을 세 바퀴 돌고 다섯 번 산을 뛰어오른 끝에, 토끼는 앞에서 힘이 빠지고, 개는 뒤에서 지쳐 둘이 똑같이 넘어져 죽고 말았습니다. 그래서 마침 지나가던 농부가 개와 토끼를 다 함께 잡는 횡재를 하게 되었다고 합니다. 그런데 제나라와 위나라는 오래도록 힘을 겨루어 다같이 군사를 약하게 만들고 백성을 지치게 하고 있는데, 신이 염려하는 것은 강한 진나라와 큰 초나라가 뒤에서 틈을 엿보며 농부와 같은 횡재를 꿈꾸고 있지나 않을까 하는 점입니다.」

제왕은 두려운 생각에서 곧 장군을 돌아오게 하고, 군사들을 쉬도록 하였다.

처녀가 자식이 일곱   —— 齊·宣王

제나라 사람으로 유명한 처사(處士)였던 전병(田騈)에게 이렇게 청해 온 사람이 있었다.

「선생님께선 지조와 의리가 높으신 분인 줄 알고 있습니다. 비록 벼슬은 하지 않으셔도 좋으니, 저를 밑에 두어 주시면 감사하겠습니다.」

「당신은 어디서 내 이야기를 들었소?」

「이웃집 아가씨에게 들었습니다.」

「어떤 아가씨인데?」

「제 옆집 아가씨는 시집도 가지 않고 나이가 벌써 서른이나 되었습니다. 그런데 자식이 일곱이나 됩니다. 시집은 가지 않았어도 이미 시집간 거나 마찬가지지요. 지금 선생님께선 벼슬은 하지 않았지만 생활은 천 종(鐘), 부리는 사람은 백 명이나 된다 하니, 비록 벼슬은 하지 않으셨지만 물질적인 면에서는 이미 벼슬을 한 거나 마찬가지가 아닙니까 ?」

　자기를 은근히 그 처녀에게 비유한 사람의 청을 전병이 받아들일 리는
물론 없었다.

자업자득(自業自得)　　　　　　　　　　　—— 齊·宣王

　관연(管燕)이 제나라 임금으로부터 책망을 받았다. 그래서 가까이 있는
부하들에게
　「그대들 중에 누가 나와 함께 제나라를 도망쳐 다른 나라로 갈 사람은
없는가 ?」
하고 물었으나, 모두 잠자코 대답이 없었다. 관연은 눈물을 뚝뚝 떨어뜨
리며
　「참으로 슬픈 일이다. 선비란 손에 넣기는 쉬워도, 좀체로 쓰일 데가
없는 것이로구나.」
하고 한탄했다. 그러자 전수(田需)라는 사람이 이렇게 대답했다.
　「선비들은 하루 세 끼를 제대로 먹기 힘드는데, 댁에서 기르고 있는
거위는 싫도록 먹고도 남는 것이 있습니다. 안채의 부인과 첩들은 엷은
비단, 흰 비단을 차려입고, 무늬 비단과 속이 비치는 비단을 끌고 다니는데,
선비들은 그런 것으로 옷의 선조차 두를 수 없습니다. 그리고 재물은 주인된
사람이 가볍게 알아야 할 물건이오, 죽음은 선비된 사람이 소중히 여기는
바입니다. 그런데 당신은 가볍게 알아야 할 것을 선비들에게 주지도 않
으면서, 다만 그들이 소중히 알고 있는 것으로 당신을 섬겨 주기만을 바라고
있습니다. 선비가 얻기만 쉽고 쓰일 데가 없는 것이라서 그런 건 아닙니다.」

사 족(蛇 足)　　　　　　　　　　　　── 齊·閔王

　　초나라 대신인 소양(昭陽)은 초나라를 위해 위(魏)나라를 쳐, 적군을
무찌르고 장수를 죽여 여덟 개의 성을 함락시킨 다음, 내친 김에 군사를
돌려 제나라를 치려 했다.

　　제나라 대신인 진진(陳軫)은 제나라를 위해 사신이 되어 소양을 만나자,
두 번 절하고 승전을 축하한 다음, 몸을 일으켜 이렇게 물었다.

　　「초나라 국법에서는 적군을 깨뜨리고 적장을 죽인 사람에 대해 어떤
벼슬과 작위를 내리게 됩니까?」

　　「벼슬은 상주국(上柱國), 작위로는 상집규(上執珪)를 내리게 됩니다.」

　　「그보다 더 귀한 자리는 무엇입니까?」

　　「다음은 영윤(令尹)뿐입니다.」

　　「영윤은 높은 자리이므로, 초왕도 영윤을 둘씩 두지는 않을 줄 압니다.
내 당신을 위해 비유를 들어 참고의 말씀을 드릴까 하는데 들어 주시겠
습니까? 초나라에서 어느 사람이 제사를 지내고, 가까운 부하들에게 제사
술을 한 병 내주었습니다. 부하들은 모두, 여럿에게는 얼마 돌아가는 것이
없겠으니, 우리 땅바닥에 뱀 그리기 내기를 해서, 제일 먼저 그리는 사람이
혼자 다 마시기로 하자, 하고 결정을 보게 되었습니다. 한 사람이 뱀을
남 먼저 그리고는, 왼손으로 술병을 잡아당기고 오른손으로 뱀의 발을
그리며 『나는 발까지 붙일 수 있다.』고 했습니다. 그러나 그가 발을 다
그리기 전에, 다른 한 사람이 뱀을 다 그리더니, 먼저 사람이 잡은 술병을
낚아채며 『뱀에게는 원래 발 같은 것이 없다. 없는 발을 그릴 수는 없는
것이다.』 하고 술을 마셔 버렸습니다. 뱀의 발까지 그리려던 사람은 결국
술을 못 마시고 말았습니다. 그런데 지금 당신께선 초나라 대신으로서
위나라를 쳐서, 적군을 쳐부수고 적장을 죽인 다음, 여덟 개의 성을 앗
았습니다. 그런데도 군사들이 지쳐 있는 것은 생각하지 않으시고 다시
제나라를 치려 하고 계시고, 제나라에서는 당신의 군사가 오는 것을 대단히
무서워하고 있습니다. 이미 세운 공만으로도 이름을 빛나게 하기에는 충

분합니다. 벼슬도 지금보다 더 높게 될 수는 없을 것입니다. 싸워서 지는 일이 없다 하여 적당한 시기에 그칠 줄 모른다면, 결국은 그 몸을 잃게 되고, 작위도 다음 사람의 것이 되고 말 것입니다. 쉽게 말해 뱀의 발을 그리는 것과 같은 것이 아닐는지요 ?」

소양도 과연 그렇다고 생각하고 곧 군사를 모아 물러가고 말았다.

바다의 큰 고기　　　　　　　　　　—齊·閔王

제나라 왕족인 정곽군(靖郭郡) 전영(田嬰)[1]이 자기의 봉읍인 설(薛)에 성을 쌓으려 했다. 많은 빈객들이 그 일을 말리려고 했으므로, 진영은 일체 빈객들을 들여보내지 말라고 명령을 내렸다. 그런데 한 제나라 사람이

「저는 꼭 세 마디만 말씀드리겠습니다. 한 마디라도 더 말을 하게 되면 그때는 기름 가마에 뛰어들어도 좋습니다.」

하고 사정을 한다 하므로, 정곽군은 들여보내라는 허락을 내렸다. 그랬더니 그 빈객은 총총히 걸어 들어와

「바다의 큰 고기〔海大魚〕 !」

라고 외치고는 곧 물러서고 말았다. 정곽군이

「그것이 무엇을 뜻하는 거요 ?」

하고 묻자,

「저는 목숨을 걸고 장난을 치고 싶지는 않습니다.」

하고 대답을 거절했다.

「기름 가마에 뛰어들라고는 하지 않을 테니 설명을 하시오.」

했더니, 그 빈객은 이렇게 대답했다.

「군께서도 큰 고기를 아시지 않습니까? 큰 고기는 그물에도 걸리지 않고 낚시에도 끌려들지 않습니다. 그러나 물 밖으로 튀어나와 버리면 땅강아지와 개미들도 마음대로 할 수 있습니다. 그런데 제나라는 군에게

물과 같습니다. 군께서 제나라를 잘 보존하고 계신다면, 설을 누가 어떻게 하지 못할 것입니다. 그러나 만일 제나라를 잃게 된다면, 비록 설의 성을 하늘까지 높이 쌓는다 해도 아무 소용이 없을 것입니다.」

정곽군도 듣고 보니 과연 그렇다고 생각하여, 곧 설의 축성(築城)을 중지하고 말았다.

    註 1) **田嬰** 孟嘗君 田文의 아버지, 齊威王의 末子.

흙 인형과 나무 인형   —— 齊·閔王

제나라 맹상군(孟嘗君) 전문(田文)이 진나라로 가려 할 때, 많은 사람들이 가지 못하도록 말렸으나 듣지 않았다.

이 때 소진(蘇秦)의 동생 소대(蘇代) 역시 맹상군의 생각을 돌리려 하고 있었다.

하지만 맹상군은,

「세상 일이라면 나도 알 만큼은 다 알고 있소. 모르는 것은 죽은 뒤의 일이오.」

하며, 미리부터 만나기를 거절했다.

「내가 찾아온 것은, 세상 일이 아니라 바로 죽은 뒤의 일을 말씀드리기 위해서입니다.」

소대가 이렇게 나오므로, 맹상군은 그를 만나 보기로 했다.

소대는 맹상군에게 이렇게 말했다.

「이번, 제가 이리로 오며, 치수(淄水) 근처를 지나고 있노라니 흙 인형〔土偶人〕이 복숭아나무로 만든 나무 인형〔木偶人〕과 서로 이야기를 주고받고 있었습니다. 나무 인형이 흙 인형에게 『너는 이 강 서쪽 기슭의 흙이다. 물로 반죽을 해서 사람의 모양을 하고는 있지만, 월에 가서 장마비가 내려

치수가 넘치게 되면 그때는 혼적마저 없어지겠지」하고 놀려 주자, 흙 인형은 『무슨 소리를 하는 거냐? 나는 서쪽 기슭의 흙이므로 도로 흙이 되어 서쪽 기슭으로 돌아갈 뿐이다. 그러나 너는 동쪽 나라의 복숭아나무로 만든 인형이 아니냐? 칼로 새겨 사람의 모양은 하고 있지만, 비가 와서 치수가 넘치게 되면, 너는 물에 둥둥 떠서 어디로 떠내려가게 될지 모르지 않느냐?』하고 반박했습니다. 그런데 지금 진나라는 사방이 요새처럼 되어 있는 나라로, 비유해 말하면 호랑이 입이나 다름없습니다. 만일 군께서 그리로 들어가신다면 다시 나오실 수 있을지 의심스럽습니다.」

그래서 맹상군은 진나라로 가는 것을 중지하고 말았다.

적재적소(適材適所)   ── 齊·閔王

맹상군이 식객들 중에서 마음에 들지 않는 사람들을 내쫓을 생각을 하고 있는데, 노연(魯連)이란 빈객이

「원숭이도 나무에서 내려와 물로 오게 되면 고기나 자라를 따르지 못하고, 천리마도 험한 곳을 넘는 데는 여우나 너구리를 당하지 못합니다. 조말(曹沫) 같은 용사가 석 자 칼을 휘두르면 일군(一軍)이 다 덤벼들어도 대적하기 어렵지만, 그 조말에게 석 자 칼을 버리고, 대신 삽이나 괭이를 들고 농부들과 함께 농사일을 하도록 하면 농부에게 미치지 못합니다. 결국 장점을 버리고 단점을 들기로 말하면, 요와 같은 성인도 모자라는 곳이 있는 법입니다. 그런데 사람을 쓰면서 쓸모가 없으면 무능하다고 말하고, 사람을 가르치면서 이해가 빠르지 못하면 둔하다 하여, 둔하기 때문에 그만두게 하고 무능하니까 버린다면, 그들이 함께 합세하여 화풀이를 하려 들 수도 있는 일입니다. 세상에 자랑스럽지 못한 본보기가 되지나 않을는지요.」

하므로, 과연 그렇다고 생각하여 내쫓는 것을 보류하게 되었다.

128

필연(必然)의 이치 —— 齊・閔王

맹상군이 재상의 자리에서 쫓겨났다가 다시 돌아오게 되었다.
담습자(譚拾子)가 멀리까지 마중나와 맹상군에게 물었다.
「상공께선 제나라 고관들을 미워하고 계시겠지요?」
「물론이지.」
「죽여 분풀이라도 하실 생각이십니까?」
「그럴 생각이오.」
「일에는 반드시 오는〔必至〕 것이 있고, 이치에는 반드시 그런〔必然〕 것이 있는데 아십니까?」
「모르오.」
「반드시 오는 것은 죽음이며, 반드시 그런 것은 부귀하면 사람이 모여들고, 빈천하게 되면 떠나가는 것입니다. 시장을 예로 들겠습니다. 시장은 아침에는 사람들이 꽉 차 있지만 저녁이면 텅 비게 됩니다. 아침이라서 시장이 좋고, 저녁이라서 시장이 나빠서 그런 것은 아닙니다. 필요한 것을 얻기 위해 모여들었다가 필요로 하는 것이 없기 때문에 가버리는 것뿐입니다. 바라옵건대 상공께서도 떠나 버린 그들을 괘씸하게 생각하지 마십시오.」
　그 말을 듣자, 맹상군은 미리 준비해 두었던 보복 대상자 오백 명의 명단을 꺼내 없애 버린 다음, 두 번 다시 입 밖에 내지 않았다.

여우와 밤 —— 楚・宣王

초나라의 선왕(宣王)이 군신들에게

「북쪽 나라들은 우리 나라의 재상 소해휼(昭奚恤)을 무서워하고 있다는데, 그 까닭을 아는가?」
하고 물었다. 그러나 대답하는 사람이 아무도 없었다. 그러자 강을(江乙)이 나아가 말했다.

「범은 온갖 짐승들을 찾아다니며 이것들을 잡아먹습니다. 언젠가 여우를 잡았더니 여우는 이렇게 말했습니다. 『당신은 나를 잡아먹으면 안 되오. 상제께선 나를 모든 짐승의 왕으로 만드셨소. 만일 당신이 나를 해치게 되면 상제의 뜻을 거역하는 것이 되는 거요. 만일 내 말이 거짓말처럼 생각되거든, 내가 앞장을 서서 걸어갈 테니 당신은 내 뒤를 따라오며 모든 짐승들이 나를 보고 도망을 치는가 안 치는가 확인해 보시오.』 범은 그렇겠다 싶어, 여우를 앞세우고 뒤따라 나섰습니다. 짐승들은 모두 보는 대로 도망쳐 달아났습니다. 범은 짐승들이 저를 무서워해서 달아나는 줄은 모르고, 여우의 말을 그대로 믿게 되었습니다. 그런데 지금 초나라의 영토는 사방 오천 리나 되고, 군사가 백 만이나 되는데, 그것을 오로지 소해휼에게만 맡겨 놓고 계십니다. 그러므로 북방 나라들이 그를 두려워하고 있는 것은 실상 임금님의 백만 대군을 무서워하고 있는 것으로, 마치 모든 짐승들이 범을 무서워하는 것과 같은 이치입니다.」

우물에 오줌을 싼 개   —— 楚·宣王

강을(江乙)이 소해휼(昭奚恤)을 헐뜯어 초나라 왕에게 이렇게 말했다.
「밤에 도둑을 잘 지킨다고 해서 개를 몹시 사랑하는 사람이 있었습니다. 어느 때, 그 개가 우물에 오줌싸는 것을 본 이웃 사람이 그것을 주인에게 일러 주려고 찾아갔는데, 개가 그를 미워한 나머지 대문간에서 물어 죽이고 말았습니다. 그것을 본 이웃 사람들은 겁이 나서 다시는 주인에게 이를 생각을 하지 못했다고 합니다. 그런데 진나라가 조나라 수도 한단을 쳤을 때, 만일 초나라가 군사를 전진시켰더라면, 위(魏)나라 수도 대량(大梁)을 손에 넣을 수 있었을 텐데, 소해휼은 위나라의 보물을 뇌물로 받고 보류하고 말았습니다. 소신이 위나라에 있을 때 그 내막을 잘 알게 되었으므로, 소해휼은 언제나 소신이 왕을 뵙는 것을 꺼리고 있는 것입니다.」

표정은 못 속인다   —— 楚·宣王

영(郢)[1] 사람으로, 삼 년 동안이나 형사 사건으로 곤란을 받고 있는 사람이 있었다. 그래서 계책을 써서, 사람을 시켜 자기 집을 불하(拂下)받게 해달라는 청을 넣어 봄으로써, 죄가 있나 없나를 알아보려 했다(죄가 있으면 집이 몰수당하게 되므로 불하받을 수 있으니까).

소해휼(昭奚恤)의 빈객 한 사람이 그 부탁을 받고, 소해휼에게

「아무개의 집을 제게 불하해 주시면 감사하겠습니다.」

하고 청을 넣어 보았다. 그랬더니 소해휼은

「그 사람은 죄를 범한 것으로는 되어 있지 않기 때문에 집를 불하할 수가 없소.」

하고 거절했다. 빈객은 하직 인사를 하고 물러나왔다. 소해휼은 그 빈객을 못마땅하게 여긴 끝에 뒷날 그를 조용히 꾸짖었다.

「나는 당신을 친절히 대하고 있는데, 당신은 어째서 내게 농간을 부리는 거요?」

빈객이

「제가 어찌 감히 농간을 부릴 리 있겠습니까?」

하고 시치미를 떼자, 소해휼은 이렇게 말했다.

「내게 청을 했다가 거절을 당하고도 만족한 표정을 지었으니, 농간을 부린 것이 아니고 무엇이겠소.」

    注 1) 郢 楚의 서울.

뇌물의 효과   —— 楚 · 懷王

장의(張儀)는 초나라로 갔으나 여전히 가난하기만 했다. 따르던 하인이
화가 나서 하직 인사를 하고 떠나려 하자, 장의는 이렇게 말했다.

「너는 아마 떨어진 옷이 싫어서 돌아가려는 것이겠지만, 내가 초나라
임금을 만나 뵐 때까지만 기다려 다오.」

그 무렵, 초나라에서는 남후(南后)라는 왕후와 정수(鄭袖)라는 총희가
회왕(懷王)의 사랑을 독차지하다시피 하고 있었다. 장의가 회왕을 만났으나
왕은 별로 반가워하는 기색이 없었다. 그래서 장의는 이렇게 말을 걸었다.

「왕께선 제게 별로 시키실 일이 없으신 모양이므로 북쪽으로 가서 진(晉)
나라 왕을 만나 뵈었으면 합니다.」

「그것도 좋겠지요.」

「혹시 진나라에 무엇인가 바라고 계신 것은 없으신가요?」

「초나라에는, 황금도 구슬도 코뿔소의 뿔도 상아도 다 나고 있으므로,
별로 진나라에서 얻었으면 하는 것은 없소.」

「그러고 보니 대왕께선 미인도 그리 좋아하시는 편이 아니신 모양이
로군요?」

「그건 어떻게 하는 소리요?」

「진나라로 가는 길목의 정나라와 주나라 여자들이 단장을 하고 거리에
서 있을 때면, 모르는 사람들은 선녀가 아닌가 착각을 할 정도라서 하는
말입니다.」

「초나라는 변방이라, 아직 그토록 아름다운 중원(中原) 여자를 본 일은
없소. 그런 미인을 만난다면 난들 좋아하지 않을 리가 없지요.」

그래서 회왕은 장의에게 노자와 보석을 주었다. 남후와 정수는 그 소문을
듣자 놀라 어쩔 줄을 몰랐다.

「장군께서 진나라로 가신단 말을 듣고, 마침 황금 천 근이 있기에 가시는
동안 노자에 보태 쓰시라고 드립니다.」

하고 사람을 시켜 전하게 하고, 정수는 정수대로 황금 오백 근을 선사했다.

그래서 장의는 왕에게 하직 인사를 차리러 가서

「천하에는 관문이 굳게 닫혀 있는지라, 언제쯤 뵙게 될지 알 수 없습니다. 대왕으로부터 하직의 술잔을 받고 싶습니다.」

하고 청했다. 왕도

「그럽시다.」

하고 술잔을 들게 했다. 장의는 술을 마시던 도중, 일어나 두 번 절하고, 이런 말을 했다.

「여기는 다른 사람이 있는 것도 아니오니, 대왕께서 사랑하시는 부인들을 부르셔서 저로 하여금 잔을 올리게 해주십시오.」

「그것도 좋겠지.」

하고, 왕은 남후와 정수를 불러 잔을 들게 했다. 그러자 장의는 다시 두 번 절을 하고 나서

「저는 대왕께 큰 죄를 지었습니다.」

하고 말했다. 왕이

「무슨 말이오?」

하고 묻자, 장의는 이렇게 대답했다.

「저는 천하를 두루 돌아다니고 있습니다만, 지금까지 이토록 아름다운 분을 뵈온 적은 없습니다. 그런 줄도 모르고 저는 미인을 구해오겠다고 말씀드렸습니다. 이것은 임금을 속인 것이 됩니다.」

그러자 왕은

「조금도 미안하게 생각할 것 없소. 나도 처음부터 이 세상에서 이 두 사람을 따를 사람이 없을 줄 알고 있었으니까.」

하고 좋아했다.

숨은 질투   ——楚·懷王

위(魏)나라 왕이 초나라 왕에게 미녀를 선사하자 초나라 왕은 그 미녀를

귀여워했다. 총희 정수(鄭袖)는 왕이 새 사람을 좋아하는 것을 보자, 짐짓 그녀를 같이 귀여워하며, 옷이야 노리개야 무엇이든 그녀가 원하는 것을 골라 주는 등, 왕보다도 더 귀여워했다.

왕은 그것을 보고 이렇게 말했다.

「여자가 남편을 섬기는 수단은 아름다움이므로, 질투는 피치 못할 자연의 감정이다. 그런데 지금 정수는 내가 새 사람을 좋아하는 줄 알자 나보다도 더 귀여워하고 있으니, 이것은 어버이를 섬기는 효자의 마음이요 임금을 섬기는 충신의 생각이다.」

정수는 왕이 자기를 믿고 있는 줄 알자, 새 사람을 보고 이렇게 일렀다.

「왕은 자네의 아름다운 얼굴을 좋아하고 계시네. 하지만 자네의 그 코만은 싫어하시거든. 그러니 왕을 뵐 때는 코만 살짝 가리도록 하게.」

그래서 새 미인은 왕을 뵐 때마다 그녀의 코를 가렸다.

왕은 이상한 생각에서 그 까닭을 정수에게 물어 보았다. 정수는 기회를 놓치지 않고 왕에게 새 미인을 헐뜯었다. 이것이 정수의 본마음이었다.

「새 사람이 요즘 나를 대할 때마다 코를 가리곤 하는데 그 까닭이 무엇인지 알고 있는가?」

「네, 알고 있습니다만.」

「어려워할 것 없이 바른 대로 말해 보구료.」

「실은 임금님의 냄새가 싫어서 그러는 것 같습니다.」

그러자 왕은 성을 내어 말했다.

「요망한 것 같으니라고! 당장 그년의 코를 베어 버려라. 명령에 거역하면 용서치 않으리라.」

큰 사슴을 잡는 방법　　　　　　　——楚·懷王

진(秦)나라가 한나라의 의양(宜陽)을 공격했을 때, 초나라 왕은 진진(陳軫)에게 이런 상의를 했다.

「내가 들은 바로는, 의양성을 지키고 있는 한치(韓侈)란 장수는 지혜와 용기가 뛰어난 사람으로 제후들을 상대하는 수법도 놀랍다 하니, 이번에도 틀림없이 무사히 견뎌내게 될 거요. 이왕 그럴 바엔 이 기회에 그를 도와 인심을 써두는 것이 좋지 않겠소?」

진진은 이렇게 대답했다.

「돕지 않는 것이 좋습니다. 손 쓸 도리가 없을 줄 압니다. 한치의 수완으로도 이번만은 어찌 해볼 수 없을 줄 압니다. 비유하면 산과 늪지대에 살고 있는 짐승들 중에 큰 사슴보다 교활한 놈은 없습니다. 큰 사슴은 가는 길목에 사냥꾼이 그물을 쳐두고 자기를 쫓는 것을 눈치채게 되면, 되돌아서서 사람 있는 쪽을 향해 달립니다. 그러나 익숙한 사냥꾼이라면, 벌써 큰 사슴이 어떻게 나오리라는 것을 알고 있어서, 그물을 손에 들고 쫓고 있으므로 큰 사슴도 잡히고 맙니다. 그러니 내버려 두는 것이 좋습니다. 손을 써도 소용없습니다. 한치의 지모(知謀)도 더는 쓸 데가 없습니다.」

초왕은 진진의 말을 받아들였다. 의양은 과연 함락되고 말았다.

진진은 그것을 미리 짐작하고 있었던 것이다.

죽지 않는 약   —— 楚·頃懷王

죽지 않는〔不死〕약을 초나라 왕에게 바친 사람이 있었다. 심부름하는 알자(謁者)가 그것을 받아들고 내전으로 들어가는데, 시종관이

「먹어도 좋은 건가?」

하고 물었다. 그래서 알자는

「그렇습니다.」

하고 대답했다. 그러자 시종관은 그 약을 빼앗아 입에 넣어 삼키고 말았다. 왕이 노하여 시종관을 죽이려 하자, 그 시종관은 사람을 통해 이렇게 진정했다.

「제가 알자에게 물었더니 그가 먹어도 좋다기에 먹었던 것입니다. 죄가

있으면 준 사람에게 있지 받은 사람에게 무슨 죄가 있습니까? 그리고
바친 사람은 죽지 않는 약이라고 해서 바친 것인데, 제가 그것을 먹고 죽게
된다면, 그것은 곧 죽는 약이 되는 셈입니다. 왕께선 죄없는 저를 죽이게
되는 것이며, 그리고 왕이 남에게 속았다는 것을 세상에 알리는 일이 될
것입니다.」

그래서 왕도 그 시종관을 죽이는 것을 그만두게 되었다.

상처 입은 새   —— 楚·考烈王

천하의 제후들이 진나라를 상대로 합종(合從)[1]의 동맹을 맺었을 때, 조
나라는 위가(魏加)를 사신으로 하여 초나라의 재상인 춘신군(春申君) 황헐
(黃歇)을 만나게 했다.

위가는 춘신군에게 이렇게 말을 걸었다.

「상공께선 장군을 누구로 임명하실 것인지 마음에 둔 사람이 있습니
까?」

「있다뿐이겠소. 나는 임무군(臨武君)을 장군에 임명할 생각이오.」

「저는 일찍부터 활을 좋아하고 있었으므로 활에 대한 이야기를 예로
들까 하는데, 들어 주시겠습니까?」

「좋소.」

「어느 날의 일이었습니다. 갱련(更羸)이 위나라 왕과 함께 경대(京臺)
밑에 서서, 나는 새를 우러러보면서 위왕에게 말했습니다. 『활을 당겨 줄만
울리는 것으로 새를 떨어뜨려 보이겠습니다.』『아니 정말 새를 떨어뜨릴
수 있단 말인가?』『그렇고말고요.』이윽고 기러기가 동쪽에서 날아오자,
갱련이 활줄을 울려 새를 떨어뜨렸으므로 위왕은 『솜씨가 그 정도에까지
이르다니.』하고 감탄했습니다. 그러자 갱련은 이렇게 대답했습니다. 『실은
상처 입은 새였습니다.』『경은 어떻게 그걸 아오?』『나는 모양이 느리고,

우는 소리가 슬픕니다. 나는 모양이 느린 것은 묵은 상처가 아프기 때문이고, 울음소리가 슬픈 것은 오래도록 동무들과 떨어져 있었기 때문입니다. 묵은 상처가 아물지 못하고, 마음에 놀란 것이 채 가시지 않았으므로, 높이 날아 오르려다가 활줄 소리를 듣고 묵은 상처 때문에 떨어지고 만 것입니다.」하고 설명했습니다. 그런데 임무군은 일찍이 진나라에 의해 상처 입은 장수이므로, 진나라를 상대하는 대장으로는 적격자가 되지 못합니다.」

　　1) 合從　전국시대 蘇秦에 의해 주창된 외교정책, 즉 秦에 대한 韓·魏·趙·燕·齊·楚의 여섯 나라가 맺은 일종의 공수동맹.

까치를 까마귀라고 한다면　　　　—— 楚·考烈王

　사질(史疾)이 한나라 사신이 되어 초나라에 갔을 때, 초왕이 그에게 물었다.
「귀공께선 어떤 도를 닦고 계십니까?」
「열어구(列禦寇)[1] 선생의 학설을 배웠습니다.」
「그 학설에선 어떤 것을 소중히 여깁니까?」
「정(正)[2]을 소중히 여깁니다.」
「정만으로 나라를 다스릴 수 있습니까?」
「다스리다뿐이옵니까.」
「초나라엔 도둑이 많은데, 정으로 도둑을 막을 수 있습니까?」
「막다뿐이옵니까.」
「정으로 도둑을 막는다는 것은 어떻게 하는 것입니까?」
이야기하는 가운데, 마침 까치가 날아와서 궁전 지붕 위에 앉아 있었다. 사질이 까치를 가리키며 물었다.
「초나라에선 저 새를 뭐라고 합니까?」

「까치라고 부릅니다.」

「이걸 까마귀라고 불러도 괜찮습니까?」

「그건 안 되지요.」

「지금 초나라에는, 주국(柱國), 영윤(令尹), 사마(司馬), 전령(典令)과 같은 벼슬이 있으며, 그들 관리를 임명할 때에는, 반드시 『청렴과 결백으로써 그 소임을 다하라.』 하고 일러 두는데도, 현실에서는 도둑이 기세를 부리고 또한 그를 금할 수 없는 형편이라면, 이것은 까치가 까치가 아니고, 까마귀가 까마귀가 아닌 것입니다.」

　　註 1) 列禦寇　列子.
　　　 2) 正　이름과 실지가 맞는 것.

같은 말도 사람에 따라　　　──趙·孝成王

　진(秦)나라는 장평(長平)에서 조나라 군사를 공격하여 크게 승리를 거둔 다음, 군대를 철수시킨 뒤 사신을 보내 조나라로부터 여섯 성을 요구했다. 조나라의 방침이 아직 결정되지 않았을 때, 전날 조나라에서 벼슬한 적이 있는 누완(樓緩)이 진나라에서 다시 왔다. 조왕은 누완에게

　「진나라에 성을 주면 어떻게 되고, 주지 않으면 어떻게 될 것인가?」
하고 물었다. 누완은 어색한 듯이

　「그것은 저 같은 사람이 관여할 문제가 아닐 줄 압니다.」
하고 대답했다. 조왕이 다시

　「하지만, 경의 개인적인 의견을 듣고 싶어서 그러는 거요.」
하고 말하자 누완은 이렇게 대답했다.

　「왕께서도 저 공보문백(公甫文伯)의 어머니에 대한 이야기를 알고 계시겠지요. 공보문백은 노나라에서 벼슬을 하고 있었는데, 그가 병으로 죽자,

138

그의 뒤를 따라 자살한 부인이 열여섯이나 되었건만, 그의 어머니는 아들이 죽은 소식을 듣고도 울기조차 하지 않았습니다. 그래서 늙은 몸종이 『아드님이 돌아가셨는데도 슬퍼하지 않으시니 어찌 된 일입니까?』하고 물었더니, 『공자는 어진 분이었는데, 그분이 노나라에서 쫓겨났을 때 내 자식은 그분을 따르지 않았다. 그런데 내 자식이 죽자 뒤따라 죽은 여자가 열 여섯이나 되었다니, 이것은 내 자식이 손윗사람에게는 박정하고 여자에게만 정이 많았다는 증거이다.』라고 대답했다는 것입니다. 이 경우, 어머니의 입에서 이 말이 나오면 어진 어머니로 들리지만, 만일 아내의 입에서 이런 말이 나오면 질투로밖에 들리지 않았을 것입니다. 그러고 보면 똑같은 말을 해도 하는 사람에 따라 달리 들리게 되는 것입니다. 그런데 저는 이번에 진나라에서 오게 되었습니다. 제가 만일 진나라에 성을 주도록 의견을 말한다면, 아마 왕께선 제가 진나라 편을 들어 이야기하는 줄로 생각하실 것입니다. 그러므로 대답을 드리기가 곤란합니다만, 만일 조나라를 위해서 말씀을 드린다면 역시 성을 주고 화해를 하는 편이 좋을 것 같습니다.』

그제야 왕도

「좋아, 그러기로 하지.」

하고 쾌히 승낙했다.

기술자가 소중하다　　　　　　　　── 趙·孝成王

건신군(建信君)이 조나라에서 왕의 총애를 받고 있었다. 마침 위(魏)나라에서 공자(公子)인 위모(魏牟)가 조나라로 찾아왔다. 조왕은 위모를 맞아들여 마주 앉았다. 그 옆에는 비단 조각이 있었다. 왕은 기술자를 불러 머리에 쓰는 것을 만들려는 참이었는데, 손님이 왔으므로 기술자가 잠시 자리를 뜬 모양이었다.

조왕이

「공자께서 멀리 이렇게 찾아 주셨으니, 과인에게 나라를 다스리는 방법을 들려 주시겠습니까?」

하고 말을 꺼내자, 위모는 이렇게 대답했다.

「왕께서 나라를 이 비단 조각처럼 소중히 여기시면 나라가 잘 다스려질 것으로 압니다.」

조왕은 좋지 않은 기색으로 말했다.

「돌아가신 부왕께선 나를 못난 인간으로 생각하지 않으시고 나라를 맡기셨는데, 어떻게 나라를 이 비단 조각처럼 가볍게 여길 수 있단 말씀이오?」

「노여워 마십시오. 까닭을 말씀드리겠습니다. 왕께서 지금 비단 조각을 가지고 계신데, 어째서 시종을 시켜 만들지 않으십니까?」

「시종들은 머리에 쓰는 것을 만들 줄 모르기 때문이오.」

「머리에 쓰는 것쯤 잘못 만들이 보았지, 나라에 큰 손해가 되는 것도 아닙니다. 그런데도 왕께선 그것을 기술자에게 맡기려 하고 계십니다. 그런데 만일 나라를 다스리는 기술자가 적당치 못할 경우, 나라도 망하고 조상의 제사도 끊어질 것이 아닙니까? 그런데 왕께선 나라를 기술자에게 맡기지 않으시고 근시(近侍)에게 맡겨 두고 계십니다(건신군을 가리킨다). 그리고 또 선대왕께선 서수(犀首), 마복(馬服)¹⁾을 대장과 부장으로 삼아 진나라와 맞서게 했으므로, 당시에는 진나라도 그들을 무서워하고 있었습니다. 그런데 지금 왕께선 건신(建信)을 왕이 타실 수레로 만들어 강대한 진나라와 맞서고 있습니다. 저는 진나라가 그 수레의 옆구리를 쳐부수지 않을까 걱정이 되어 말씀드리는 것입니다.」

　　<u>註</u>　1) **馬服**　趙의 명장, 趙奢의 封號가 馬服君이다.

찬성과 반대는
반반(半半)이어야 한다   —— 魏·襄王

장의(張儀)는 위(魏)나라가 진(秦), 한(韓)과 동맹을 맺어 함께 제나라와 초나라를 쳐야 한다고 하고, 혜시(惠施)는 위나라가 제나라, 초나라와 동맹을 맺고 출병을 보류해야 한다고 주장했는데, 대부분의 사람들은 위왕 앞에서 장의 편을 들었다. 그래서 혜시는 왕에게 말했다.

「하찮은 일도 옳다는 사람과 옳지 못하다는 사람이 언제나 반반 있는 법입니다. 하물며 중대한 일일 경우 더욱 그러합니다. 위나라가 진나라, 한나라와 동맹을 맺어 제나라, 초나라를 치는 것은 중대한 일입니다. 그런데 왕의 신하들은 모두 이것을 옳다고 하고 있습니다. 그것이 옳다는 것을 그렇게 쉽게 알 수 있겠습니까? 신하들이 머리 쓰는 것이 그토록 똑같을 수 있겠습니까? 그것이 옳은지는 아직 분명한 것이 아닙니다. 신하들의 생각이 그토록 똑같을 리도 없습니다. 이것은 결국 반반의 의견이 방해를 당하고 있기 때문입니다. 이른바 『권신(權臣)에게 눌리는 임금은 신하의 반을 잃는다.』는 것이 바로 이것을 두고 한 말입니다.」

늙은 첩〔老妾〕의 심정   —— 魏·哀王

장의가 진(秦)나라에서 도망쳐 나와 위(魏)나라로 오자, 위나라에선 그를 맞아들이려 했다. 장추(張丑)는 왕에게 그를 맞아들이지 말라고 간했으나, 왕은 들으려 하지 않았다.

하는 수 없이 물러나왔던 장추는 다시 들어가 이렇게 간했다.

「임금께서도 늙은 첩이 큰마누라를 대하는 심정을 알고 계시겠지요.

자식들이 다 자라고, 자신의 능력도 다 시들어 버리고 나면, 다만 집안 일을 소중히 알며 큰마누라를 섬기게 됩니다. 지금 신이 왕을 모시는 심정은, 늙은 첩이 큰마누라를 받드는 심정과 같습니다.」

위왕은 그 말에 장의를 맞아들이지 않게 되었다.

뽑아 버리긴 쉽다　　　　　—— 魏·哀王

전수(田需)는 위왕에게 신임을 받고 있었는데, 그것을 본 혜시(惠施)가 이런 말을 했다.

「당신은 왕의 측근 사람들을 반드시 잘 어루만져야 합니다. 예를 들어 버드나무란 것은 아무렇게나 심어도 뿌리를 박으며, 꺾어 심어도 살아 납니다. 그러나 열 사람에게 버드나무를 심게 하고, 한 사람에게 이를 뽑도록 시킨다면, 뿌리를 내릴 버들은 없을 겁니다. 그렇다면 열 사람이 잘 자라는 나무를 심는데도, 나무를 뽑는 한 사람을 당하지 못하는 것은 무엇 때문이겠습니까? 심기는 어렵고 뽑아 버리긴 쉽기 때문입니다. 그런데 당신은 임금으로 하여금 자신을 심도록 만들기는 했지만, 만일 당신을 밀어내려는 사람이 많게 되면, 당신의 지위도 마침내 위태롭게 되고 말 것입니다.」

뜻을 받드는 비결(祕訣)　　　　　—— 韓·昭侯

위(魏)나라가 조나라의 수도 한단을 포위했을 무렵, 신불해(申不害)는 처음 한나라 왕을 만나 보고 왕의 환심을 얻게 되었다. 그러나 아직 왕이 무엇을 원하고 있는지 짐작할 수 없어 섣불리 말을 꺼내지 못하고 혼자 은근히 걱정이었다.

그래서 왕이 신불해에게

「나는 누구와 함께 정치를 의논하면 좋겠소?」

하고 물었을 때, 신불해는

「그같은 일은 너무도 중대한 일이므로 신중히 깊이 생각하시는 것이 좋을 줄 압니다.」

이렇게 대답을 해두고는, 가만히 조탁(趙卓)과 한조(韓鼂)를 보고 이렇게 일렀다.

「두 분께선 다같이 이 나라의 뛰어난 변사들이 아니십니까? 무릇 신하된 사람은 자기의 의견을 말할 때, 다만 생각하는 바를 참되게 표시하는 것이 가장 중요한 일입니다.」

두 사람은 각각 안으로 들어가 왕에게 자신들이 생각하는 바를 바른 대로 말했다. 신불해는 왕이 좋아하며 귀를 기울이는 말들을 가만히 기억해 두었다가 그것을 왕에게 말했다. 왕은 그의 말에 만족해했다.

거짓과 정직 ──韓·宣惠王

주(周)나라의 안솔(顔率)이 한나라 대신인 공중(公仲)을 만나려 했으나, 공중은 만나 주지 않았다. 그래서 안솔은 공중의 통인을 보고 이렇게 말했다.

「상공께서는 아마 나를 거짓말쟁이로 알고 만나 주지 않는 모양이오. 상공께서 여자를 좋아하시는데 나는 선비를 좋아하신다고 말해왔고, 상공께선 돈에 인색하지만 나는 남에게 주기를 좋아하신다고 말해왔으며, 상공께선 도리에 벗어난 일을 하고 계시지만 나는 옳은 일을 좋아하신다고 말해왔으니까 말이오. 앞으로는 그런 거짓말 대신에 사실대로 이야기하도록 하겠소.」

통인이 그 말을 공중에게 전하자, 공중은 황급히 달려나와 안솔을 맞아 주었다.

뱃구멍과 파도　　　　　　　　　—— 韓·襄王

어떤 사람이 한나라 대신인 공숙(公叔)을 보고 말했다.

「배를 탈 때, 배가 새는 것을 막지 않으면 배가 물 속에 잠기게 되고, 배가 새는 것을 막았더라도 파도를 대수롭지 않게 생각하면 배는 뒤집히고 맙니다. 지금 상공은 제나라의 설공(薛公)을 잘 설득시켜, 제나라와 한나라가 화평을 유지하게 된 것을 다행으로 생각한 나머지, 진(秦)나라를 가볍게 알고 있습니다. 이것은 뱃구멍을 틀어막고, 파도를 업신여기는 것과 같은 것이니 깊이 생각하십시오.」

안면(顔面)으로 팔린다　　　　　　—— 燕·王噲

소대(蘇代)가 연(燕)나라를 위해 제나라로 유세(遊說)를 갔다. 그는 임금을 만나기에 앞서, 왕의 신임을 받고 있는 변사 순우곤(淳于髡)을 만나 이렇게 말했다.

「어느 사람이 천리마를 팔 생각으로 사흘 동안이나 매일 아침 시장 바닥에 서 있었으나, 아무도 알아 주는 사람이 없었습니다. 그래서 유명한 백락(伯樂)을 찾아가서 『나는 천리마 하나 있는 것을 팔려고 사흘 동안이나 매일 아침 시장에 나가 있었으나 아무도 물어 보는 사람이 없습니다. 어떻게 내 말이 있는 곳을 한번 돌아 보시면서 내 말에게 눈을 보내 주시고, 떠나가실 때 다시 한 번 돌아 보시지 않겠습니까? 그러면 새로 매겨진 값만큼 사례로 드리겠습니다.』하고 부탁했습니다. 그래서 백락이 시장 바닥을 한 바퀴 빙 돌면서 그 말을 눈 익혀 보고, 떠날 때에 다시 한 번 뒤돌아보았더니, 금방 값이 열 배나 올라 팔리게 되었다는 것입니다. 그런데 저도 이번에 천리마로 팔리고 싶어 제나라에 오기는 했으나 아무도 나를 이끌어 줄 사람이 없습니다. 어떻게 좀 저를 위해 백락이 되어 주시지 않겠습니까? 그리 하시면 백벽(白璧) 한 쌍과 황금 천 일(鎰)을 사례로 드리겠습니다.』

순우곤은

「삼가 소개 말씀을 드리기로 하겠습니다.」

하고는, 안으로 들어가 왕에게 말씀드려 소대를 만나게 해주었다. 과연 제왕도 완전히 소대가 마음에 들게 되었다.

어부지리(漁夫之利)　　　　　　　　　—— 燕·昭王

조나라가 연나라를 치려고 했을 때, 소대(蘇代)가 연나라를 위해 조나라의 혜왕(惠王)을 이렇게 달랬다.

「오늘 제가 이리로 오기 위해 역수(易水)를 건넜을 때의 일이었습니다. 마침 조개가 입을 벌리고 햇볕을 쪼이고 있는데, 황새란 놈이 와서 조갯살을 콱 찍으니까 깜짝 놀란 조개는 얼른 입을 오므려 황새 주둥이를 꽉 물고 늘어졌습니다. 황새가 『오늘과 내일 비가 오지 않는다면 말라 죽은 조개가 되고 말겠지.』라고 말하자, 조개란 놈은 또 『오늘도 물고 놓지 않고, 내일도 물고 놓지 않으면 결국은 죽은 황새로 변하겠지.』하며 서로 물고

놓지 않았습니다. 그러자 지나가던 어부가 이것을 보고 양쪽을 몽땅 잡아
넣고 말았습니다. 그런데, 지금 조나라는 연나라를 치려 하고 계시는데,
만일 두 나라가 오래도록 서로 버티며 싸우게 되면, 저 강포한 진(秦)나라가
어부의 이(利)를 거두게 되지나 않을지 걱정입니다. 이 점을 깊이 생각해
주시기 바랍니다.」
　혜왕도
「과연 그렇겠군.」
하고, 연나라를 치는 것을 곧 중지시키고 말았다.

거짓말도 한 방편　　　　　　　　—— 燕 · 惠王

　제나라 신하인 장추(張丑)가 연나라에 인질이 되어 갔었는데, 연나라
왕이 그를 죽이려 했으므로 장추는 달아나 국경을 넘으려다가 그만 감
시병에게 붙들리고 말았다. 장추는 감시병에게 이렇게 위협했다.
「연왕이 나를 잡으려는 것은, 내가 보물 구슬을 가지고 있다고 일러바친
사람이 있기 때문이다. 그러나 나는 이미 그 구슬을 잃어버리고 말았는데도
연왕은 내 말을 곧이들으려 하지 않는 거다. 지금 당신은 나를 붙들어
왕에게로 데리고 가려 하지만 그렇게 하지 않는 것이 좋을 거요. 내가
왕에게 내가 가지고 있던 구슬을 당신이 빼앗아 삼켰다고 말한다면, 왕은
당신의 배를 갈라 구슬을 꺼내려 할 것이 틀림없소. 허욕에 눈이 먼 임
금에게 당신의 변명이 통할 리 없으니 나도 반드시 죽게 되겠지만 당신의
창자도 토막토막 끊기고 말 거요.」
　감시병은 그만 겁이 나서 얼른 그를 놓아 주고 말았다.

음식으로 인한 은혜와 원망   ——中 山

중산군(中山君)[1]이 도성 안 일곱 대부를 초대했을 때, 그 자리에 참석했던 자마자기(子馬子期)에게는 양고기 국이 돌아가지 않았다. 자마자기는 성이 나서 초나라로 달아나, 초왕을 부추겨 중산을 쳤다. 중산군이 난을 피해 도망가는데, 창을 들고 뒤를 따르는 사람이 둘 있었다.

「너희들은 어떻게 된 사람들인가?」

「저희들에게는 아버지가 계셨는데, 옛날 굶주려 죽게 되었을 때, 임금께서 병 속에 넣어 두었던 음식을 나눠 주셨기 때문에 살아나게 되었습니다. 아버지는 임종 때 유언하기를 『중산군에게 어떤 일이 생겼을 때는 너희들은 목숨을 바쳐 돕지 않으면 안 된다.』고 하셨습니다. 그래서 목숨을 걸고 이렇게 따라나선 것입니다.」

그 말을 듣자, 중산군은 기가 막힌 듯이 하늘을 우러러보며 탄식해 말했다.

「선심은 많고 적은 것이 문제가 아니라 곤란을 겪고 있을 때 하는 것이 중요하고, 원한은 일이 크고 작은 것이 중요한 것이 아니라 마음을 상케 했느냐 안 했느냐 문제인 것이다. 나는 한 그릇의 양고기 국으로 나라를 잃었고, 한 병의 음식으로 두 사람의 선비를 얻었다.」

註 1) **中山君**　中山國의 王, 中山은 鮮虞族이 河北省에 세웠던 작은 나라.

韓非子篇

■ 韓非子

二十卷, 五十五篇. 전국시대 法家思想의 집대성자로서 알려진 韓非(？~B.C.233) 및 그 학파 사람들의 저작을 모은 것으로, 法家의 전형적인 법전으로서 중요한 가치를 갖는다. 韓非의 학설은 전제군주정치의 요제인 法術——법의 확립과 그 운용에 있음을 강조하는 냉엄한 法治主義나, 그 주장을 뒷받침하기 위한 여러 가지 설화——우화적 소재가 종횡으로 구사되고 있어 지극히 효과적으로 활용되고 있다.

알고 난 다음이 문제 　　　　　——說　難

　옛날 정무공(鄭武公)은 호(胡)를 칠 계획으로, 먼저 자기 딸을 호의 임금에게 주어 그의 환심을 산 다음, 신하들에게
「장차 전쟁을 일으켰으면 하는데, 어느 곳을 치면 좋겠는가?」
하고 물었다.
　그러자 관기사(關其思)란 대부(大夫)가 대답했다.
「호를 치는 것이 좋습니다.」
　그러자 무공은 크게 화를 내어 관기사의 목을 베어 죽이며 꾸짖었다.
「호는 형제의 나라다. 그런데 네가 호를 치라고 하다니, 어디 될 법이나 한 말이냐.」
　그 소식을 늘은 호의 임금은, 정나라가 진심으로 호에 데헤 호의를 가진 줄로 알고, 아무런 대비도 하지 않고 있었다.
　기회를 노리던 정나라는 불의에 쳐들어와 호를 통째로 삼키고 말았다.
　송(宋)나라에 부자가 한 사람 있었다. 큰 비가 내려 담이 무너졌을 때, 아들은
「고쳐 쌓지 않으면 도둑이 들게 됩니다.」
하고 말했고, 이웃집 영감도 똑같은 말을 했다.
　그날 밤 과연 도둑이 들어 많은 물건을 도둑맞았다.
　부자는 자기 아들은 현명하다고 칭찬하고, 이웃집 영감은 수상하다고 생각했다.
　이들 둘은 다같이 틀림없는 말을 했는데 관기사는 목숨을 잃었고, 이웃집 영감은 도둑이라는 의심을 받았다. 결국 일을 꿰뚫어보는 것은 어려운 일이 아닌데, 알고 난 다음에 처신을 어떻게 하느냐가 문제인 것이다.

애증(愛憎)의 변화　　　　　　　　—— 說　難

옛날 미자하(彌子瑕)[1]라는 아름다운 소년이 위(衛)나라 임금의 총애를 받았었다.

위나라 국법에서는, 승낙 없이 임금의 수레를 탄 사람은 발을 자르는 월형(刖刑)을 받게 되어 있었다. 그런데 미자하의 어머니가 병이 위독했을 때, 밤에 사람이 몰래 찾아와서 미자하에게 그 소식을 전했다. 미자하는 임금의 허락을 받았다고 거짓말을 하여, 임금의 수레를 타고 어머니를 보러 갔다. 임금은 그것을 듣자 미자하를 칭찬하여

「효자로구나. 어머니를 위해, 다리가 잘리는 것조차 잊고 있었으니!」

하고 말했다.

또 하루는, 임금을 모시고 과수원으로 가서 복숭아를 먹게 되었다. 하도 맛이 있는지라 먹다 남은 반을 임금에게 올렸다. 그러자 임금은

「나를 끔찍이도 생각하는구나. 제 입에 넣는 것도 잊고 나에게 먹으라고 주니!」

하고 말했다.

그 뒤 미자하의 얼굴이 거칠어지고 임금의 사랑이 식었을 때, 미자하가 임금에게 잘못을 저지르게 되었다. 그러자 위나라 임금은 미자하에게 이렇게 말했다.

「이놈은 전에도 임금의 명령이라 속이고 내 수레를 탄 일이 있었고, 또 자기가 먹다 남은 복숭아까지 내게 먹인 일이 있었다.」

미자하의 행동이 처음과 나중에 달라진 것이 아니지만, 이전에는 칭찬을 받았던 일이 나중에는 죄를 얻게끔 된 것은 사랑과 미움의 변화 때문인 것이다.

따라서 임금의 마음에 드는 동안은, 이쪽의 생각이 상대방의 마음에 맞아 더욱 친하게 되지만, 한번 임금에게 밉게 보이게 되면 이쪽의 생각이 상대방의 마음에 맞지 않게 되어 더욱 멀어지게 된다. 그러므로 임금에게 간하는 말이나 무슨 상의를 하려는 사람은, 상대방의 사랑과 미움이 어

떠한가를 잘 알고 난 다음에 말을 꺼내야만 한다. 예를 들어 용(龍)이란
동물은 정을 붙이게 되면 그 위에 올라탈 수도 있지만 그 목 밑에 있는
한 자쯤 되는 역린(逆鱗)을 건드리게 되면 용은 반드시 그를 잡아먹게
된다. 임금에게도 마찬가지로 역린이 있다. 임금을 달래려는 사람이, 용케
그 역린을 건드리지 않을 수 있으면 우선은 성공한 것으로 볼 수 있다.

　　註 1) **彌子瑕**　衛靈公을 섬겼다.

여인의 독계(毒計)　　　　　　　　　—— 姦劫弑臣

　초나라 장왕(莊王)의 아우 춘신군(春申君)[1]에게 여씨(余氏)라는 사랑하
는 첩이 있었다. 춘신군의 정실 부인에게서 난 아들은 갑(甲)이라 불렀다.
　그런데, 여씨는 춘신군으로 하여금 정실 부인을 내쫓도록 할 생각을 품고
있었다. 그래서 제 손으로 제 몸에 상처를 입힌 다음, 그것을 큰부인에게
당한 것처럼 가장하여 춘신군에게 보여 주고 흐느껴 울며 이렇게 호소했다.
　「상공의 첩이 된 것을 저는 퍽 다행으로 알고 있습니다. 그러나 마님의
마음을 받들려면 상공을 섬길 수 없고, 상공을 섬기려면 마님의 뜻을 받들
수가 없습니다. 저는 원래가 부족한 인간이라 도저히 두 분의 뜻을 다 받들
능력이 없습니다. 마님의 손에 죽느니보다는 차라리 상공 앞에서 죽게 하여
주십시오. 만일 아직도 저를 옆에 두어 두시고 저로 하여금 상공을 모실
수 있게 하시려거든, 제가 드린 말씀을 깊이 살피셔서, 저로 하여금 남의
조롱거리가 되지 않게 하여 주십시오.」
　그래서 춘신군은 여씨의 거짓말을 참말로 알고, 정실 부인을 내쫓고
말았다.
　여씨는 다시 정실 자식인 갑을 죽이고, 제가 낳은 자식으로 뒤를 잇게
할 생각이었다. 그래서 이번에는 자기 손으로 속옷을 잡아 찢어 놓고,

그것을 춘신군에게 보인 다음, 울며 이렇게 호소했다.

「첩이 상공을 오래도록 모셔온 것을 젊은 공자께서 모를 리가 없습니다. 그런데 오늘은 강제로 저를 희롱하려 하지 않겠습니까? 제가 반항을 했기 때문에 속옷까지 찢기어 이 꼴이 되었으니, 자식된 도리로 이런 불효스런 일이 또 어디에 있겠습니까?」

춘신군은 성이 나서 갑을 죽이고 말았다.

결국 춘신군의 아내는 첩인 여씨의 거짓말에 의해 쫓겨났고, 아들 역시 그녀로 인해 죽게 된 것이다.

이것으로 미루어 볼 때, 비록 자식에 대한 아비의 사랑이라도 참소에 의해 허물어질 수가 있다. 더구나 임금과 신하의 결합에는 부자 같은 친분이 있는 것도 아니며, 또 뭇 신하들의 참소는 단 한 사람의 첩의 입에 비유할 것이 못 된다. 성인이나 어진 분으로 알려진 사람들이, 누명을 쓰고 죽게 되는 것은 조금도 이상할 것이 없다. 상군(商君)²⁾이 진(秦)나라에서 거열(車裂)의 형벌을 받고, 오기(吳起)가 초나라에서 손발이 잘리어 달아난 것도 그 때문이었다.

田 1) 春申君　전국시대 四公子의 한 사람. 여기의 기록은 《史記》의 기록과 맞지 않는다.

2) 商君　商鞅.

사람은 이해(利害)로 움직인다　　　── 備　內

말 잘 몰기로 유명한 왕량(王良)이 말을 사랑하고, 월왕(越王) 구천(句踐)이 사람을 아낀 것은, 말을 잘 달리게 하고, 사람을 잘 싸우게 하기 위해서였다. 의원이 환자의 상처에서 고름을 빨아내고 나쁜 피를 입에 머금기까지 하는 것은, 무슨 형제와 같은 정으로써 그러는 것이 아니라 그렇게 함으로써 이익이 되기 때문이다. 그러므로 『수레를 만드는 사람은 사람들이 부자가 되기를 바라고, 관을 짜는 사람은 사람들이 빨리 죽기를 바란다.』는 말이 있지만, 수레를 만드는 사람이 마음씨가 착하고, 널 짜는 사람이 못된 사람이라서 그런 것은 아니다. 사람이 부자가 되지 않으면 수레가 팔리지 않고, 사람이 죽지 않으면 관을 팔 수 없기 때문이다. 관을 짜는 사람이라고 해서 사람을 미워하는 마음을 가질 리는 없지만, 사람이 죽는 것이 자기에게 이익이 되기 때문이다.

그러므로 후비(后妃)나 부인이나 태자 등이 당파를 만들게 되면 임금이 죽기를 바라게 되는데, 이것도 임금이 죽지 않으면 자기들이 권세를 부릴 수 없기 때문이다. 특별히 임금을 미워하기 때문이 아니라 임금이 죽는 것이 자기들에게 이익이 되기 때문이다.

그러기에 임금된 사람은 자기의 죽음을 그들의 이익으로 알고 있을 듯한 사람들을 살피지 않으면 안 된다. 해나 달이 밖으로 무리를 짓듯, 밖에 대한 수비를 난난히 하더라도 실상 도둑은 내부 사람들 가운데 있으며, 또한 자기가 미워하는 사람에 대한 방비를 하고 있더라도 화근은 실상 내가 사랑하는 사람들 가운데서 생겨나는 것이다.

보물은 필요없다　　　　　　　　—— 喩 老

송나라의 한 시골 사람이 박옥(璞玉)을 얻어, 대신인 자한(子罕)에게 바치려 했으나 자한이 받지 않았다. 그래서 그 사람이

「이것은 보물입니다. 상공과 같은 높으신 분이 가지실 물건으로, 저같이 천한 사람에게는 아무 소용이 없습니다.」

하고 이유를 말하자, 자한은 이렇게 대답했다.

「그대는 구슬을 보물로 알고 있지만 나는 그대가 주는 구슬을 받지 않는 것을 보물로 생각한다.」

말하자면, 이 시골 사람은 누구나 구슬을 갖고 싶어한다고 생각하고 있었지만, 자한은 그렇게 생각지 않았던 것이다. 그러므로 노자는 『재물을 바라지 않기를 바라고, 얻기 힘든 물건을 귀하게 여기지 말라.』고 했다.

책을 불사르다　　　　　　　　　　　　　—— 喩 老

왕수(王壽)가 책을 짊어지고 여행을 떠나 주(周)나라 서울로 가던 도중 서풍(徐馮)이란 은사를 만났는데, 서풍이 이렇게 말했다.

「모든 일은 사람의 행동에서 이루어지고, 행동은 때에 따라 이루어지므로, 지자(知者)에게는 정해진 일이란 것은 없다. 또 책은 사람의 말을 기록한 것이고, 말은 사람의 지혜로부터 생겨나는 것이므로, 지혜로운 이는 책 같은 것을 간직하는 일이 없다. 그런데 그대는 무엇하러 책을 짊어지고 다니는가 ? 」

그 말을 듣자 왕수는 책을 불태우고 펄펄 뛰며 좋아했다.

결국, 참다운 지혜를 가진 사람은 말에 의지해서 가르치는 일도 없으며, 책을 상자 속에 넣어 두는 일도 없다. 세상 사람들은 이것을 모르고 있지만, 왕수는 그 진리를 깨친 셈이며, 배우지 못한 것을 배웠다고도 할 수 있다. 그러므로 노자는 『배우지 않은 것을 배우고, 뭇사람이 모르고 지나간 곳으로 되돌아가라.』

이기지 못하는 까닭　　　　　　　　　　—— 喩 老

조(趙)나라의 양자(襄子)가 왕자기(王子期)로부터 말 모는 법을 배운

다음, 왕자기와 경주를 해보았으나, 세 번이나 말을 바꾸었는데도 세 번다 지고 말았다. 그래서 양자가

「그대는 내게 말 모는 법을 충분히 다 가르쳐 주지 않은 모양이로군.」하고 말하자, 왕자기는 이렇게 대답했다.

「가르쳐 드릴 것은 다 가르쳐 드렸습니다. 다만 그것을 쓰는 방법이 틀렸을 뿐입니다. 대개 수레를 모는 데 있어서 가장 중요한 것은, 말의 몸과 수레가 서로 꼭 맞고, 말을 모는 사람과 말의 마음이 하나가 되는 것으로서, 그래야만 속력을 내고 멀리까지 달릴 수 있습니다. 그런데 지금 임금께선 조금만 늦으면 저를 뒤쫓으려 하시고 조금만 앞서면 저로 하여금 뒤쫓아오지 못하도록 하려고만 하십니다. 대개 수레를 몰고 멀리 가노라면 앞서기도 하고 뒤지기도 하는 것이 보통입니다. 그런데 임금께선 앞섰을 때나 뒤졌을 때나 언제나 저만을 생각하고 계십니다. 그래가지고야 어떻게 말과 뜻이 맞을 수 있겠습니까? 그 점이 지게 되는 원인입니다.」

자기를 이긴다　　　　　　　　　　——喩 老

자하(子夏)가 증자(曾子)를 만나자, 증자가 물었다.
「어떻게 그리 살이 찌는가?」
「싸움에 이겼기 때문에 살이 찐 거야.」
「그건 또 무슨 뜻인가?」
「집에서 책에 씌어진 선왕(先王)의 도를 읽을 때는 그것이 훌륭한 것으로 느껴지고, 밖에 나가 부귀한 사람들이 즐기는 모습을 보면 그것이 또 좋은 것으로 느껴지거든. 이 두 마음이 가슴속에서 서로 싸우며 승부에 결정이 나지 않았지. 그래서 그동안은 여위었지만, 지금은 선왕의 도가 승리를 거두었기 때문에 살이 찐 거야.」
　결국, 뜻을 세우기가 어려운 것은, 남을 이기는 것이 아니고, 자기를

이겨야 하기 때문이다. 그러기에 노자는 『자기를 이기는 것이 강한 것이
다.』라고 했다.

일인이역(一人二役)   —— 説林·上

진(秦)나라의 무왕(武王)이 감무(甘茂)를 보고, 시종이든 외무장관이든
어느 것이고 좋은 쪽을 택하라고 했다. 그것을 듣고 맹묘(孟卯)가 감무에게
이렇게 말했다.
「그거야 시종이 되는 편이 낫지. 당신이 자신있는 것은 외교 방면이니까,
설사 시종이 된다 해도 왕은 역시 외교 관계 일을 당신에게 맡길 것 아닌가.
시종으로 있으면서 외교 일을 맡게 되면 혼자서 두 가지 일을 겸하게 되니까
말이야.」

소인은 이래서 무섭다   —— 説林·上

송나라의 자어(子圉)가 공자를 송나라 태재(太宰)와 만나도록 주선했다.
공자가 물러간 다음,
「지금 왔던 사람은 어떻습니까?」
하고 물었더니, 태재는 이렇게 대답했다.
「공자를 만나고 나서 그대를 보니, 마치 이나 벼룩을 보는 것만 같네.
나는 곧 임금님께서 그분을 만나 보시도록 할 생각일세.」
자어는 공자가 송나라 임금에게 신임을 받게 될까 겁이 나서, 태재에게

이렇게 말했다.

「임금께서 공자를 만나시면, 이번엔 임금께서 역시 태재를 이나 벼룩처럼 보시게 되지 않겠습니까?」

그래서 태재는 공자를 임금에게 소개하는 것을 그만두게 되었다.

원근(遠近)이 문제가 아니다   —— 説林・上

경봉(慶封)이 제나라에서 반란을 일으키다가 실패하고 월나라로 달아나려 했을 때, 그의 친척이

「진(晋)나라가 가까운데 왜 그리로 가지 않느냐?」

고 하자, 그는

「월나라가 훨씬 머니까, 피난하기에는 안성맞춤이지.」

하고 대답했다. 그러자 그 친척은 이렇게 말했다.

「반역하려는 마음을 고치면, 진나라에 있어도 좋을 것이며, 그 마음을 고치지 않으면 월나라보다 더 먼 곳으로 달아났다고 해도 안심할 수는 없을 것이다.」

말과 개미의 지혜   —— 説林・上

관중(管仲)과 습붕(濕朋)이 제(齊)나라의 환공(桓公)을 따라 고죽국(孤竹國)을 쳤을 때, 봄에 나갔다가 겨울에 돌아오게 되었다. 도중에 길을 못 찾아 헤매게 되자, 관중은

「늙은 말의 지혜를 빌리리라.」

하고, 늙은 말을 놓아 주며 그 뒤를 따랐는데 과연 얼마 후 길을 발견할 수 있었다.

또 산골을 행진하고 있을 때, 물이 없어 어려움을 겪었다. 습붕이

「개미란 놈은, 겨울에는 산 남쪽에, 여름에는 산 북쪽에 살고 있는데, 개미 집이 있는 곳이면 그 밑으로 여덟 자 되는 곳에는 물이 있다고 한다.」

하고, 개미집을 찾아 땅을 파게 했다. 과연 물을 찾을 수 있었다.

관중, 습붕과 같이 지혜를 가지고도 자기가 알지 못하는 일에 대해서는 늙은 말과 개미의 지혜를 배우는 것에 서슴지 않았다. 그런데 요즘 사람들은 자신이 어리석은데도 성인의 지혜를 배울 생각조차 않고 있으니 얼마나 한심한 일인가.

불은 가깝고 물은 멀다   ——說林·上

노목공(魯穆公)이 아들들을 진(晋)나라와 초(楚)나라로 보내 벼슬을 시키려 했다. 이조(梨鉏)가 이를 말렸다.

「만일 월나라 사람을 불러다가 물에 빠진 아이를 건지려고 한다면, 아무리 월나라 사람이 헤엄을 잘 친다 해도 아이를 구해내지는 못할 것입니다. 불이 났을 때, 바다에서 물을 길어오기로 한다면, 아무리 바다에 물이 많아도 불을 끄지는 못할 것입니다. 멀리 있는 물은 가까운 불을 끄는 데는 소용이 없는 것입니다. 지금 진나라와 초나라는 강한 나라임에는 틀림없습니다. 그러나 바로 이웃에는 제나라가 있지 않습니까? 만일의 경우에 노나라가 불안할 때 그들이 구할 수는 없을 것입니다.」

모르는 체　　　　　　　　　　　　── 説林·上

　주왕(紂王)이 낮과 밤을 잇는 장야(長夜)의 술자리를 베풀고 정신없이 지내는 바람에 때가 몇 월 몇 일인가마저 잊고 말았다.

　모시고 있는 신하들에게 물어도 아는 사람이 아무도 없었다. 그래서 사람을 보내 기자(箕子)에게 물어오도록 시켰다. 기자는 집 사람들에게 말했다.

　「천하의 주인으로 앉아 있으면서 온 조정이 날 가는 것을 모르니, 어찌 나라가 위태롭지 않겠는가. 온 조정이 다 모르는데 나만 알고 있다면, 나 또한 위태롭지 않는가.」

　그래서 기자는 주왕에게

　「취해 있는 통에 나도 알지 못합니다」

하고 대답해 보냈다.

천거(薦擧)의 숨은 수법　　　　── 説林·上

　장견(張譴)이 한(韓)나라 재상으로 있을 때다. 그가 중병에 걸렸을 때, 공승무정(公乘無正)이 품속에 삼십 금을 넣고 병문안을 왔다. 그로부터 한 달 후, 왕이 몸소 장견을 문병차 와서

　「만일 경이 불행히도 일어나지 못한다면, 누구에게 경의 뒤를 잇게 하는 것이 좋겠소?」

　하고 물었다. 장견은 공승무정이 생각에 있는지라 짐짓 이렇게 대답했다.

　「공승무정은 법을 존중하고 웃사람을 존경하는 인물이기는 하오나, 공자인 이아(食我)께서 민심을 잘 파악하고 있는 것만은 못 합니다.」

그런데 장견이 죽자, 왕은 민심을 파악하고 있다는 이아를 버리고 공승무정을 재상으로 임명했다.

알고 있으면 위태롭다 —— 説林・上

습사미(隰斯彌)가 전성자(田成子)를 만나러 갔었다. 전성자는 그와 함께 높은 대(臺)에 올라가서 사방을 구경했다. 삼면은 한없이 건너다 보이는데, 남쪽만은 습사미의 집 나무에 가려져 있었다. 그러나 전성자는 아무 말도 하지 않았다. 습사미는 집으로 돌아오자, 곧 나무를 베게 했는데 도끼로 몇 번 찍다가는 다시 그만두도록 명령했다. 그래서 청지기가

「왜 갑자기 생각이 달라지셨습니까?」

하고 묻자 그는 이렇게 대답했다.

「속담에 『깊은 물 속의 고기를 아는 사람은 좋지 못하다.』고 하지 않았느냐? 남의 비밀을 알고 있는 사람은 화를 입게 된다는 뜻이다. 지금 전성자는 큰 일을 꾸미려 하고 있다. 그로 하여금, 내가 남의 속마음까지 알고 있는 사람이라는 것을 알게 만들면 내 몸이 위태롭다. 나무를 베지 않았다고 해서 죄를 줄 리는 없다. 그러나 남의 속을 들여다본 죄는 실상 큰 것이다.」

용기는 욕심에서 —— 説林・下

뱀장어는 뱀을 닮았고, 누에는 뽕나무벌레와 흡사하다.

그런데 사람들은 뱀을 보면 깜짝 놀라고, 뽕나무벌레를 보면 소름이 오싹 끼쳐지지만, 어부는 뱀장어를 손으로 주무르고, 여자들은 누에를 손으로 만진다.

이득이 생기기만 한다면, 사람은 누구나 맹분(孟賁), 전저(專諸)와 같은 용사가 되는 것이다.

노마(駑馬)의 감정(鑑定)　　—— 説林·下

백락(伯樂)은 마음에 들지 않는 사람에겐 천리마를 감정하는 법을 가르쳐 주고, 마음에 드는 사람에게는 보통말〔駑馬〕의 감정법을 가르쳐 주었다.

천리마는 흔치 않은 것이므로 별로 돈벌이가 될 일이 없지만, 보통말은 매일같이 팔리기 때문에 자꾸만 벌이가 된다.

이것이 바로 《주서(周書)》에서 말한 『변변치 못한 것일수록 쓸모가 크다.』는 격이다.

나무 인형을 새기는 법　　—— 説林·下

환혁(桓赫)이 말했다.

「나무 인형을 새기는 법은, 코를 크게 하고, 눈을 작게 하는 것이 좋다. 큰 코는 작게 할 수가 있지만 작은 코를 크게 할 수는 없다. 작은 눈은 크게 할 수 있지만 큰 눈을 작게 할 수는 없다.」

무슨 일을 하는 것도 역시 이와 마찬가지다. 바로잡을 수 없도록 하는 일이 없으면 실패는 적은 법이다.

예(羿)의 과녁잡이   —— 説林・下

혜자(惠子)가 말했다.

「예(羿)와 같은 활의 명수가 활을 쏘면, 멀리 월나라 사람과 같은 전혀 남이라도 과녁잡이를 자원하고 나서게 된다. 그러나 아이들이 활을 쏘려 하면, 상냥한 어머니라도 방으로 도망쳐 문을 닫고 말 것이다. 결국, 꼭 틀림이 없으면, 월나라 사람도 예를 의심치 않지만, 꼭 그렇지 못할 경우에는 상냥한 어머니라도 자식을 피하게 되는 것이다.」

손해를 본 뒤에 이득을 얻는다   —— 説林・下

송나라 부자 장사꾼에 감지자(監止子)란 사람이 있었다. 백 금(金)의 가치가 있는 박옥(璞玉)을 남과 서로 사려다가, 잘못 실수해서 옥에 상처를 냈다. 그는 곧 백 금을 물어 주고 귀떨어진 구슬을 차지하게 되었는데, 뒷날 그 흠을 갈아 없앤 다음, 그것을 팔아 천 금을 얻게 되었다.

어떤 일인가를 하다가 실패했을 경우라도, 그것이 도리어 안 한 것보다 나을 수가 있다. 실패를 보충시키는 방법이 현명했을 경우다.

먼저 신용을

—— 説林・下

　말을 잘 모는 어느 사람이 그 재주를 믿고 초나라 왕을 찾아갔다. 그러나
말을 잘 모는 다른 사람들이 시기하고 있다는 것을 알자,
　「저는 사슴을 잡는 데 자신이 있습니다.」
하는 것으로 왕을 만나게 되었다.
　그리하여, 왕이 수레를 몰고 사슴을 뒤쫓는데도 따르지 못하는 것을 보자,
그가 대신 말을 몰아 사슴을 잡았다. 왕이 그가 말 모는 것을 보고 칭찬을
하자, 그제야 그는 비로소 다른 말 모는 사람들이 자신을 시기하고 있었다는
사실을 말했다.

허세전술(虛勢戰術)

—— 説林・下

　위(魏)나라 주조(周趮)가 제나라 궁타(宮他)에게 말했다.
　「제나라 왕에게 부탁을 해주시오. 만일 제나라의 힘으로, 위나라에 있는
나를 도와 준다면, 반드시 위나라로 하여금 당신네 왕을 섬기도록 하겠소.」
　그러자 궁타는 이렇게 말했다.
　「그건 안 되오. 그런 방법을 쓰면, 당신이 위나라에서 힘을 쓰지 못하고
있다는 것을 보여 줄 뿐이오. 제왕도 위나라에서 세력을 쓰지 못하는 사람을
도와 주고, 세력 있는 사람들의 원망을 사는 짓은 하지 않으려 할 거요.
차라리 당신은 『왕의 소망이 무엇인지 말씀해 주시면, 틀림없이 위나라로
하여금 저의 말에 따르도록 해드리겠소.』 하고 말하시오. 그러면 제왕은
당신을 위나라의 유력자인 줄 알고 당신을 두둔하려 들 거요. 그렇게 되면
당신은 제나라에서 대우를 받게 될 것이며 나아가서는 제나라와 위나라

에서 똑같이 대우를 받게끔 될 거요.」

깊은 골짜기   —— 內儲說·上

  동알우(董閼于)가 조나라 상지(上地)란 지방의 태수가 되어, 지방 순시를 하며 석읍(石邑)이란 산중으로 들어서게 되었다. 골짜기는 깊이가 백 길이나 되었고, 양 언덕은 깎아 세운 벽처럼 서 있었다. 그는 근처 사는 사람들에게 물었다.
「누가 이 골짜기로 들어갔던 사람이 있는가?」
「없습니다.」
「아이들이나 바보나, 귀머거리나 미치광이 중에 여기로 들어갔던 사람은 없는가?」
「없습니다.」
「소나 말이나, 개나 돼지 같은 것도 들어간 일이 없는가?」
「없습니다.」
동알우는 한숨을 푸욱 내쉬며 말했다.
「알았다. 나도 어디 한번 잘 다스려 보이겠다. 골짜기로 들어가면 반드시 죽고 만다는 것을 알듯이, 법령을 엄하게 하고 용서하는 일이 없으면, 아무도 법을 범하려 하지 않을 것이다. 잘 다스려지지 않을 까닭이 없다.」

법의 정신   —— 內儲說·上

  은(殷)나라 법에서는, 재(灰)를 길거리에 버리는 사람은 사형에 처하게 된다. 자공(子貢)은 그것이 너무 지나치다 싶어 공자에게 물었다. 공자는 이렇게 말했다.

「그것이 정치하는 방법을 알고 있는 것이다. 길에 재를 버리면 재가 반드시 사람에게로 날아가게 된다. 사람에게로 날아가면 사람들은 반드시 화를 내게 되고, 화를 내면 싸움이 붙고, 싸움이 붙으면 패가 갈라져 서로 죽이게 된다. 결국 서로 죽이는 사태까지 벌어지게 되므로 벌을 주어 마땅한 것이다. 그리고 무거운 벌은 사람이 싫어하지만, 재를 버리지 않는 일은 쉬운 것이다. 하기 쉬운 것을 시켜 싫은 일에 걸려드는 일이 없게 하는 것이 정치하는 방법이다.」

필벌(必罰)이 제일   —— 內儲說·上

형남(荊南) 지방의 여수(麗水)란 내에서는 사금(砂金)이 많이 나므로 몰래 그것을 파는 사람이 많았다. 금을 팔지 못하게 하는 금령이 있어서, 들키기만 하면 즉시 시장바닥에서 못 박혀 죽었건만 죄를 범하는 사람이 끊어지지 않았다. 아무리 여수에 울타리를 두르고 막아 보아야, 사금을 도둑질해가는 사람은 여전했다.

대관절 시장바닥에 못을 박아 죽이는 형벌처럼 무서운 것이 없건만, 그런데도 도둑질하는 사람이 끊이지 않는 것은 그것이 반드시 들킨다고 생각하지 않기 때문이다.

그런데,「네게 천하를 주마, 그러나 그 대신 너의 목숨만은 바쳐야 된다.」고 하면, 아무리 바보라도 그런 짓을 하려고는 들지 않을 것이다. 결국 천하를 얻는 것은 대단한 이익이지만, 그것을 얼른 받으려 하지 않는 것은, 반드시 죽게 된다는 것을 알기 때문이다. 반드시 들키는 것이 아니라면, 비록 못박혀 죽는 위험이 있더라도 사금 도둑질을 하는 사람은 그치지 않을 것이며, 반드시 죽게 된다는 것을 알고 있으면 천하를 준다 해도 받을 사람은 없는 법이다.

활쏘기를 장려하다   — 内儲説·上

이회(李悝)는 위문후(魏文侯) 아래에서 벼슬하여 상지(上地)의 태수가 되었다. 그는 백성들에게 활을 보급시킬 생각으로 이런 포고령을 내렸다.

「소송 사건이 애매해서 판결을 내리기 어려울 때는, 쌍방에게 활로 과녁을 쏘게 해서, 맞춘 사람을 이긴 것으로 하고, 못 맞춘 사람을 진 것으로 한다.」

포고령이 나붙자, 사람들은 너나없이 활을 배우기 시작, 밤낮을 쉬지 않는 형편이었다. 이윽고 진(秦)나라와 전쟁이 일어났을 때, 적을 여지없이 쳐부수고 말았다. 사람마다 활을 잘 쏘았기 때문이다.

의심을 이용하다   — 内儲説·上

방경(龐敬)은 현령이 되어, 시장 관리 책임자를 시장 순찰차 내보내며 다른 관리를 시켜 그를 다시 불러들인 다음, 잠시 같이 서 있다가, 아무 말 없이 그대로 순찰하러 가도록 했다.

시장 관리 책임자는, 현령이 다른 관리에게 무언가 이야기를 한 것 같다는 생각에서, 혹시나 싶어 감히 나쁜 짓을 할 수 없었다.

아내의 기도　　　　　　　　　　　　—— 内儲説·下

　위(衛)나라 사람인 한 부부가 함께 기도를 드리게 되었는데, 아내가 이렇게 기도했다.
　「바라옵건대 백 필의 베를 얻도록 해주십시오.」
　남편이 이상한 듯이
　「왜 그렇게 적게 바라지?」
하고 묻자, 아내는 이렇게 대답했다.
　「그보다 더 많게 되면 당신이 첩을 얻게 될 테니까.」

타지 않은 머리털　　　　　　　　　　—— 内儲説·下

　진(晋)나라 문공(文公) 때의 일이다. 요리사가 고기를 구워 올렸는데, 그 고기에 머리털이 붙어 있었다. 문공이 요리사를 불러
　「너는 내가 목 메는 꼴을 보고 싶으냐? 어떻게 머리털을 고기에 붙여 두었느냐?」
하고 꾸짖자, 요리사는 머리를 땅에 조아리며 이렇게 말했다.
　「소인은 세 가지 죽을 죄를 범했습니다. 숫돌에 칼을 보검처럼 갈아 고기를 썰었는데도, 고기만 썰리고 머리털은 끊기지 않았습니다. 이것이 소인의 첫번째 죄입니다. 꽂이를 잡고 고기를 꿰었는데도 머리털은 눈에 뜨이지 않았으니 이것이 두 번째 죄입니다. 화로에 숯불을 피워, 숯불이 벌겋게 피어 올라 고기는 잘 구워졌는데도, 머리털만 태우지 못했으니 이것이 세 번째 죄입니다. 그러나 밖에 있는 누군가가 소인을 미워하고 있는지도 알 수 없는 일이옵니다.」

문공은
「음, 알겠다.」
하고 방 밖을 순찰하는 자를 불러 캐물었다. 과연 그자가 한 짓이었으므로
그를 벌해 죽이도록 했다.

그림 그린 채찍 　　　　　　　　　　—— 外儲説·左上

　한 빈객이 주군(周君)을 위해, 말 채찍에 그림을 그렸는데, 삼 년이 걸
려서야 일을 끝냈다. 주군이 그것을 받아 보았더니 보통 채찍에 옻을 칠한
것과 조금도 틀리지 않았으므로 버럭 화를 냈다.
　그랬더니 그가 말했다.
「두 길쯤 되는 높은 벽을 만들어, 거기에 여덟 자 정도의 창문을 낸
다음, 아침에 해가 떠오를 무렵 채찍을 그 창에 비추어 자세히 보십시오.」
　주군이 그가 말한 대로 방을 꾸미고 채찍을 바라보았더니, 거기에는 용과
뱀, 새와 짐승, 수레와 말, 그리고 그 밖의 여러 가지 모양들이 보기좋게
새겨져 있었다. 주군은 여간 기뻐하지 않았다.
　이 채찍에 그림을 그린 재주는 과연 놀라운 것이었지만, 그것의 쓸모로
말하면 보통 채찍보다 나을 것이 하나도 없다.

도깨비는 그리기 쉽다 　　　　　　　　—— 外儲説·左上

　한 빈객이 제나라 왕을 위해 그림을 그리고 있었다. 왕이 그에게

「어떤 것이 가장 그리기 어렵소?」

하고 물었다.

「개와 말입니다.」

「그럼 가장 그리기 쉬운 것은?」

그러자 그 빈객은 이렇게 대답했다.

「가장 그리기 쉬운 것은 도깨비입니다. 개와 말은 누구나 알고 있는 것이며, 아침 저녁으로 대하는 것이므로 그대로 그리기가 힘듭니다. 그러나 도깨비의 경우는 형체가 없어 사람의 눈에 잘 뜨이지 않기 때문에 아무렇게나 그려도 상관없기 때문에 쉽습니다.」

유행을 고친다　　—— 外儲說·左上

제(齊)나라 환공(桓公)이 자주빛 옷을 좋아하자, 전국의 사람들이 다 자주빛 옷을 입기 시작해 자주빛 비단이 흰 비단보다 다섯 배나 높은 값으로 팔리게 되었다. 환공이 이를 걱정하여 관중(管仲)에게

「내가 자주빛 옷을 좋아한 탓으로 자주빛 비단 값이 오르며, 온 국민이 모두 자주빛 옷만 입으려 한다니 어떻게 하면 좋겠소?」

하고 상의하자, 관중이 대답했다.

「임금께서 자주옷 입으시는 것을 중지하시고, 옆에 있는 사람들에게 『나는 그 자주 물감 냄새가 싫어졌어.』 하십시오. 그리고 가까운 사람들이 혹 자주옷을 입고 앞에 나타나거든, 반드시 『조금만 물러나 있게, 나는 자주 물감 냄새가 싫다.』 하십시오.」

「알았소.」

그러자 그날중으로 근시들 가운데 자주옷 입는 사람은 없어졌고, 다음날은 도성 안에 자주옷 입는 사람이 없어졌으며, 사흘째는 전국에서 자주옷 입는 사람이 없게 되었다.

두 가지 정치술

—— 外儲說·左下

위(魏)나라 서문표(西門豹)는 업(鄴)의 태수로 있으면서, 청렴과 결백으로 이름이 높아 손톱만한 개인적인 이익도 취한 일이 없었으며, 조정의 근신(近臣) 따위는 안중에도 없었다. 그리하여 근신들은 너나없이 서문표를 미워했다. 그 뒤 일 년이 지나 서문표가 업무 보고차 조정에 들렀을 때, 임금 문후(文侯)는 이렇다 할 설명도 없이, 서문표의 관인(官印)을 회수하고, 태수 직에서 물러나도록 하려 했다. 그러자 서문표는 직접 문후에게 청원했다.

「소신은 지금껏 지방 행정에 어두워 실수가 많았습니다. 그러나 지금은 어떻게 해야 한다는 것을 분명히 알게 되었으니, 일 년만 더 눌러 있게 해주십시오. 만일 여전히 성적을 올리지 못했을 경우에는 죽음으로 죄를 대신하겠습니다.」

문후도 딱한 생각이 들어 그의 청을 받아들여 거두었던 관인을 다시 내렸다. 서문표는 돌아오자 백성들에게 무거운 세금을 거둬들이며, 근신들에게 많은 선물을 보내 주어 그들의 환심을 샀다. 다시 일 년이 지나, 업무 보고차 조정에 들르게 되었다. 임금 문후는 그를 반가이 맞아 정중히 그의 노고를 치하했다. 그러자 서문표는

「지난 해에는 소신이 임금을 위해 정치를 했었는데, 임금께서는 신의 관인을 거두었습니다. 그래서 이번에는 근신들을 위해 정치를 했더니 임금께서는 저에게 치하까지 하셨습니다. 이래가지고는 지방 수령들이 올바른 정치를 할 수 없습니다.」

하고 관인을 바치고 벼슬에서 물러나려 했다.

문후는 이를 되돌리며 말했다.

「과인은 지금껏 경을 알지 못했었소. 그러나 이제는 경을 알았으니 더욱 분발해서 업을 맡아 다스려 주시오.」

그러나 서문표는 끝내 거절하고 말았다.

사람을 심는 방법　　　　　　　　　　—— 外儲說·左下

　양호(陽虎)가 제(齊)나라에서 조(趙)나라로 망명했을 때, 조간자(趙簡子)가

「들리는 바로는 그대가 사람을 등용시키는 데 뛰어난 재주를 가지고 있다는데.」

하고 묻자, 양호는 대답했다.

「제가 노(魯)나라에 있을 때 세 사람을 뽑아 등용하여 모두 대신이 되었으나, 제가 노나라에서 죄를 입게 되자 모두 나를 찾아내어 잡으려 했었습니다. 제나라에 있을 때에도 세 사람을 추천하여 그 중 한 사람은 왕의 근신이 되었고, 한 사람은 현령, 한 사람은 후리(侯吏)[1]가 되었으나, 제가 죄를 얻게 되자 왕의 근신이 된 사람은 저를 만나 주려고도 하지 않았고, 현령이 된 사람은 저를 잡아 묶으려 했으며, 후리가 된 사람은 저를 국경까지 뒤쫓아왔으나 잡지 못하고 그대로 돌아가고 말았습니다. 저는 사람을 뽑아 쓰는 것이 서툰 것 같습니다.」

　간자는 고개를 숙여 웃으며 이렇게 말했다.

「유자나 귤을 심으면 단 열매를 먹고 좋은 향기를 맡을 수 있지만, 탱자나무나 가시나무를 심으면 자라서 사람을 찌르게 된다. 그러므로 군자는 무엇을 심을 것인가를 신중히 생각하지 않으면 안 된다.」

　　註 1) 侯吏　외국 使臣을 맞아들이고 보내고 하는 벼슬.

공사(公私)의 구별　　　　　　　　　　—— 外儲說·左下

　중모(中牟)에 현령이 비어 있었으므로 진(晉)나라 평공(平公)은 조무

(趙武)에게 물었다.

「중모는 우리나라의 팔과 다리 같은 요지로서, 수도인 한단의 어깨와 팔꿈치에 해당하는 곳이므로 과인은 여기에 훌륭한 현령을 두고 싶은데, 누가 적당하겠소?」

「형백자(邢伯子)가 좋을 것 같습니다.」

「그 사람은 경들 집과는 원수간이 아니오?」

「사사로운 원한을 어떻게 국사에까지 끌고 들어오겠습니까?」

평공이 또 물었다.

「궁내부(宮內府) 장관은 누구로 하면 좋겠소?」

「신의 자식이 적임자일 것 같습니다.」

결국, 사람을 추천할 때에는 자기의 원수라도 피해서는 안 되며, 가까운 사람을 추천할 때에는 내 자식이라고 해서 피할 필요는 없다.

원수를 재상(宰上)으로   —— 外儲説·左下

해호(解狐)는 자기 원수를 조간자에게 천거해서 재상을 삼았다. 재상이 된 그는 해호가 자기와 화해하려는 줄 알고, 해호의 집으로 인사를 차리러 갔었다. 그러자 해호는 활을 들고 나와, 놀라 달아나는 그의 등 뒤를 겨누며 소리쳤다.

「내가 너를 천거한 것은 나라의 일로서, 네가 적임자라 생각되었기 때문이다. 너를 원수로 아는 것은 너와 나의 개인적인 원한 때문이다. 네게 개인적인 원한이 있다고 해서 나라 일을 생각하지 않는 그런 짓은 하지 않는다.」

즉 「사사로운 원한은 공문(公門)으로 끌고 들어오지 않는다.」는 것이다.

후계자 선발　　　　　　　　　　　　—— 外儲説·右上

설공(薛公)[1]이 제(齊)나라 재상이었을 때, 위왕(威王)의 부인이 일찍 죽었다. 궁중에는 열 명의 아름다운 첩이 있어 똑같이 왕의 사랑을 받고 있었다. 설공은, 왕이 그 중에서 누구를 부인의 후계자로 삼으려 하는지를 먼저 알아차린 다음, 그 여자를 부인으로 천거할 생각이었다. 만일 제대로 천거해 왕이 들어 준다면, 그것은 자기의 의견을 따른 것이 되고, 또 새 부인에게 대우를 받게 된다. 만일 잘못해서 왕이 들어 주지 않는다면 왕과 의견이 맞지 않은 것이 되고, 뒤를 잇는 부인으로부터도 미움을 사게 된다. 먼저 왕이 누구를 마음속에 두고 있는가를 알아 보고 나서, 왕에게 그녀를 천거하지 않으면 안 된다. 그래서 설공은 구슬로 만든 열 쌍의 귀걸이를 왕에게 비쳤는데, 그 중 하나를 특별히 좋게 만들었다. 왕은 그것을 열 명의 첩들에게 나눠 주었는데, 설공은 다음날 그 중에서 가장 좋은 귀걸이를 달고 있는 여자가 누군가를 확인한 다음, 그녀를 왕에게 천거하여 부인으로 삼게 했다.

　　註 1) 薛公　靖郭君 田嬰.

도　청(盜　聽)　　　　　　　　　　　—— 外儲説·右上

서수(犀首)는 천하의 명장으로 이름이 높았는데, 그는 처음에 양왕(梁王) 아래에서 벼슬하고 있었다. 진왕(秦王)은 그를 데려다가 나라 일을 맡기려 했다. 그러나 서수는
「저는 양나라의 신하인만큼, 양나라를 떠날 생각은 없습니다.」

하고 거절했다.

그러고 나서 일 년쯤 지나, 서수는 양왕에게 죄를 짓고 진나라로 망명해왔다. 진왕은 그를 극진히 대우했다. 진나라 장군인 저리질(樗里疾)은, 서수가 자기를 대신해서 장군이 되지나 않을까 걱정한 나머지 왕이 늘 비밀 이야기를 할 때면 쓰곤 하는 방에다가 구멍을 만들어 두게 했다. 얼마 후 과연 왕은 서수와 이런 비밀 이야기를 주고받는 것이었다.

「나는 한(韓)나라를 칠까 하는데 어떻겠소?」

「가을쯤이 좋을 것으로 생각됩니다.」

「나는 경에게 나라의 큰 일을 맡길까 하고 있으니, 절대로 다른 사람에게 이 말을 해서는 안 되오.」

서수는 뒤로 물러나 공손히 절을 하고는

「알겠습니다.」

하고 말했다.

구멍을 통해 이 이야기를 듣게 된 저리질이 가만히 소문을 퍼뜨렸으므로 근신들은

「가을에는 군사를 일으켜 한나라를 치게 되고, 그때 대장에는 서수가 물망에 오르고 있다.」

하고 수군거렸다. 그리하여 근신들은 그날로 전부 다 알게 되었고, 한 달 안에는 온 국민이 다 알게 되었다. 그래서 왕은 저리질을 불러 물었다.

「어째서 그런 소문이 떠들썩하게 야단들인가. 어디서 그런 말이 새어 나왔단 말인가?」

「서수의 입에서 나온 것 같습니다.」

「나는 서수와 아무 말도 하지 않았는데, 서수가 그런 말을 할 리가 있는가?」

「서수는 망명해온 사람이므로 마음이 불안할 것 아닙니까? 그래서 그런 말이라도 해서 자기를 내세워 보려는 것이겠지요.」

「그럴쯤지도 모르겠군.」

그래서 왕은 사람을 보내 서수를 불렀다. 서수는 벌써 알고 다른 나라로 달아나고 없었다.

맹견(猛犬)과 사서(社鼠)　　　　　—— 外儲説・右上

송나라에 술장수가 있었다. 되가 정확하고 손님에게도 친절히 대했으며 술맛도 좋고 간판도 높이 달려 있는데도 술이 잘 팔리지 않아 맛이 변하곤 했다. 까닭을 알 수 없었던 주인은 평소에 친한 양천(揚倩)이란 장자(長者)에게 물어 보았다. 양천은

「자네 집 개가 혹시 사나운 개가 아닌가?」하고 되물었다.

「개가 사나우면 술이 안 팔립니까?」

「사람들이 무서워하기 때문이야. 예를 들어, 아이들에게 돈과 술병을 들려 술을 사러 보냈을 때, 개가 달려나와 물려고 한다면 누가 대체 자네 집으로 술을 사러 보내겠는가? 술맛이 변하도록 팔리지 않을 건 뻔한 이치가 아니겠는가?」

마찬가지로 나라에도 역시 개가 있다. 어진 선비가 나라를 다스릴 재능을 가지고, 임금을 만나 의견을 말하려고 하면, 대신이 사나운 개가 되어 달려나와 선비를 물어뜯는다. 그렇게 되면 임금의 총명이 가려지고 위협 당하게 되어, 어진 선비가 등용될 수 없다.

일찍이 제(齊)나라 환공(桓公)이 관중(管仲)에게 물었다.

「나라를 다스리는 데 가장 방해가 되는 것은 무엇이오?」

「사서(社鼠)라는 것입니다.」

「어째서 그렇단 말이오?」

「임금께서도 사당 집[社]을 짓는 것을 보신 적이 있을 줄 압니다. 먼저 재목을 다 세우고 나서 벽을 바르게 되는데, 쥐가 빈틈을 이로 쪼아 뚫고 들어가므로, 안에 구멍을 파고 집을 짓게 됩니다. 쥐가 있는 집을 연기로 구워 버리려면 재목을 태울 염려가 있고, 물을 부우려면 벽이 무너질 염려가 있습니다. 그래서 사서(社鼠)는 좀처럼 잡히지 않습니다.」

마찬가지로 임금의 좌우에 있는 사람은 밖으로는 권세를 휘둘러 백성들로부터 재물을 거둬들이고, 조정에서는 서로 결탁하여 못된 짓을 서로 덮어 준다. 안으로는 임금의 마음을 더듬어 밖으로 새어나가게 하고 혹은 안팎으로 모든 신하와 관리들에게 눈치를 보여 사복을 채운다. 법을 쥔 사람들은 이것을 처벌하지 않으면 법이 문란해진다는 것을 알고 있으면서도, 이를 처벌하면 당장 임금의 마음을 건드리게 되므로 어쩔까 어쩔까 하며 못 본 체하고 만다. 말하자면 이것이 바로 사서(社鼠)인 것이다. 또 신하가 권세를 쥐고 멋대로 법과 제도를 깨뜨려가면서 제게 유리한 사람에게는 이익을 주고 제게 불리한 사람에겐 해를 주는 짓을 서슴지 않는다. 이것 역시 사나운 개와 같은 것이다.

그런데, 대신이 사나운 개가 되어 어진 선비를 물어뜯고, 좌우에 있는 근신들이 사서가 되어 임금의 마음을 파고드는데도, 임금은 이것을 모르고 있다. 그렇다면 어떻게 임금의 귀와 눈이 가려지지 않고 견디겠는가. 어떻게 나라가 망하지 않을 수 있겠는가.

나라의 무당　　　　　　　　　　　　—— 外儲説·右上

위(衛)나라 임금이 진(晉)나라로 갔다가 돌아올 때 그곳의 박의(薄疑)에게 부탁했다.

「나는 그대를 내 나라로 데려가고 싶다.」

「집에 어머니가 계시므로, 돌아가 어머니와 상의를 해보겠습니다.」

임금은 몸소 박의의 집으로 찾아가 그의 어머니에게 부탁했다. 어머니는 이렇게 대답했다.

「그애는 임금의 신하가 아닙니까, 그애를 임금께서 데려가시겠다니 그저 감격할 뿐입니다.」

그래서 임금은 박의에게 말했다.

「나는 이미 그대의 어머니에게 부탁해서 승낙을 얻었다.」

박의는 집으로 돌아오자 어머니를 보고 말했다.

「위나라 임금은 저를 사랑하기는 합니다만, 어머님과 비교하면 어떨까요?」

「나와는 비교가 되지 않을 거다.」

「위나라 임금은 저의 재능을 인정하고는 있으나, 어머님과 비교하면 어떨는지요?」

「나와 비교할 수는 없겠지.」

「어머님은 저와 집안 일을 상의하고 나서 완전히 결정을 본 뒤에도, 또 무당인 채씨 할미〔蔡媼〕에게로 가서 결정을 하곤 합니다. 지금 임금은 저를 데리고 갈 생각으로 이미 결정은 했지만, 뒷날 틀림없이 채씨 할미와 같은 근신들과 상의를 함으로써 결정을 바꾸게 될 것입니다. 그런 정도로는 도저히 위나라 임금을 오래 모실 수는 없다고 생각됩니다.」

좋아하기 때문에 받지 않는다   —— 外儲說·右下

공손의(公孫儀)는 노나라 재상으로 물고기를 좋아했다. 그래서 전국에서 생선을 바치는 사람들이 많았으나 그는 일체 받으려 하지 않았다. 그의 동생이

「형님께선 생선을 좋아하시는데 어째서 받지 않으십니까?」하고 묻자, 공손의는 이렇게 대답했다.

「물고기를 좋아하기 때문에 받지 않았을 뿐이다. 만일 그것을 받게 되면 반드시 보내 준 사람을 염두에 두어야 할 것이며, 그렇게 되면, 법을 굽히지 않으면 안될 경우도 있을 것이고 법을 굽히게 되면 재상의 자리를 그만 두게도 될 것이다. 그때는 물고기를 좋아해도 갖다 줄 사람이 있을지 의문이며, 내가 사서 먹을 수도 없을 것이다. 그러나 물고기를 받지 않으면

벼슬에서 쫓겨나는 일이 없으므로, 물고기가 먹고 싶을 때는 언제나 내가
사서 먹을 수 있지 않겠느냐.」
　결국, 남을 의지하지 말고 자신을 의지하라는 뜻이며, 남이 나를 위해
주기를 바라지 말고, 자기 스스로 자신을 위하라는 이야기다.

모　순(矛　盾)　　　　　　　　　　── 難 一

　초나라 사람으로, 방패〔盾〕와 창〔矛〕을 파는 장사꾼이, 방패를 자랑하
면서
　「이 방패가 튼튼한 것으로 말하면, 이 세상 어느 것으로도 뚫을 수가
없다.」
하고 말하고, 또 창을 자랑하면서
　「이 창이 날카로운 것으로 말하면, 어느 것이고 뚫지 못할 것이 없다.」
하고 말했다. 그래서 어느 사람이
　「그럼 그 창으로 그 방패를 뚫으면 결과가 어떻게 되겠는가?」
하고 묻자, 그는 대답을 하지 못하고 말았다.
　말하자면, 어느 것이나 꿰뚫을 수 있는 창과, 어느 것으로도 꿰뚫을 수
없는 방패는 동시에 성립될 수 없는 것이다.

벽을 바르지 마라　　　　　　　　　　── 難 一

　진(晉)나라의 평공(平公)이 근신들과 함께 술을 마시다가 문득 한숨을

지으며 말했다.

「임금이 되었다고 해서, 이렇다 할 즐거움이 있는 것은 아니지만, 다만 내가 무슨 말을 하든 거역하는 사람이 없는 것이 즐겁다.」

그러자 옆에 앉아 있던 장님 악사인 사광(師曠)이 거문고를 번쩍 들어 평공을 콱 찌르려 했다. 평공이 급히 피하는 바람에 거문고는 벽을 허물어뜨렸다. 평공은 말했다.

「너는 누구를 치려고 했느냐?」

「방금 옆에서 못된 소리를 하는 사람이 있었으므로, 그를 치려 했었습니다.」

「그게 바로 나다.」

「아아, 그런 말씀은 임금으로서 하실 말씀이 아니었습니다.」

뒤에 무너진 벽을 다시 고치려 하자 평공은

「그대로 두어라. 나의 교훈으로 삼겠다.」

하고 말했다.

범에 날개　　　　　　　　　　　　　── 難　勢

《주서(周書)》에 이런 말이 있다.

「범에 날개를 붙이지 마라. 마을로 날아와서 사람을 잡아먹게 된다.」

못된 인간에게 권세를 주는 것은, 범에 날개를 붙여 주는 것과 같다. 걸(桀)과 주(紂)는 높은 집과 넓은 못을 만들어 백성의 재물을 소비시키고 포락(炮烙)[1]의 형을 만들어 백성의 목숨을 해쳤다. 걸과 주가 멋대로 행동하게 된 것은 천자의 위세가 그의 날개가 되었기 때문이다. 만일 걸과 주가 한 백성에 지나지 않았다면, 그런 짓을 하기 전에 먼저 벌을 받게 되었을 것이다. 권세는 호랑이 마음을 길러 주어 난폭한 짓을 마구 하게 한다. 이것은 천하를 위해 큰일이다.

1) **炮烙** 죄인을 기름바른 쇠기둥에 오르게 하고 밑에는 숯불을 피워 놓아서 기둥에 오르다 불에 떨어져 죽게 하는 형벌.

좋은 약은 입에 쓰다   ——六 反

옛날 속담에 이런 말이 있다.

『정치는 머리를 감는 것과 같은 것, 머리털이 빠지더라도 머리는 감지 않으면 안 된다.』

머리털 빠지는 것이 아까워서, 머리를 감아 깨끗이 하는 이로운 점을 잊고 있다면, 이는 사물을 제대로 계산할 줄 모르는 사람이다.

대체로 종기를 수술하는 것은 아픈 일이며, 약을 마시는 일은 쓴 것이다. 그렇다고 쓰고 아픈 것이 싫어 종기를 내버려 두고 약을 마시지 않는다면, 목숨을 살리지 못하고 병은 고치지 못한다.

공(公)과 사(私)   ——五 蠹

초나라에 직궁(直躬)[1]이란 고지식한 사람이 있었는데, 그의 아버지가 양을 훔치자 관에 그 일을 고발했다. 그러자 영윤(令尹)은

「그놈을 죽여라.」

하고 명령했다.

임금에게는 충성이지만 아비에게는 불효라고 생각했기 때문이다. 그래서

벌을 준 것이다. 이로 미루어 볼 때, 임금에 대해 정직한 신하는, 아버지에 대해 불효한 자식이 되는 것이다.

노나라의 어떤 사람은 임금을 따라 전쟁에 나갔으나, 세 번 싸움에 세 번 다 달아났다. 공자가 그 까닭을 물었더니

「제게는 늙은 아비가 있는데, 제가 죽으면 아무도 모실 사람이 없기 때문이었습니다.」

하고 대답했다.

그래서 공자는 그를 효자라 하여 표창을 했다. 이것으로 미루어 볼 때, 아비에게 효도하는 자식은 임금에게 대해서는 불충한 신하가 된다.

그래서 영윤이 직궁을 처벌한 뒤로, 초나라에서는 나쁜 일을 고발하는 사람이 없어졌고, 공자가 노나라의 도망간 군사에게 상을 주자, 노나라 사람은 항복을 수치로 알지 않았다. 위와 아래의 이익은 이렇게 서로 상반된다.

그런데 임금된 사람이 공적인 공로와 사적인 선행(善行)을 동시에 장려하여 나라를 복되게 하려고 생각한다면, 이것은 도저히 이루어질 수 없는 일이다.

▣ 直躬   이름 자체가 『정직한 바보』라는 뜻.

呂氏春秋篇

■ 呂氏春秋

혹은 《呂覽》이라고도 한다. 十二卷, 百六十篇으로
이루어졌으며, 그것이 十二紀·八覽·六論으로 나
뉘어 編次되어 있다. 秦나라 승상 呂不韋(?~B.C.
235)가 식객 중의 학자들을 동원하여 天地萬物,
古今의 人事에 관한 의론을 모아 기록하게 한
것으로, 말하자면 春秋戰國期에 전개된 諸者百家의
사상과 학술의 성과를 망라한 백과사전적 성격을
가졌으며 이른바 『雜家의 書』의 전형이다. 여기에
실린 우화적 자료에는 莊子 이하 이미 나온 여러
책과 중복되는 것도 많다.

잃어버린 활　　　　　　　　　　　　　—— 孟春紀·貴公

초나라 사람이 활을 잃어버렸는데도 찾을 생각은 않고
「초나라 사람이 잃어버린 것을 초나라 사람이 주울 테니까, 굳이 찾으려
할 것까지는 없지 않은가.」
하고 말했다.
　공자가 그 말을 듣고
「초나라란 말을 떼어 버렸으면 좋았을걸(사람이 잃은 것을 사람이 줍
는다).」
하고 말했다.
　노자가 또 그것을 듣고는 이렇게 말했다.
「사람이란 말을 떼어 버리면 더욱 좋지.」

낳기보다 기르기　　　　　　　　　　—— 孟夏紀·用衆

서융(西戎) 사람은 서융에서 나서 서융에서 자라 서융의 말을 하며
누구에게서 배웠는지를 모른다. 초나라 사람은 초나라에서 나서 초나라
에서 자라 초나라 말을 하며 누구에게서 배웠는지를 모른다. 만일 초나라
사람이 서융에서 자라고, 서융 사람이 초나라에서 자라게 되면, 초나라
사람은 서융의 말을, 서융 사람은 초나라 말을 하게 될 것이다.

맹호는 아직 살아 있다　　　　　　　—— 季秋紀·順民

제나라 장자(莊子)[1]가 월(越)나라를 치고 싶다면서 화자(和子)[2]에게 의견을 물었다. 화자는

「선군(先君)께서 유언하시기를, 『월나라는 치지 말라. 월나라는 사나운 범이다.』 하셨소.」

하고 대답했다. 장자가

「맹호임에는 틀림없으나, 지금은 월나라 임금도 늙어서 죽은 거나 마찬가지입니다.」

하자, 화자는

「그럼 재상인 효자(鵲子)와 상의해 보시오.」

하고 말했다. 효자는 이렇게 말했다.

「죽은 거나 마찬가지라고 하지만, 월나라 사람은 아직 살아 있는 것으로 알고 있소.」

　　1) 莊子　사상가 莊子와 同名異人인 齊의 신하.
　　2) 和子　田和 뒤에 齊王이 되었다.

바보 임금의 넋두리　　　　　　　—— 季秋紀·審己

제(齊)나라의 민왕(湣王)이 쫓기어 위(衛)나라로 달아났다. 온종일 걸어 지친 끝에 공옥단(公玉丹)에게

「나는 지금 쫓기어 달아나고 있지만 그 까닭을 모르겠네. 내가 달아나는 것은 대관절 무엇 때문이냐? 나는 되는 대로 했을 뿐인데.」

하고 물었다. 공옥단은 이렇게 대답했다.

「소인은 대왕께서 이미 아시는 줄 알았는데 아직도 모르고 계십니까? 대왕께서 망명중에 계신 것은 너무 착하기 때문입니다. 천하의 모든 임금들은 다 어리석은지라, 대왕이 착하신 것을 시기한 나머지, 군대를 합세하여 대왕을 공격했었습니다.」

그러자 민왕은 크게 한숨을 내쉬며 말했다.

「착한 것이 이다지도 고통스러운 것이란 말이냐.」

당하고도 모르는 바보　　── 季秋紀·審己

월왕(越王) 수(授)[1]에게는 네 명의 왕자가 있었다. 왕의 동생인 예(豫)는 왕자들을 모조리 죽인 다음 자기가 뒤를 이을 생각으로, 왕자들을 참소하여 그 중 세 사람까지 죽였다. 예는 마지막 왕자까지 참소해서 죽이려 했으나 월나라 사람들이 왕의 처사에 불복하여 많은 비난을 했으므로, 왕 역시 이를 허락치 않았다. 그런데 그 왕자는 자기도 필경은 죽게 될 것이 두려워, 예를 내쫓고자 하는 사람들과 합세하여 왕궁을 포위하고 쳐들어갔다. 그러자 왕은 탄식하여 이렇게 말했다.

「내가 예의 말을 듣지 않았기 때문에 이 지경에 이르게 되었구나.」

　　田 1) 授　王翳.

탕왕(湯王)의 그물　　　　　　　　　　　— 孟冬紀·異用

은나라 탕 임금은, 사방에다 그물을 쳐놓고서 기도를 하고 있는 사람을
만났다. 그는
「하늘에서 내려오는 것, 땅에서 올라오는 것, 사방으로부터 오는 모든
것이 다 내 그물에 걸려라.」
하고 기도했다. 탕 임금은 그것을 듣자
「아니, 몽땅 다 잡아 버리려는 건가. 걸(桀)이 아니고도 그런 짓을 하는
사람이 또 있단 말이냐?」
하고, 삼면의 그물을 걷고, 한쪽만을 남기게 한 다음, 이렇게 기도를 고쳐
하도록 했다.
「옛날엔 거미가 그물을 쳤었다. 오늘날 사람들은 그것을 모방할 뿐이다.
왼쪽으로 가고 싶은 것은 왼쪽으로 가고, 오른쪽으로 가고 싶은 것은 오
른쪽으로 가고, 위로 오르고 싶은 것은 위로 오르고, 밑으로 내리고 싶은
것은 밑으로 내려라. 명령에 위반하는 것만을 나는 잡는다.」
한수(漢水) 이남의 나라들은 이 이야기를 듣자, 『탕 임금의 덕은 짐승
에게까지 미치고 있다.』면서 마흔 나라나 귀순해왔다. 사람들은 사방에
그물을 쳐놓고도 새가 잡힐지 말지 한데, 탕 임금은 삼면을 걷고 한쪽만을
남긴 것으로써 마흔 나라를 그물에 걸었다. 새만을 그물로 잡는 것은 아
니다.

자신의 살을 먹는 용기　　　　　　　　— 仲冬紀·當務

제나라에 용기를 뽐내고 다니는 두 사람이 있었는데 한 사람은 성 동쪽에

살고, 다른 한 사람은 성 서쪽에 살고 있었다. 그 두 사람이 우연히 길에서 만났다.

「어디 술이라도 한 잔 할까?」

하고, 술집에 들어가 잔을 주고받고 하는 가운데, 한 사람이

「고기를 좀 사다 먹을까?」

하고 말하자, 다른 한 사람이

「너도 고깃덩이, 나도 고깃덩이다. 새삼스럽게 사올 것까지야 뭐 있겠나. 양념만 있으면 그만 아닌가.」

하고 말했다. 그래서 칼을 꺼내 살을 베어내어 함께 먹기 시합을 하다가 마침내 둘 다 죽고 말았다.

이런 용기라면 차라리 없는 편이 낫다.

엉터리 법률　　　　　　　　　── 仲冬紀·當務

주(紂)의 형제는 셋이었는데 첫째는 미자계(微子啓), 둘째는 중연(中衍), 셋째가 수덕(受德)이었다. 수덕이 바로 주로서 나이도 훨씬 아래였다. 주의 어머니는, 미자계와 중연을 낳았을 당시에는 첩으로 있다가 정실이 된 다음에 주를 낳게 된 것이다.

주의 부모는 미자계를 태자로 세우려 했다.

그러자 사관(史官)이 법률을 방패로 들고 나와 이를 반대했다.

「정실의 자식이 있는데, 첩의 자식을 태자로 삼을 수는 없습니다.」

그래서 결국은 주가 뒤를 잇게 되었다.

이 따위로 법률을 지킨다면 차라리 없는 편이 낫다.

그리워하는 마음　　　　　　　　　　　—— 有始覽·聽言

　배를 타는 사람은 바다에 떠서 열흘이 지나고 한 달이 지나면 사람과 비슷한 것만 보아도 반가워한다. 일 년쯤 지나면, 고국에서 본 적이 있는 것만 보아도 기쁘다.

　결국 사람과 멀어진 시간이 오래 되면 오래 될수록 사람이 그리워지는 것이리라.

　어지러운 세상의 백성들은, 성왕(聖王)으로부터 멀어진 지 오래이기 때문에 그가 나타나기를 그리워하며 밤낮없이 기다리게 되는 것이다.

적국(敵國)의 기근　　　　　　　　　　　—— 孝行覽·長攻

　월나라가 크게 흉년이 들었을 때, 월왕이 범여(范蠡)를 불러 상의했다. 범여는 이렇게 대답했다.

「임금께선 걱정하시지 마십시오. 이번 흉년은 월나라에게는 행운이 되고 오나라에는 불행이 됩니다. 오나라는 물자가 풍부해서 모든 것이 남아돌고 있는 데다가, 임금은 나이가 어리고 생각과 재능이 부족하며 눈앞의 명성만을 좋아하고 앞으로 올 염려 같은 것은 하지 못합니다. 왕께서 만일 후한 예물과 겸손한 말로써 오나라에 구원을 청하시게 되면 양식을 얻게 될 것입니다. 양식만 얻게 되면 마지막엔 월나라가 오나라를 얻게 될 것입니다.」

「과연 그렇겠군.」

　그래서 월왕은 사람을 보내 오나라에 양식을 부탁했다. 오왕이 청을 들어 주려 하자, 오자서(伍子胥)가 이를 말렸다.

「주면 안 됩니다. 오나라와 월나라는 가까운 이웃 나라로, 사람의 왕래도 쉽습니다. 서로가 원수이므로 오나라가 월나라를 없애지 않는 한, 월나라가 오나라를 망하게 만들 겁니다. 연(燕)·진(秦)·제(齊)·진(晋) 등의 나라는 산과 벌판이 많은 나라이므로, 굳이 다섯 개의 호수와 아홉 개의 강을 건너고, 열일곱 개의 험한 곳을 넘어서까지 오나라를 치려 할 리는 없습니다. 그러므로 오나라가 월나라를 없애지 않으면, 월나라가 오나라를 없애게 된다는 것입니다. 지금 그 월나라에 식량을 보내 주시는 것은 자기 원수를 길러 주는 것이 됩니다. 언젠가 오나라가 식량이 모자라고 백성들이 불안해졌을 때는 후회를 해도 늦게 됩니다. 식량을 주는 대신 공격을 해야만 합니다. 옛날 선군께서 패자(覇者)가 되신 것도 그런 방법에 의해서였습니다. 그리고 흉년이란 번갈아오는 것으로, 말하자면 못과 언덕 같은 것이이서 어느 나라도 흉년 없이 지낼 수는 없습니다.」

그러나 오왕은

「그렇지 않소.『의병(義兵)은 항복한 군사를 공격하지 않고, 어진 사람은 굶주린 사람에게 밥을 준다.』는 말도 있소. 지금 복종해 온 사람을 친다면 의로운 군사라 할 수 없고, 배고픈 사람에게 먹여 주지 않는다면 어진 사람이라 말할 수 없지 않소? 어질지도 못하고 의롭지도 못한 일이라면, 월나라가 열이라도 나는 그럴 수가 없소.」

하고, 마침내 식량을 주었다.

그로부터 삼 년이 채 안 되어, 이번에는 오나라가 흉년이 들었다. 그래서 사람을 월나라에 보내 식량을 요구해 보았으나, 월왕은 식량을 주기는커녕 군사를 일으켜 오나라로 쳐들어가 오왕 부차(夫差)를 포로로 삼았다.

모르면 강해진다　　　　　　　　　　—— 孝行覽·必己

용사(勇士)로 유명한 맹분(孟賁)이 강을 건너가려고, 다른 사람들보다 먼저 나룻배에 뛰어올랐다. 사공이 화를 내며 노로 그의 머리를 치면서 욕을 했다. 실은 그가 맹분이라는 것을 몰랐기 때문이다. 강 중간에 왔을 때 맹분이 눈을 부릅뜨고 사공을 흘겨보는 순간, 머리털이 곤두서고 눈시울이 찢어지며 수염이 쭉 뻗으므로 배 안의 사람들은 놀라 허둥대며 물로 뛰어들었다. 만일 사공이 맹분이란 것을 알고 있었다면, 그를 제대로 바라보지도 못했을 것이다. 그보다 먼저 배에 오르려는 사람도 없었을 것이다. 더구나 그에게 모욕을 가하지는 못했을 것이다. 결국은 그런 사실을 알지 못했기 때문에 일어난 일이다.

설득 수법 —— 孝行覽·必己

공자가 여행을 하는 도중에 잠시 쉬고 있는 동안, 말이 도망쳐서 어느 농부집 곡식을 뜯어먹었으므로 농부는 말을 붙들어매고 놓아 주지 않았다. 제자인 자공(子貢)이 농부를 설득시키려 자진해 나서서 온갖 수단의 말로 달래 보았으나, 농부는 들을 생각조차 하지 않았다. 그러자 공자를 따라다니는 하인이

「소인이 한번 가서 달래 보겠습니다.」

하고 나섰다. 그는 농부를 보고

「당신은 동해 끝에서, 우리들은 서해 끝에서 농사를 짓고 있다면 모르겠지만, 서로가 가까운 곳에서 농사를 짓고 있다면, 이쪽 말이 당신들 벼를 뜯어먹었더라도 하는 수 없는 일이 아니겠소.」

하자, 그 농부도 얼굴을 확 누그러뜨리며

「당신은 정말 설득하는 수법이 보통이 아니구려. 아까 그 녀석과는 전연 딴판이로군.」

하고 말을 끌러서 돌려 주었다.

설득이란 결국 이같이 일정한 방법이 없이도 가능한 것이다.

과분한 욕망　　　　　　　　　　　　── 愼大覽·下賢

　위(魏)나라의 문후(文侯)가 단간목(段干木)을 만나러 갔을 때는 자리에
선 채 피로해도 쉬려 하지 않았는데, 돌아와 적황(翟黃)을 대할 때는 대청
위에 걸터앉아 말을 주고받았으므로 적황은 좋지 않은 표정을 지었다.
　그것을 본 문후는
「단간목은 벼슬을 주려 해도 받지 않고, 봉록을 주려 해도 받지 않았소.
그런데 경은 벼슬을 주려고 하면 재상의 자리를 탐내고, 봉록을 주려고
하면 상경(上卿)을 원하지 않았소? 내게서 실리를 찾고 있으면서, 또
융숭한 대우를 받으려는 것은 좀 욕심이 지나치지 않소?」
하고 말했다.
　결국 어진 사람은 사람을 대할 때, 실리를 원하지 않는 사람에게 높은
대우를 하게 되는 것이다.

가장 나쁜 옷　　　　　　　　　　　　── 愼大覽·順説

　전찬(田贊)이 누더기를 입고 초나라 왕을 만났더니, 왕이
「선생의 옷이 너무도 좋지 못하군요.」
하고 딱해했다. 전찬이
「옷 가운데는 이보다 더 좋지 못한 것도 있습니다.」
하고 대답하자, 왕은
「그게 대관절 무슨 옷이오?」
하고 되물었다.
「갑옷이 이보다도 나쁜 것입니다.」

「어째서 그렇소?」

그러자 전찬은 이렇게 대답했다.

「겨울에는 춥고, 여름에는 더운 점에서 갑옷보다 더 나쁜 옷은 없습니다. 저는 가난하기 때문에 나쁜 옷을 입고 있습니다만, 임금께선 이 나라 임금으로 비교할 수 없을 만큼 부귀한 몸이신데도, 즐겨 백성들에게 갑옷을 입히시는 것은 이해가 가지 않습니다. 생각건대 그것은 좋은 이름을 얻기 위해서가 아닐는지요. 그러나 갑옷을 입는 것은 싸움을 위해서입니다. 사람의 목을 베고, 배를 찌르며, 남의 성을 깨뜨리고, 남의 부자를 죽인다는 것은, 명분상 자랑할 것은 되지 못합니다. 또 그것은 실리(實利)를 얻기 위해서가 아닐는지요. 그러나 이쪽에서 남을 해치려 하면, 저쪽에서도 이쪽을 해치려 할 것이며, 이쪽에서 남을 위태롭게 하려 하면, 저쪽에서도 이쪽을 위태롭게 하려 합니다. 그러고 보면 이익이란 점에서도 참으로 불안정한 것입니다. 이 두 가지 점에서 저는 왕의 처사를 찬성할 수 없습니다.」

왕은 그 말을 듣고 대답할 방법이 없었다.

편법(便法)으로 노래하다 —— 愼大覽·順説

관중(管仲)이 노나라에서 잡히게 되었다. 노나라에선 그를 묶어 우리가 달린 수레에 실은 다음 인부들을 시켜 제나라로 끌고 가게 했다. 인부들은 노래를 부르며 수레를 끌고 있었는데, 관중은 노나라에서 혹시 자기를 도중에 잡아 죽이지나 않을까 걱정이 되어, 한시라도 빨리 제나라로 들어갈 생각이었다. 그래서 인부들에게

「내가 선창으로 노래를 부를 테니 당신들은 내 뒤를 받으시오.」

하고 노래를 불렀다. 그가 부르는 노래는 박자가 빠르고 멋이 있어 걸음이 박자를 따라 절로 빨라졌다. 인부들은 노래를 부르는 바람에 피로한 줄도

모르고 급히 달렸으므로 관중은 재난을 면할 수 있었다.

관중은 교묘히 편법을 썼다고 말할 수 있다. 인부들도 만족할 수 있었고 자신도 만족하게 된 것은 그런 편법을 썼기 때문이다.

이중 공격   —— 愼大覽·不應

제나라가 조나라의 늠구(廩丘)를 쳤다. 조나라는 공청(孔靑)에게 결사대를 이끌고 가서 이를 구원하게 했다. 공청은 제나라 군사와 싸워 이를 크게 깨뜨리고, 적의 대장을 죽이는 한편 전차 이천 대를 얻고 적의 시체 삼만으로 두 개의 경(京)[1]을 만들려 했다. 그러자 영월(寧越)이 공청에게 이렇게 말했다.

「그건 아까운 일이오. 시체를 돌려 줌으로써 적의 내부를 치는 편이 좋소. 옛날에 싸움을 잘 하는 사람은 전진과 후퇴를 신중히 하여, 퇴각하는 적은 쫓지 않는다고 하오. 삼십 리쯤 뒤로 물러나, 적의 시체를 그대로 버려 두면, 적은 시체를 장사지내는 데 많은 비용이 드오. 전차와 무기들을 싸움터에서 잃게 하고 창고의 돈은 시체를 묻는 데 쓰도록 하는 것이 바로 적의 내부를 치는 것이오.」

「만일 적이 시체를 거두지 않는다면 어떻게 할 것인가?」

「싸워서 진 것이 첫번째 죄, 싸움터에 같이 나와서 같이 철수하지 못하는 것이 두 번째 죄, 시체를 맡겨 주었는데도 받아가지 않는 것은 세 번째 죄가 되는 거요. 백성들이 이 세 가지 일로 상부에 대해 불만을 품게 되면, 위에서는 백성들을 부릴 방법을 잃게 되고, 아랫사람은 웃사람을 섬길 마음을 잃게 될 거요. 이것이 바로 중공(重攻), 즉 이중으로 적을 공격하는 방법이란 거요.」

1) 京 적의 시체를 한곳에 높이 쌓아 두고 그 위에 흙을 덮은 것.

난세(亂世) 단계   —— 愼大覽・貴困

주(周)나라의 무왕(武王)이 사람을 보내 은나라를 정탐하게 했다. 수도인
기주(岐周)로 돌아온 첩자가

「은나라는 어지럽습니다.」

하고 보고했다. 무왕이

「어느 정도로 어지러웠느냐?」

하고 묻자

「악한 자들이 착한 사람을 누르고 있습니다.」

하고 대답했다. 무왕은

「아직 멀었다.」

고 말했다.

얼마 후 나갔던 첩자가 다시 돌아와 보고했다.

「대단히 어지러워졌습니다.」

「어느 정도에까지 이르렀더냐?」

「어진 사람들이 밖으로 달아나 버렸습니다.」

「아직 멀었다.」

나갔던 첩자가 다시 돌아와서 보고했다.

「몹시 어지러워져 있습니다.」

「어느 정도까지 갔더냐?」

「백성들이 불평을 입 밖에 내지 못하고 있습니다.」

그러자 무왕은

「됐다.」

하고, 급히 태공(太公)에 이르자, 태공은 이렇게 말했다.

「악한 자들이 착한 사람을 누르는 것을 폭륙(暴戮)이라 부릅니다. 어진
사람이 달아나는 것을 붕괴(崩壞)라고 부릅니다. 백성들이 불평을 말하지
못하는 것은 형벌로써 누르고 있는 것입니다. 혼란은 극도에 이르렀습니다.
갈 데로 다 간 겁니다.」

그래서 전차 삼백 대와, 용사 삼천 명을 고르고 뽑아 갑자(甲子)날 아침을 기해 출진하여, 주(紂)를 사로잡았다.

말 없는 대답   —— 愼大覽·貴因

무왕이 은나라를 쳐서 이긴 다음, 장로(長老)로 평판이 높은 사람을 찾아가 은나라가 망하게 된 이유를 물었다. 그러자 그 장로는
「만일 그것을 알고 싶으시다면, 내일 정오에 뵙겠습니다.」
하고 대답했다. 그래서 이튿날, 무왕은 주공단(周公旦)과 함께 약속한 시간보다 일찍 찾아갔으나 만날 수가 없었다. 무왕이 까닭을 몰라하자, 주공이 이렇게 말했다.
「저는 짐작이 가옵니다. 그는 훌륭한 인물이므로, 비록 이미 그의 임금과는 뜻이 맞지 않았지만, 그의 나쁜 점을 차마 말해 주기가 싫었던 것입니다. 그리고 약속을 지키지 않고, 말에 거짓이 있는 것이 바로 은나라가 망하게 된 이유라는 것을 행동으로 알려 드리는 것입니다.」

정세의 변화   —— 愼大覽·察今

초나라 군사(軍師)가 송나라를 기습하기 위해, 미리 사람을 보내 옹수(澭水)의 옅은 여울에 표시를 해두었다. 그런데 옹수의 물이 갑자기 불어난 것을 모르는 초나라 군사는, 표시해 둔 것만 보고 밤중에 물을 건너다가 그만 천여 명의 익사자를 내는 바람에, 군사들은 놀라 본진을 허물고 서둘러

물러갔다.

앞에 표시를 해두었을 때는 건널 수 있었지만, 물이 불어났는데도 앞서 한 표시만을 보고 건너려 했기 때문에 실패한 것이다.

오늘날의 임금들이 선왕(先王)의 법을 본따는 것도 이와 같은 점이 있다. 시대가 이제 선왕의 법과는 거리가 생겼는데도 『이것은 선왕의 법이다.』하고, 그것을 본따 정치를 하는 것은 딱한 일이다. 결국, 나라의 정치는 법이 없으면 어지러워지고, 법을 지켜 고칠 줄 모르면 막히게 된다. 어지럽고 막히게 되면 나라는 보존할 수 없다. 세상이 변하고 시대가 바뀌면 법도 변해야만 한다. 비유하면 양의(良醫)가 병이 변하는데 따라 약을 바꾸는 것과 마찬가지로 병세가 달라졌는데도 약을 바꾸지 않으면, 오래 살 사람도 일찍 죽게 될 것이다.

그러므로 일을 행하는 데에는 반드시 법에 따라 행동해야 하고, 법을 바꾸는 것은 그 시기에 따라 해야 한다. 이같이 하면 일의 실패는 없게 된다.

각주구검(刻舟求劍)　　　　　　　—— 愼大覽·察今

초나라 사람이 배를 타고 강을 건너가다가, 칼을 강물에 떨어뜨렸다. 급히 뱃전을 칼로 그어 표시를 해두고는

『내 칼은 여기에 떨어졌다.』

하고 배가 정지하자, 그 표시해 둔 곳에서 물로 뛰어들어 칼을 찾았다.

배는 이미 움직인 뒤였고, 떨어진 칼은 그 자리에 그대로 있는데, 이런 식으로 칼을 찾는다는 것은 바보스러운 짓이 아니겠는가?

옛날 법으로 나라를 다스리려 하는 것도 이것과 마찬가지다. 시대는 변하고 있는데 법은 변치 않았다. 그러므로 그 법으로 정치를 하려는 것은 무리한 짓이다.

보는 눈의 멀고 가까움   —— 先識覽·知接

　지혜 있는 사람은 멀리까지 보지만, 어리석은 사람은 가까운 것밖에 보지 못한다. 가까운 것밖에 보지 못하는 사람에게 깊고 먼 인과 관계를 설명해 보아야 알아들을 리가 없다. 알아듣지 못한다면 아무리 설명이 조리가 있은들 무슨 소용이 있겠는가.
　서융(西戎) 사람이, 베를 바래고 있는 것을 보고
「무엇으로 이런 긴 것을 만듭니까?」
하고 물으므로, 삼〔麻〕을 가리켜 보였다. 서융 사람은 화를 내며
「이런 텁수룩한 것에서 어떻게 저런 길다란 것이 만들어질 수 있겠소?」
하고 공박했다.

사람을 보는 눈   —— 先識覽·知接

　관중(管仲)이 병으로 누워 있자, 환공(桓公)이 문병을 와서 이렇게 물었다.
「경의 병이 위독한 것 같은데 과인에게 하고 싶은 말은 없소?」
「제나라 속담에 『머물러 사는 사람은 물건을 수레에 실어 두는 일이 없고, 객지로 떠나는 사람은 물건을 묻어 두지 않는다.』고 했습니다. 신은 지금 멀리 죽음의 길로 떠나는 몸인데 더 드릴 말씀이 무엇이 있겠습니까?」
「중보(仲父)[1]는 과인을 저버리지 말아 주오.」
「그러시면 부디 가까이 있는 역아(易牙), 수조(豎刁), 상지무(常之巫), 공자(公子) 개방(開方)을 멀리 해주십시오.」

「역아는 제 자식을 삶아 과인의 입을 즐겁게 해준 사람인데 그를 의심할 수는 없지 않겠소?」

「사람의 정이란, 제 자식을 사랑하지 않는 사람이 없습니다. 그 자식마저 죽일 수 있는 사람이라면, 임금 죽이는 것을 어려워할 리가 있겠습니까?」

「수조는 제 스스로 거세(去勢)까지 하며 과인의 옆에 있고 싶어한 사람인데, 그를 어떻게 의심할 수가 있겠소?」

「사람으로 자기 몸을 아끼지 않는 사람은 없습니다. 그 몸의 고통마저 참고 상처를 입혔다면, 임금을 상하게 하는 것을 어려워할 리가 없습니다.」

「상지무는 인간이 죽고 사는 것을 내다보고, 귀신 들린 병을 낫게 하는 재주를 가진 사람이오. 그런 사람을 의심할 수는 없지 않소?」

「죽고 사는 것은 명이며, 귀신에게 붙들리는 것은 붙들리는 사람의 실수에서 오는 것입니다. 임금께서 명에 따르지 않고 근본되는 도리를 지키지 않으시며 상지무에 의지하려 하신다면, 그는 그것을 요행으로 무슨 짓이고 하려 할 것입니다.」

「위(衛)나라 공자 개방은 나를 섬긴 지 이미 십오 년, 아비가 죽었을 때도 장사지내러 돌아가려 하지 않았소. 그런 그를 의심할 수는 없지 않소?」

「사람으로 태어나서 부모를 사랑하지 않는 사람이 있겠습니까? 아비의 죽음을 슬퍼하지 않는 사람이 임금의 죽음을 대단하게 알 리가 없습니다.」

「이제야 알겠소.」

관중이 죽은 다음, 환공은 이들을 모조리 쫓아내었으나, (역아가 없기 때문에) 맛있는 음식을 먹지 못하고, (수조가 없기 때문에) 후궁(後宮)이 문란해지고, (상지무가 없기 때문에) 귀신 들리는 병이 들고, (개방이 없기 때문에) 조정 일에 질서가 없었다. 삼 년쯤 지나서 환공은

「중보도 잘못을 범할 때가 있다. 중보가 모든 것을 다 안다고 누가 장담할 수 있겠는가.」

하고, 내쫓았던 그들을 모조리 불러들였다.

그 이듬해, 환공이 병에 걸리자 상지무는 궁중에서 나와

「임금께선 어느 달 어느 날 돌아가시게 될 것이다.」

하고 말을 퍼뜨리며, 역아, 수조와 공모하여 난을 일으키기로 하고, 궁궐

문을 닫고 담을 높이 쌓아 사람을 안으로 들어오지 못하게 하며, 임금의 명령이라고 속였다.

어느 부인이 담을 넘어 환공이 있는 곳으로 가자, 환공은 말했다.

「먹을 것을 좀 다오.」

「먹을 것을 구할 도리가 없습니다.」

「그럼 물이라도 좀 다오.」

「물도 없사옵니다.」

「어째서 그러냐?」

그래서 부인은 대답했다.

「상지무가 궁중에서 나와 『임금께선 이러이러한 날 돌아가시게 된다.』고 말을 퍼뜨리고, 역아, 수조와 공모하여 난을 일으킨 다음, 궁문을 닫고 담을 높이 쌓아 사람을 안으로 들이지 않기 때문에 얻을 길이 없사옵니다. 그리고 위나라 공자 개방은 천 호(戶)의 땅을 앗아 위나라에 항복을 했습니다.」

환공은 기가 막혀 한숨을 내쉬고 눈물을 흘리면서

「슬프다. 중보는 먼 앞일까지 내다보고 있었던 것이다. 만일 죽은 사람에게도 아는 힘이 있다면, 나는 중보를 만나 볼 면목이 없다.」

하고, 옷소매로 얼굴을 가리고, 수궁(壽宮)이란 궁전에서 숨을 거두었다. 석 달 동안이나 장사를 지내지 않고 두었기 때문에 구데기가 방 밖에까지 기어나왔다.

  註 1) **仲父**　管仲의 字.

여자들 싸움이 나라 싸움으로 ——先識覽·察微

초나라 국경에 비량(卑梁)이란 고을이 있었다. 그 고을 처녀가 오나라 경계 안에 있는 마을 처녀와 함께 국경 근처에서 뽕을 따며 서로 희롱하고

202

놀다가, 비량 처녀가 상처를 입게 되었다. 비량 사람들은 마을 처녀의
상처를 들고 나와 오나라 사람에게로 따지러 갔는데, 상대방의 대답이
거칠었다. 그래서 화가 난 비량 사람들은 그를 죽이고 돌아왔다. 그러자
이번에는 오나라 사람들이 비량 마을로 찾아와서, 상대방 집 사람들을
닥치는 대로 죽이고 말았다. 이 소식을 들은 비량 영주는
「오나라 놈들이 감히 우리 고을을 침범하다니.」
하고 화를 내며, 군사를 끌고 오나라 경계를 넘어 노인이고 아이고 모조리
죽이고 말았다. 이 소문을 들은 오왕 이매(夷昧) 역시 화가 나서 사람을
시켜 군사를 끌고 초나라 국경을 넘어가 초나라 사람들을 닥치는 대로
모조리 죽이고 돌아오게 했다. 이리하여 오나라와 초나라는 마침내 큰
전쟁을 벌이게 되었다.

차별의 원한　　　　　　　　　　　　　　—— 先識覧·察徵

　정(鄭)나라에서 공자(公子) 귀생(歸生)을 보내 송나라를 쳤을 때, 송나
라에선 화원(華元)으로 이를 맞아 싸우게 했다. 대극(大棘)이란 송나라
땅에서 싸움이 붙게 되었는데, 싸움이 시작되기 하루 전 화원은 양을 잡아
크게 잔치를 벌이고 군사들에게 고루 나눠 주게 했다. 이때 양침(羊斟)은
화원의 전차에서 말을 모는 마부(馬夫)였었는데, 화원은 깜박 잊고 그를
불러들이지 않았다. 이튿날 싸움이 무르익었을 때, 화가 난 양침은 화원을
보고
「어제는 장군이 마음대로 했지만, 오늘은 내가 마음대로 할 차례요.」
하고, 전차를 몰아 정나라 군중으로 뛰어들었다. 그로 인해 송나라는 싸
움에서 패하고, 화원은 적의 포로가 되었다.
　대개 뇌〔弩〕는 튕김대에 쌀알만 넣어 두어도 쏠 수가 없다. 전쟁은 큰
튕김대와 같은 것이다. 그런데 군사들에게 음식을 나눠 주면서 자기 수레

마부를 잊고 있었으니, 대장이 싸움에 지고 포로가 된 것도 당연하지 않은가.

의견을 듣는 법　　　　　── 先識覽·去宥

　동쪽 지방의 묵자(墨者) 학파의 사자(謝子)가 서쪽으로 찾아와서 진(秦)나라의 혜왕(惠王)에게 만나 뵙기를 청했다. 혜왕은 진나라의 같은 묵자 학파인 당고과(唐姑果)에게 그의 이야기를 물었다. 당고과는 혜왕이 사자를 자기보다 더 신임하게 될까 두려워서

「사지는 동쪽 나라 출신인데 사람이 몹시 엉큼한 편입니다. 틀림없이 말재주로써 태자의 환심을 사려 할 것입니다.」

하고 대답했다. 혜왕은 불쾌한 기색을 감추고는 사자를 대했다. 사자가 혜왕에게 그의 의견을 늘어놓았으나 혜왕이 귀를 기울여 들으려고 하지도 않았으므로 사자는 불만을 품고 그만 물러나 진나라를 뜨고 말았다.

　대개 남의 의견을 듣는다는 것은 좋은 것을 얻기 위해서다. 그의 의견이 좋으면 비록 태자의 환심을 사려 했더라도 별로 손해될 것은 없을 것이며, 의견이 좋지 못하면 태자를 가까이 하려 하지 않았더라도 이로울 것은 없다. 그런데 혜왕은 선악을 표준으로 하지 않고, 다만 태자의 환심을 사려고 한 것만을 못마땅하게 알고 있었다. 이것은 남의 의견을 듣는 혜왕의 방법이 틀린 때문이다.

작은 지혜   —— 審分覽·任數

한소희공(韓昭釐公)이 사당에서 제사에 쓸 돼지를 보았더니 너무 작은 것 같아, 소임(所任)에게 명해서 그것을 바꿔 놓도록 시켰다. 그런데 소임이 똑같은 돼지를 도로 갖다 놓았으므로 소희공이
「이건 아까 그 돼지가 아니냐?」
하고 묻자, 소임은 대답을 하지 못했다. 그래서 소희공은 그를 처벌하도록 명했다. 시종이 옆에 있다가
「임금께선 그것을 어떻게 아셨습니까?」
하고 묻자, 소희공은
「돼지 귀에 표시가 있었기 때문이다.」
하고 대답했다.

사람은 알기 어렵다   —— 審分覽·任數

공자가 진(陳)·채(蔡) 사이에서 고통을 겪을 때의 일이다. 명아주 국물조차 마실 수가 없었고, 이레 동안 쌀 한 톨 입에 넣지 못하고 있었다. 공자가 누워 있는 동안, 그가 사랑하는 제자 안회(顔回)가 쌀을 구해다가 밥을 지었다. 밥이 다 되어 그릇에 담을 때쯤에 공자가 우연히 멀리서 바라보노라니, 안회가 솥에서 밥을 집어먹고 있었다. 얼마 후 안회가 상을 차려 공자에게 가져와 권하자, 공자는
「방금 꿈속에 돌아가신 아버님을 보았다. 손을 대기 전에 제사를 올리고 싶구나.」
하고 떠보았다. 그러자 안회는

「안 됩니다. 아까 그릇이 솥 안에 떨어지기에 차마 버리기도 아깝고 해서 제가 먼저 그곳을 걷어 먹었습니다.」

하고 대답했다. 공자는 그의 말을 듣자, 한숨을 내쉬며 제자들에게 말했다.

「눈은 믿을 수 있는 것이지만 그 눈도 믿을 수가 없고, 마음은 의지할 수 있는 것이지만 그 마음마저 의지할 수가 없다. 너희들은 깊이 명심하여라. 사람을 안다는 것이 쉽지 않은 일임을.」

믿는 방법이 다르다   —— 審分覽·知度

조(趙)나라 양자(襄子) 때, 임등(任登)을 중모(中牟)의 수령에 임명하자, 임등은 양자에게 글을 보내어

「중모에 담서기(膽胥己)란 사람이 있습니다. 그를 불러 만나 보십시오.」

하고 사람을 추천해왔기 때문에, 양자는 그를 만나 본 다음 곧 중대부(中大夫)에 등용시키려 했다. 대신들이

「임금께선 말만 들으시고 아직 담서기의 인물됨을 확인하지는 않지 않았습니까? 중대부를 그렇게 쉽게 임용할 수는 없는 일이옵니다. 일찍이 그런 예는 없었습니다.」

하고 반대했다. 양자는

「내가 임등을 임용했을 때는 소문을 듣고 또 그 인물됨을 내 눈으로 확인했었다. 그 임등이 천거한 사람까지 일일이 확인을 한다면, 듣고 보는 것이 한이 없지 않겠는가?」

하고, 더이상 물어 보는 일도 없이 담서기를 중대부에 임명했다.

자기 위주 —— 審應覽·審應

위(衛)나라 사군(嗣君)이 세를 올려 양식을 저장해 두려 하자, 민심이
동요하기 시작했다. 사군이 박의(薄疑)에게
「양식을 저장해 두는 것은 백성들을 위해서 하는 일이 아닌가. 백성들이
제 집에 저장해 두나, 위에서 저장해 두나 마찬가지가 아닌가.」
하자, 박의는 이렇게 대답했다.
「그런 것이 아닙니다. 임금이 생각하실 때는 백성들에게 저장해 놓게
하고 마음대로 안 되는 것보다는 위에서 저장해 두는 것이 좋을 것이며,
백성들이 생각할 때에는, 위에다 맡겨 놓고 마음대로 못 하는 것보다는
자기 집에 두는 편이 좋을 것입니다.」

귀로만 듣는 것이 아니다 —— 審應覽·重言

제나라 환공이 관중과 함께 거(莒)를 칠 것을 상의한 일이 있었다. 아직
그런 계획을 발표도 하지 않았는데, 그런 소문이 먼저 나돌기 시작했다.
이상하게 생각한 환공은 관중에게 물었다.
「경과 거를 칠 것을 상의는 했지만, 그것을 아직 발표도 하지 않았는데
이미 온 나라가 다 알고 있으니 어찌된 일이오 ?」
「틀림없이 누군가 추측을 잘 하는 사람이 있어서 그럴 겁니다.」
「그러고 보니 일하는 인부 가운데 연장을 손에 쥔 채 나를 바라보는
사람이 있었는데, 어쩌면 그자일는지도 모르겠군.」
그래서 그 인부를 계속 일을 하도록 만들고, 다른 인부와 교대를 허락하지
않았다. 얼마 후 그 동곽아(東郭牙)란 사람을 보자, 관중은

「분명 이자가 퍼뜨린 것으로 생각된다.」
하고, 손님 접대하는 일을 시켜 그를 궁전 안으로 불러들인 다음, 동쪽
뜰과 서쪽 뜰에 각각 마주 보고 서서 물었다.
「거를 친다는 말을 퍼뜨린 것은 그대였는가?」
「그렇습니다.」
「나는 거를 치겠단 말을 하지도 않았는데 그대는 어째서 그런 말을
퍼뜨렸는가?」
「옛 말에『웃사람은 계획을 잘 하고 아랫사람은 추측을 잘 한다.』고
했습니다. 저는 제멋대로 추측했을 뿐입니다.」
「나는 거를 친다는 말을 한 적이 없는데, 그대는 어떻게 그것을 추측했단
말인가?」
「옛 말에『군자의 모습에 세 가지가 있는데, 명랑한 얼굴로 기뻐 즐기는
것은 음악을 들을 때의 모습, 슬픈 얼굴로 조용히 하고 있는 것은 상중(喪中)
의 모습』이라 했습니다. 지난번 소인이 멀리서 내(臺)로 오르내리는 상공의
모습을 바라보았을 때 성난 얼굴로 힘이 넘쳐흐르며 손발이 떨리고 있는
것이 싸울 때의 모습이었습니다. 말을 하는 입 모양은 열린 채 닫혀지지
않았으니 그 모양이 거를 말한 것이었고, 상공께서 팔을 들어 가리키신
방향 역시 거가 있는 쪽이었으며, 소인이 제후들 가운데 제나라에 굴복하지
않은 나라가 어딘가 하고 생각해 보았더니 역시 거뿐이었습니다. 그래서
소인은 거를 치려는 줄 알았습니다.」
　대체로 귀로 들리는 것은 소리뿐이지만, 그 소리로 듣지 않고 모양과
팔로 들은 것이다. 말하자면 동곽아는 귀로 듣지 않고 몸짓으로 들은 것
이다.

말이 없는 말　　　　　　　　　　　　　　　　　—— 審應覽·精論

승서(勝書)가 주공단(周公旦)에게

「조정은 좁고 사람은 많습니다. 작은 소리로 말하면 들리지 않고, 큰 소리로 말하면 남이 알게 됩니다. 작은 소리로 하오리까, 큰소리로 하오리까?」

「작은 소리로 하오.」

「문제가 하나 있습니다. 암시(暗示)로 말을 하면 분명치가 못하고, 말을 하지 않으면 처리를 할 수 없습니다. 암시로 말을 하오리까, 말을 하지 않기로 하오리까?」

「안 하는 것이 좋겠지.」

결국, 숭서는 말을 하지 않겠다는 뜻을 보여 주었고, 주공단은 그것을 받아들인 것이다.

태도로 안다   — 審應覽・精諭

제나라의 환공이 제후들을 불러 모임을 가졌을 때, 위(衛)나라만이 뒤늦게 모임에 참석했다. 환공은 관중과 위나라를 치기로 결정한 다음, 조회를 끝내고 내전으로 들어갔다. 그때 위나라 공녀(公女)로 환공의 부인이 된 위희(衛姬)가 멀리서 바라보더니 뜰 밑에 와 두 번 절을 하며,

「위나라 임금의 죄를 용서해 주십시오.」

하고 애원을 했다. 환공이

「나는 위나라와 아무런 충돌도 없었는데, 어째서 그런 청을 하는가?」

하고 묻자, 위희는 이렇게 대답했다.

「제가 임금님이 들어오시는 모양을 멀리서 바라보았더니, 발이 평상시보다 높이 올라가고 힘차 보였으므로 이웃 나라를 치실 생각이 계신 줄 알았습니다. 그리고는 첩을 보는 순간 얼굴빛이 변하셨으니 이는 위나라를 치려는 생각 때문이 아니겠습니까?」

이튿날, 환공은 조회에 나가 관중에게 고개를 숙여 눈짓을 하며 그를

가까이 오도록 했다. 그러자 관중은

「임금께선 위나라를 용서해 주시려는 생각이시군요.」

하고 말했다.

「경은 어떻게 내가 그런 생각을 하고 있는 줄 아오?」

「임금님께서는 전에 없이 정답게 저를 대하시고, 말씀 또한 부드러우시며, 저를 보자 어색한 표정을 지으셨습니다. 그래서 안 것입니다.」

그래서 환공은 말했다.

「참으로 기쁜 일이오. 경이 바깥 일을 맡아하고, 위희가 안의 일을 맡고 있는 한, 과인은 결코 제후들의 웃음거리가 되지는 않을 거요.」

환공은 자기가 숨기고 있는 것을 입 밖에 내지는 않았다. 그런데 관중은 환공의 태도와 말하는 모습으로, 부인은 환공의 걸음걸이와 기색을 보고 그것을 알았다. 환공은 입 밖에 내어 말을 하지 않았지만 두 사람은 어두운 밤에 등불을 비춘 듯이 똑똑히 알았던 것이다.

피차(彼此)가 일반(一般)   —— 審應覽·淫辭

진(秦)나라와 조나라는 공웅(空雄)이란 곳에서 회담을 열어,

「앞으로 진나라가 하는 일은 조나라가 도와 주고, 조나라가 하는 일은 진나라가 도와 주기로 한다.」

하고 약속을 했다. 그리고 얼마 안 있어 진나라가 군대를 보내 위(魏)나라를 치려 하자 조나라는 위나라를 도우려 했다. 진나라 왕은 사람을 보내

「진나라가 하는 일은 조나라도 함께 돕고, 조나라가 하는 일은 진나라도 함께 도와 주기로 약속하지 않았던가. 지금 진나라가 위나라를 치려 하고 있는데 조나라는 상대방을 도우려 하고 있으니 이는 약속 위반이 아닌가?」

하고 조나라를 꾸짖게 했다. 조나라 왕은 평원군(平原君)에게 상의를 하고, 평원군은 공손룡(公孫龍)에게 상의를 했다. 그러자 공손룡은 이렇게 말

210

했다.

「이쪽에서도 사신을 보내 진나라 왕을 이렇게 꾸짖으시오. 『조나라가
위나라를 도우려 하고 있는데 진나라는 어째서 조나라에 협력하지 않는가.
이것은 약속 위반이 아닌가.』 하고 말이오.」

엉터리 이유   —— 審應覽·淫辭

송나라에 증자(澄子)라는 사람이 있었다. 검은 옷을 잃어버리고 거리로
나가 찾다가, 검은 옷 입은 부인을 보자 소매를 잡고 늘어지며 그 옷을
앗을 생각으로

「아까 나는 검은 옷을 잃어버렸다.」

하고 말했다. 부인이

「당신이 검은 옷을 잃어버렸는지는 알 수 없지만, 이것은 내가 직접
만들어 입은 옷이란 말예요.」

하고 쏘아붙이자, 증자는 이렇게 말했다.

「그러지 말고 어서 옷을 벗어 주는 것이 좋을 거요. 아까 내가 잃어버린
것은 안을 붙인 것이었는데 당신이 입고 있는 이 옷은 홑옷이 아니오?
홑옷과 겹옷을 맞바꾼다면 당신이 득을 보지 않소?」

제 무덤을 판다   —— 審應覽·淫辭

송(宋)나라의 강왕(康王)이 재상인 당앙(唐鞅)에게

「나는 많은 사람을 죽였는데도 신하들은 나를 여전히 무서워하지 않으니
어찌된 일이오？」
하고 묻자, 당앙은
「임금께서 죽이신 것은 모두 악한 사람이었습니다. 착하지 않은 사람을
죽이는데 착한 사람이 겁낼 리가 있습니까？ 착하고 착하지 않은 구별
없이 닥치는 대로 마구 벌을 주는 것이 좋습니다. 그러면 신하들이 임금을
무서워할 것입니다.」
하고 대답했다. 그로부터 얼마 안 있어 송왕은 당앙을 죽였다.

지나친 비유　　—— 審應覽·不屈

광장(匡章)이 위왕(魏王) 앞에서 혜자(惠子)를 보고 말했다.
「농부는 메뚜기를 잡으면 죽입니다. 메뚜기가 곡식을 해치기 때문입니다.
지금 당신은 외출할 때면, 많을 때는 수백 대의 수레와 수백 명의 사람을
거느리고, 적을 때에도 수십 대의 수레와 수십 명의 사람을 거느립니다.
이것은 모두 농사를 짓지 않고 먹는 사람뿐으로서, 그 해가 메뚜기보다
조금도 덜하지 않습니다.」
그러자 위왕은 혜자에게 물었다.
「혜자의 의견은？」
「저는 말로써는 광장의 상대가 되지 않습니다.」
「하지만 생각하고 있는 것을 듣고 싶은데.」
「여기 성을 쌓을 경우, 어느 사람은 큰 절구공이로 성벽을 위에서 다지고,
어느 사람은 삼태기를 메고 성벽 밑으로 가며, 어느 사람은 측량기를 들고
조준을 합니다. 우리는 이 측량기와 같은 것입니다. 여공(女工)이 실이 되면
실을 감을 수 없고, 목수가 나무가 되면 나무를 다듬을 수 없습니다. 마
찬가지로 성인(聖人)이 농부가 되면 농부를 다스릴 수 없습니다. 저는

농부를 다스리려는 사람입니다. 광장이 저를 어떻게 그 메뚜기에 비유할
수 있겠습니까?」

분수(分數)를 모른다   —— 審應覧·不屈

　위(魏)나라의 혜왕(惠王)이 혜자(惠子)를 보고
「옛날에는 일국의 왕이 된 사람은 모두 어진 분이었소. 그런데 과인은
도저히 선생에 미칠 수 없소. 그래서 과인은 이 나라를 선생에게 넘겨 줄까
하는데.」
하며 그의 의향을 떠보았으나 혜자는 이를 마다했다. 혜왕이 억지로 부탁을
하며
「과인은 이 나라를 지켜나갈 위인이 못 되오. 만일 어진 사람에게 넘겨
줄 수 있다면, 백성들도 서로 욕심을 부려 다투는 일이 없어질 것이므로
선생도 이 점을 깊이 생각하여 내 청을 들어 주오.」
하고 조르자, 혜자가 말하였다.
「임금님의 말씀대로라면, 저는 더욱 받을 수 없습니다. 임금께선 물론
일국의 왕이시니까 나라를 남에게 줌으로써 백성들이 욕심부려 다투는
마음을 없앨 수도 있을 줄 압니다. 그러나 저는 지금 아무 벼슬도 없는
몸이옵니다. 그런 제가 큰 나라를 얻게 되는데도 이를 거절하면, 백성들로
하여금 더욱 욕심부려 싸우는 마음을 없앨 수 있지 않겠습니까?」
　혜왕은 혜자에게 『옛날에 왕이 된 사람은 모두 어진 사람이었다.』고
말했다.　그런데 나라를 얻어서 어진 사람이 된 것은 순(舜)이다.　그러고
보면 혜왕은 혜자가 순이 되기를 바란 것이 된다. 나라를 주겠다는 것을
거절하여 어진 사람이 된 것은 허유(許由)다. 그러고 보면 혜자는 자신이
허유가 되기를 바란 것이 된다. 나라를 주어 어진 사람이 된 것은 요(堯)다.
그러고 보면 혜왕은 자신이 요가 되기를 바란 것이 된다. 요와 순과 허유가

한 일은 결코 요가 순에게 나라를 주고 허유가 그것을 거절한 것만이 아니고, 그 밖의 모든 행동이 그것에 알맞을 만큼 훌륭했었다. 그러나 지금 이 두 사람은 다른 뛰어난 행동도 없는 주제에 요와 순이 되기를 바라고 있었다.

결국 혜왕은 베로 만든 갓을 쓰고 견(甄)이란 곳에 구금되어 있으면서 근신하는 뜻을 보였으나, 제(齊)나라 위왕(威王)이 좀처럼 그를 용서하지 않는 변을 당했고, 혜자 역시 변복을 하고 수레에 올라 도망을 쳤으나 미처 위나라 국경을 벗어나지 못하는 신세가 되었던 것이다.

주제넘다

—— 審應覽·不屈

백규(白圭)가 처음으로 혜자(惠子)를 만났을 때, 혜자는 타이르듯 백규에게 말했다. 백규는 대답도 하지 않고 있다가 혜자가 돌아간 다음, 사람들에게 이렇게 말했다.

「어떤 사람이 새로 신부를 맞았다. 신부란 얌전하고 수줍어하며 조용히 걷는 것이 보통인데, 그 신부는 하인이 큰 횃불을 들고 오자 『횃불이 너무 크구나.』 하고, 문으로 들어와서 마당에 파놓은 흙구덩이를 보자, 『이걸 덮어 두어라, 누가 빠질까 두려우니.』 했다. 물론 옳은 말이긴 하다. 그러나 신부로서는 주제넘은 일이다. 그런데 혜자는 나와 처음 만났을 뿐인데, 나를 대하는 말투가 너무 주제넘었다.」

혜자는 이 이야기를 듣자 이렇게 반박했다.

「그건 모르는 소리다. 시(詩)에도 『개제(愷悌)한 군자는, 백성의 부모니라.』고 했다. 개(愷)는 크다는 뜻, 제(悌)는 길다는 뜻, 즉 덕이 크고 긴 군사는 백성들의 부모란 뜻이다. 부모가 자식을 가르치는 데 무슨 시기를 가리겠는가. 어째서 나를 신부에 비유한단 말인가. 시에도 『개제한 신부』라고 말한 데는 없다.」

덜돼먹은 사람과 도리에 벗어난 사람을 비난하는 것은, 그 자신이 덜 돼먹었거나 도리에 벗어난 사람이기 때문이다. 즉 비난하는 상대와 나쁜 점은 마찬가지인 것이다. 백규는 『혜자는 나와 처음 만났을 뿐인네, 내게 대한 말투가 너무 주제넘다.』고 말하고, 혜자도 그 말을 듣고 같이 반박하며, 자기 자신을 부모로 자처하고 있었다. 백규보다 더 심하다고 할 수 없어도 역시 지나친 말이라 할 수 있다.

언행(言行) 불일치   —— 審應覽·應言

공손룡(公孫龍)이 연(燕)나라 소왕(昭王)에게 전쟁을 하지 말라는 언병 (偃兵)의 이론을 말했다. 소왕이
「참으로 훌륭한 말씀이오. 과인도 선생과 같이 그럴 생각으로 있소.」
하고 말하자, 공손룡은
「대왕께선 그렇지 않은 줄로 알고 있습니다.」
하고 받았다.
「어째서요?」
「일찍이 대왕께선 제나라를 칠 생각으로, 천하의 선비들 가운데서 제나라를 깨뜨리려 하는 사람은 모조리 불러 쓰셨고, 제나라의 지리와 내부 관계를 알고 있는 사람도 다 불러 쓰셨으나, 그걸 알고 있으면서도 제나라를 깨뜨릴 생각이 없는 사람은 쓰지 않으셨습니다. 그리고 결국엔 제나라를 깨뜨려 공을 세웠습니다. 그런데 지금 대왕께선 『나도 언병을 찬성하고 있다.』고 말은 하고 계시지만 대왕의 조정에 있는 천하의 선비들은 모두가 전쟁에 능한 사람들뿐입니다. 그러므로 저는 대왕께서 언병을 실행하지 않을 것으로 압니다.」
소왕은 대답할 말이 생각나지 않았다.

반전론(反戰論)　　　　　　　　　　—— 審應覽·應言

　　사마희(司馬喜)가 중산왕(中山王) 앞에서, 묵가(墨家)에 속해 있는 스승의 반전론(反戰論)을 따지고 들었다.
　　「선생의 주장은 전쟁 반대론이십니까?」
　　「그렇습니다.」
　　「그럼 지금 왕께서 군사를 일으켜 연나라를 치겠다고 하시면, 선생은 왕을 비난하시겠다는 겁니까?」
　　「그렇다면 당신은 전쟁을 인정하는 겁니까?」
　　「그렇습니다.」
　　「그러면 조나라가 군사를 일으켜 중산을 쳐들어와도 당신은 그것을 인정하시겠다는 겁니까?」
　　사마희는 대답할 말이 없었다.

목숨이 첫째　　　　　　　　　　—— 審應覽·應言

　　진(秦)나라 왕이 의양(宜陽)에서 황제〔帝〕의 자리에 오르자, 허관(許綰)을 시켜 위(魏)나라 왕을 속여 조회에 들어오도록 만들었다. 위왕이 진나라로 들어가려 하자, 위경(魏敬)이 왕을 말리며 말했다.
　　「하내(河內)의 땅과 위나라 중 어느 쪽이 더 소중하다고 생각하십니까?」
　　「위나라가 소중하지.」
　　「위나라와 목숨과는 어느 쪽이 더 중요합니까?」
　　「그야 목숨이지.」
　　「그럼 만일 진나라가 하내의 땅을 요구해온다면, 왕께선 그것을 주시겠습니까?」

「줄 수 없지.」

「하내는 셋 중에서 가장 못한 것, 목숨은 가장 중요한 것입니다. 진나라가 가장 못한 것을 요구해도 들어 주지 않으시면서, 가장 소중한 것을 요구하는 데도 응하려 하시니, 얼른 이해가 안 가는 일입니다.」

「과연 그렇겠다.」

그래서 위왕은 진나라로 가는 것을 중지했다.

허물을 가리다

—— 審應覽·具備

공자의 제자 복자천(宓子賤)이 노나라의 단보(亶父) 고을을 맡아 다스리게 되었다. 그는 임금이 자기를 헐뜯는 사람들의 말을 듣고 공연한 간섭을 하게 되리라는 것을 알고, 임지로 떠날 때 임금 옆에서 일하고 있는 두 서기를 달라고 해서 함께 단보로 갔다. 단보의 관원들이 일제히 모여 인사를 올리면 복자천은 두 서기에게 기록을 하도록 시키고 나서 이따금씩 옆에서 그들의 팔을 잡아당겨 글자를 비뚤어지게 만들고는 글씨가 서투르다면서 화를 내곤 했다. 두 서기는 고민하던 끝에 마침내는 그만두고 돌아갈 뜻을 말했다. 그러자 자천은

「너희들의 글씨는 형편없다. 제발 어서 돌아가 다오.」

하는 것이었다.

두 사람이 돌아와 노나라 임금에게 사실을 보고하여

「복자 밑에서는 글씨도 제대로 쓸 수가 없습니다.」

하고 말하자, 임금은

「무엇 때문이냐?」

하고 물었다.

「복자는 저희들에게 글을 쓰라고 하고는 자꾸만 옆에서 팔을 잡아 당

집니다. 그리고는 글씨가 서투르다면서 몹시 화를 내곤 하기 때문에 사람들도 모두 복자의 하는 짓을 우습게 보고 있습니다. 그래서 저희들은 돌아오게 된 것입니다.」

그러자 임금은 한숨을 지으며

「복자는 너희들을 통해 내 부족함을 간한 것이다. 내가 그동안 복자가 하는 일에 간섭하여 그의 실력을 발휘할 수 없게 한 적이 가끔 있었을 것이다. 너희들 둘에 대한 일이 없었던들 나는 내 허물을 모르고 있었을 것이다.」

하고, 심복 시종을 단보로 보내 복자에게 이렇게 일렀다.

「앞으로 단보는 임금의 것이 아니고 경의 것인 줄로 생각하라. 단보를 위해 좋은 일이면 경의 재량껏 모든 것을 처리하고 오 년이 지난 뒤에 그 대강만을 보고하도록 하라.」

복자천은 삼가 임금의 명령을 받아들인 다음, 단보에서 자신의 솜씨를 마음껏 발휘할 수 있었다.

책임감

―― 離俗覽・離俗

제나라와 진(晋)나라가 싸우고 있을 때, 평아(平阿)라는 제나라 고을에 있는 여자(余子)는 삼지창〔戟〕을 빼앗기고 외가지창〔矛〕을 대신 손에 넣었다.

철수해오면서도 마음이 개운치 않아 지나가는 사람을 보고

「삼지창을 잃고 외가지창을 얻었는데 이대로 돌아가도 좋을는지?」

하고 물었더니 상대방은

「다 같은 무기가 아니오? 그것을 잃고 대신 딴 것을 얻었으니 돌아가서 나쁠거야 없지 않겠소?」

라고 대답했다. 부대에서 벗어난 뒤에도 여전히 기분이 개운치 못한데,

우연히 고당(高唐)에서 온 숙무손(叔無孫)을 만나게 되었다.

「방금 싸움에서 삼지창을 잃고 외가지창을 가지게 되었는데 이대로 돌아가도 좋겠습니까?」

하고 묻자, 숙무손이

「외가저창은 삼지창일 수 없고, 삼지창은 외가지창이 될 수 없다. 삼지창을 잃고 외가지창을 얻은 것으로는 책임을 면할 수가 없을 것이다.」

하고 대답하므로 평아의 여자는

「그렇다, 돌아가 싸우자. 지금이라도 빨리 가면 늦지는 않을 것이다.」

하고, 마침내는 싸우다 죽었다.

숙무손 역시

「군자는 남을 위험과 곤란 속으로 몰아 넣었으면, 자신도 반드시 그곳으로 향해야 한다고 했다.」

하고, 급히 그의 뒤를 쫓아가서 그 역시 싸우다 죽고 말았다.

충(忠)과 효(孝)   —— 離俗覽·高義

초(楚)나라 소왕(昭王) 때, 석저(石渚)라는 선비가 있었다. 사람됨이 공정하고 사사로운 정에 개의치 않았기 때문에 치안관으로 일을 보게 했다. 어느 날 길에서 사람을 죽인 사건이 생기자, 석저는 범인의 뒤를 밟았다. 뜻밖에도 범인이 자기 아버지였으므로, 그대로 말머리를 돌린 석저는 법정에 나타나

「살인범은 우리 아버지였습니다. 아버지를 내 손으로 잡는다는 것은 자식된 도리로 차마 할 수 없었지만, 범인에게 사정(私情)을 두어 국법을 어긴다는 것은 용서할 수 없는 일입니다. 법을 범한 이상 벌을 받는 것이 신하된 자의 도리입니다.」

하고, 스스로 목을 쳐서 죽기를 왕에게 청했다. 왕은

「뒤를 쫓았으나 범인을 잡지 못한 것뿐이니, 죄가 되지는 않는다. 계속 맡은 일에 충실하도록 하라.」

하고 분부를 내렸다. 그러나 석저는 그것을 사양하고

「아비에게 정을 두지 않는 것은 효자의 도리가 아니고, 임금을 섬기며 법을 굽히는 것은 충신의 도리가 아니다. 임금이 그것을 용서하시는 것은 자비로운 일이지만, 법을 저버리지 않는 것이 신하의 도리다.」

하고, 스스로 형틀에 올라 목을 쳐죽었다.

법을 굽히는 것을 바로잡기 위해 죽음을 각오하고, 또 아버지가 법을 범한 것을 차마 견디지 못해하며 왕이 내린 용서도 받지 않은 석저야말로 신하로서 충성을 다하고 자식으로서 효도를 다했다 할 수 있다.

믿음〔信〕은 나라의 보배　　—— 離俗覽 · 爲欲

진(晉)나라 문공(文公)이 원(原)을 공격했을 때, 장병들과 이레 동안에 원을 함락할 것을 맹세했었다. 그런데 이레가 지나도 원은 함락되지 않았다. 문공은 군대를 철수하라는 명령을 내렸다.

밀탐을 나갔던 첩자가 돌아와서

「원은 이미 항복하려 하고 있습니다.」

하고 보고하므로, 장교들은 며칠만 기다리자고 의견을 말했으나, 문공은

「신용은 나라의 보배다. 원을 얻고 보배를 잃는 일을 할 수는 없다.」

하고 마침내 군사를 철수시켰다. 그 이듬해 다시 원을 칠 때는 장병들과 기어코 원을 함락시킨 뒤에야 철수하겠다고 맹세를 했다. 이 소문을 듣자 원나라 사람은 싸우기도 전에 항복하고 말았다. 한편 위(衛)나라도 이 소문을 듣고는, 문공이 신의를 지키는 사람이라 하여, 진나라에 복종하게 되었다.

즉 『원을 쳐서 위를 얻었다.』는 것은 이 일을 두고 한 말이다. 문공이

원을 얻기를 바라지 않은 것은 아니지만 불신(不信)으로 원을 얻는 것보다는 얻지 않는 편이 낫다고 생각했기 때문이다. 반드시 성의와 신의로써 얻게 된다면 복종해오는 것은 비단 위나라만이 아닐 것이다.

국사(國士)의 의기   —— 恃君覽·長利

  융이(戎夷)라는 제나라 선비가 제나라를 버리고 노나라로 향해 떠났다. 추위가 몹시 심한 때였는데, 성문이 닫힌 뒤라, 제자 한 사람과 성 밖에서 노숙을 하게 되었다. 추위가 점점 심해오자, 제자에게

「네가 내게 옷을 빌려 주면 내가 살게 되고, 내가 네게 옷을 주면 네가 살 수 있다. 나는 국사로서 천하를 위해 할 일이 많으므로 차마 죽을 수가 없구나. 너는 평범한 사람이니 죽은들 무엇이 아깝겠느냐? 네 옷을 벗어 나를 주려무나.」

하자, 제자는

「저같이 평범한 인간이 어떻게 목숨을 아끼지 않고 국사에게 옷을 드릴 수 있겠습니까?」

하고 응하지 않았다. 융이는 깊이 한숨을 내쉬며

「아아, 그렇다면 국사로서 어찌 도의(道義)를 저버릴 수 있으랴.」

하고, 자기 옷을 벗어 제자에게 주었다. 한밤중에 그는 얼어죽고 제자는 끝내 버티며 살아 남게 되었다.

  융이가 세상을 바로잡을 만한 재능을 가졌던 사람이었는지는 알 수 없으나, 사람을 건지려는 의기만은 다시 없었던 것 같다. 죽고 사는 운명의 진리를 깨닫고, 사람을 사랑하는 마음이 컸기 때문에 죽음을 결심하고 도의를 실행했던 것이다.

어진 덕〔仁德〕을 지닌 재상　　　── 恃君覽·召類

　　사윤지(土尹池)가 초나라 사신으로 송나라에 갔을 때, 송나라 재상인 자한(子罕)이 자기 집으로 그를 초대했다. 자한의 집은 남쪽으로 이웃집 담이 보기 싫게 불쑥 솟아 있었고, 서쪽으로는 이웃집 하수구가 방 앞으로 지나가고 있었다. 사윤지가 그 까닭을 물었더니 자한의 대답은 이러했다.
　　「남쪽으로 이웃에 사는 사람은 말 가슴걸이〔靭〕를 만들어 파는 영감인데, 내가 그 집을 팔고 이사를 가라고 권했더니, 그 영감이 『저는 삼 대째로 말 가슴걸이를 만들어오고 있는데, 만일 이곳을 떠나게 되면 단골들이 내 집을 찾지 못해 저는 굶어죽게 될 겁니다.』라고 말했기 때문에 그대로 두고 있습니다. 그리고 서쪽의 이웃은 집터가 우리 집보다 높아서, 물이 자연 낮은 쪽을 서쳐 흐를 수밖에 없는지라 그대로 둔 것뿐입니다.」
　　사윤지가 초나라에 돌아왔을 때는, 마침 왕이 군사를 일으켜 송나라를 치려 하고 있었다. 사윤지는 왕에게 이렇게 간했다.
　　「송나라는 칠 수 없습니다. 송나라 임금은 착한 덕〔賢德〕을 지녔고, 재상은 어진 덕〔仁德〕을 지녔습니다. 착한 임금은 백성의 신뢰를 받게 되고, 어진 사람은 백성을 잘 부릴 수 있다 했습니다. 초나라가 송나라를 치게 되면 공을 세우지 못하고 천하의 웃음거리가 될 것입니다.」
　　그래서 초나라는 송나라 치는 것을 그만두고 대신 정(鄭)나라를 쳤다.

어진 선비〔賢士〕는 임금의 거울　　　── 恃君覽·達欝

　　열정자고(列精子高)는 제(齊)나라 민왕(湣王)의 신임을 받고 있었다. 수수한 예복 차림으로 새벽 일찍 빗속을 걸어 바깥 순시를 돌며, 시종을

222

보고

「내 꼴이 어떻게 보이느냐?」

하고 묻자, 시종은

「아름답고 훌륭하게 보입니다.」

하고 대답했다. 그래서 열정자고는 우물가로 걸어가서 자기 모습을 물에
비추어보았더니 그야말로 꼴불견이었다. 열정자고는 탄식하며 말했다.

「시종은 내가 제왕의 신임을 받고 있다는 이유로 그런 아첨의 말을 하는
것이다. 그러니 왕에게는 더욱 아첨이 심할 것이 아닌가. 그런데도 왕이
자기 모습을 비춰볼 거울을 가지고 있지 않다면 오래지 않아 망하게 될
것이다. 그러면 대관절 무엇으로 거울을 삼으면 좋을 것인가. 역시 어진
선비밖에 없을 것이다. 사람들은 누구나가 거울이 자기의 모양을 똑똑히
비춰 주는 것은 좋아하면서도, 어진 선비가 자기의 모습을 분명히 보여
주는 것은 싫어한다. 거울이 똑똑히 비춰 주는 성과는 작고, 어진 선비가
똑똑히 비춰 주는 성과는 크다. 그런데도 작은 것을 택하고 큰 것을 버리니
어느 것이 소중한가를 모른다고 할 수 있다.」

수치(羞恥)는 덮지 않는다   ——恃君覽·達鬱

조(趙)나라의 간자(簡子)가

「사궐(赦厥)은 나를 사랑하고 있지만, 윤탁(尹鐸)은 나를 사랑하지 않
는다. 궐이 나를 간할 때는 반드시 아무도 없는 곳에서 하는데, 탁이 나를
간할 때는 즐겨 사람들 앞에서 나를 몰아세우며 내게 모욕을 준다.」

고 하자, 윤탁은 이렇게 대답했다.

「궐은 임금의 부끄러움은 덮어 주되 임금의 허물은 덮어 주지 않지만,
신은 임금의 허물을 덮어 주되 부끄러움은 덮지 않습니다. 신은 일찍이
관상 보는 법을 배운 일이 있는데, 얼굴이 두껍고 흙빛인 사람(조간자를

가리킴)은 부끄러움을 보통으로 안다고 했습니다. 임금은 남이 보는 앞에서 공격을 하지 않으면 고칠 생각을 하지 않을 것입니다.」

이것은 간자가 현명한 것이다. 임금이 현명하면 신하는 마음놓고 말을 할 수 있다. 간자가 현명하지 않았던들, 윤탁은 도저히 조나라에 살 수 없었을 것이며, 더구나 간자의 옆에는 있을 수 없었을 것이다.

말 없는 부탁　　　　　　　　──侍君覽·視表

노나라 사신인 후성자(郈成子)가 진(晉)나라로 가는 도중, 위(衛)나라에 들르게 되었다. 우재(右宰) 곡신(穀臣)이 그를 붙들이 술을 권하며 빈겨했으나, 음악을 들으면서도 기쁜 얼굴이 아니더니, 술이 얼큰해오자 보석을 꺼내 후성자에게 선물로 주었다.

그런데 후성자는 진나라에서 볼일을 끝내고 돌아오는 길에 다시 위나라를 거치게 되었으나, 곡신의 집에는 들르지 않았다.

그러자 그의 마부(馬夫)가

「앞서 우재 곡신은 상공에게 술을 대접했고, 상공께서도 그분을 대단히 반가워했었는데, 이번에는 위나라를 지나가면서도 우재 곡신에게 들러서 고맙다는 인사마저 없으시니 어찌된 일입니까?」

하고 물었다.

그러자 후성자는 이렇게 대답했다.

「나를 붙들어 두고 술을 대접한 것은 나와 다정하게 지내고 싶어서였고, 음악을 울리게 해놓고도 기쁜 얼굴을 짓지 않은 것은 숨은 걱정이 있는 것을 내게 보여 주기 위해서였던 것이다. 그리고 술을 마시는 도중 내게 구슬을 준 것은 그것을 내게 맡겨 두려는 것이다. 이 모든 점으로 미루어 보아 위나라에 머지않아 난리가 일어날지도 모를 일이다.」

후성자가 위나라를 떠나 삼십 리쯤 갔을 때, 위나라 대부 영희(寧喜)가

반란을 일으켜, 그 통에 우재 곡신이 죽고 말았다는 소식이 들렸다.

후성자는 곧 수레를 돌려 조상을 가서, 세 번 울고는 총총히 길을 떠나왔다.

노나라에 돌아오자 사람을 보내 우재 곡신의 처자를 맞이하여 저택 한쪽 칸을 막아 그곳에 살게 하며 그들의 생활비를 대주었다.

그리고 곡신의 아들이 자라자 옛날에 받았던 구슬을 돌려 주었다.

인간의 심리   ── 開春論·開春

한씨(韓氏)가 한나라의 신성(新城)에 성을 쌓을 때, 반 달 동안에 일을 끝내게 했다. 단교(段喬)가 감독관이었는데, 어느 고을의 담당 구역이 예정보다 이틀 늦어졌으므로 단교는 그 책임자를 잡아 감옥에 가두었다.

감옥에 갇힌 사람의 아들이 경비 사령관인 봉인(封人) 자고(子高)에게로 달려가서

「장군만이 저의 아비를 살려 주실 수 있습니다. 아비를 살려 주시면 은혜는 잊지 않겠습니다.」

하고 애원을 했다. 자고는

「알았다.」

하고, 단교를 찾아가서 그와 함께 성 위로 올라가더니, 이곳저곳을 바라보며

「참으로 훌륭한 성입니다. 대감의 공로가 참으로 크군요. 틀림없이 큰 상을 받게 되실 겁니다. 오늘날까지 이런 큰 공을 세우면서, 한 사람도 벌받아 죽은 사람이 없다는 것은 아마 일찍이 없었던 일인 줄 압니다.」

하며 추어올렸다. 봉인 자고가 돌아가자, 단교는 사람을 보내 밤중에 감옥에 가두었던 사람을 풀어 주게 했다.

여구(黎丘)의 귀신　　　　　　　　── 愼行論·疑似

양(梁)나라 북쪽 여구(黎丘)라는 곳에, 괴상한 귀신이 있어서 사람들의 아들과 형제로 변하는 일이 자주 있었다. 마을 노인이 장에 갔다가 술에 취해 늦게 돌아오자 귀신이 노인의 아들로 변해 그를 부축하는 척하며 이리저리 길을 헤매게 만들었다. 노인은 집에 돌아와 술에서 깨어나자, 아들을 불러 놓고

「나는 애비로서 너에게 별로 심한 짓을 한 일도 없는데, 술 취한 애비를 그렇게도 애를 먹이다니 대관절 무슨 이유냐?」

하고 야단을 쳤다. 아들은 머리를 땅에 조아리고 울면서 변명했다.

「그럴 리가 있습니까? 저는 어젯밤 다른 볼일로 동쪽 마을에 가 있었습니다. 물어 보시면 아시게 될 것입니다.」

아버지도 아들의 말을 믿고 속으로 별렀다.

『그러고 보니 분명히 그놈의 귀신 장난이었구나. 나도 이야기는 듣고 있었다. 내일 다시 장에 가서 술을 마시고 오다가 이놈을 보기만 하면 당장 칼로 찔러 죽여 버릴 테다.』

이튿날 노인이 다시 술이 취해 돌아오는데, 아들은 아버지가 걱정이 되어 마중을 나갔다. 노인은 진짜 아들을 보는 순간 그것이 어젯밤 그 귀신인 줄 알고 칼로 찔러 죽이고 말았다.

선비를 가장한 사람에게 속은 것 때문에 참다운 선비를 놓치는 것은 이 여구 노인과 마찬가지 경우이다.

상 받는 거짓말　　　　　　　　── 貴直論·雍塞

제나라가 송나라를 쳤을 때, 송나라 왕은 사람을 시켜 제나라 침입군의

동정을 살펴오게 했다. 첩자가 돌아와서

「제나라 침입군은 가까이에 와 있습니다. 백성들은 온통 정신을 못 차리고 있습니다.」

하고 보고하자, 옆에 있던 간신들은 모두 왕에게

「그건 뜬소문에 불과합니다. 송나라는 강하고 제나라는 약한데 그럴 리가 있습니까?」

하고, 첩자의 보고를 거짓으로 돌렸으므로 왕은 성이 나서 그 첩자를 죄도 없이 죽이고 말았다. 그리고는 다시 사람을 보내 알아오게 했더니 역시 똑같은 보고를 했다. 왕은 그를 또 죄없이 죽였다. 이런 일이 세 번 있은 다음 네 번째로 사람을 보냈다. 제나라 군사는 더욱 가까이 와 있었고 성안 백성들은 떨고만 있었다. 첩자가 돌아오던 길에 그의 형을 만났는데 형이

「당장 적군이 쳐들어오게 생겼는데 어디를 갔다 오는 길이냐?」

고 물으므로 그는

「왕의 명령으로 적군을 살피러 갔었는데, 이렇게 적이 가까이 와 있는 줄은 몰랐습니다. 그런데 걱정되는 것은 지금까지 정탐을 나갔던 사람들이 적이 가까이 쳐들어오고 있다고 말했기 때문에 다 죽고 만 일입니다. 이번에도 사실대로 보고하면 죽게 될 것이며, 거짓말 보고를 하더라도 역시 적군의 손에 죽게 될 것입니다. 대관절 어떻게 해야 좋겠습니까?」

하고 걱정을 하자, 형은

「사실대로 보고하면, 제나라 군사가 들어오기 전에 죽게 될 것이 아니냐.」

하고 말했다. 그래서 이 첩자는 왕에게

「제나라 침입군은 어디에 있는지 전혀 알 길이 없었습니다. 성안 사람들도 모두 조용히 있습니다.」

하고 보고했다. 왕은 기뻐했고, 옆에 있는 사람들도

「지금까지 죽은 놈들은 모두 거짓 보고를 했으니 그럴 수밖에 더 있겠습니까?」

하고 좋아했다. 왕은 이 첩자에게 많은 상금을 주어 보냈다. 침입군이 밀어닥치자, 왕은 맨 먼저 도망을 쳤고, 이 첩자 역시 받아 둔 상금 덕에 무사히 이웃 나라로 피난을 가서 부자가 되었다.

바보가 따로 없다　　──貴直論・壅塞

　　제(齊)나라 선왕(宣王)은 활을 좋아해서 사람들이 자기를 억센 활을 쏘는 분이라고 추켜 주면 기뻐했다. 그가 보통 쏘고 있는 것은 고작 석 섬 무게의 활이었는데, 그것을 근신들에게 보이면, 근신들은 모두 시험삼아 당겨 보다가 반쯤 정도에서 그치고 나서
　　「이건 아홉 섬은 충분히 되겠습니다. 대왕이시니 이런 활을 쏘실 수 있습니다.」
하고 말했다.
　　선왕은 사실 고작 석 섬 무게의 활을 쏘고 있었는데, 자신은 죽을 때까지 아홉 섬 활을 쏘는 줄로 알고 있었다. 얼마나 딱한 노릇인가.

논공(論功)의 비결　　──不苟論・不苟

　　진(晉)나라 문공(文公)이 위(衛)나라 업(鄴)을 치려 했을 때, 조최(趙衰)가 계책을 말하고, 문공은 그 계책을 써서 승리를 거두었다. 문공이 돌아와 논공 행상을 하려 하자 조최가 말했다.
　　「임금께선 상을 주시는 데 있어 근본을 위주로 하십니까, 말단을 위주로 하십니까? 말단을 위주로 하신다면 실전에 참가한 장병들이 있고, 근본을 위주로 하신다면 제가 드린 계책은 사실 극자호(郤子虎)에게서 들은 것입니다.」
　　그래서 문공은 극자호를 불러내어
　　「조최가 업을 쳐서 이기게 하는 꾀를 말해 주었으므로 그에게 상을 내리려 했더니, 그가 말하기를 실은 극자호로부터 들은 것이라고 하지

않겠는가.」

하고 말을 건넸다. 극자호는

「말하기는 쉽고, 그것을 실행하기는 어려운 것입니다. 소신은 다만 말을 했을 뿐입니다.」

하고 대답했다.

그러나 문공은

「사양할 일이 아니야.」

하고 그에게 상을 주었다. 그도 더는 사양하지 않고 상을 받았다.

종(鐘) 도둑   —— 不苟論・自知

진(晉)나라 범씨(范氏)가 망했을 때 그의 종을 훔친 사람이 있었다. 등에 지고 가려 했으나 너무 커서 질 수가 없었다. 망치로 부숴서 가지고 갈 생각으로 종을 두들기자, 꽝 하고 소리가 울렸다. 소리를 듣고 누가 와서 빼앗아갈까 겁이 난 그는 얼른 손으로 자기 귀를 막았다.

남이 듣는 것을 싫어하는 것은 좋지만 자신이 듣는 것마저 싫어한다는 것은 이치에 맞지 않는다. 임금된 사람이 자기의 잘못을 듣기를 싫어하는 것도 이것과 같은 것이 아닐는지.

직언(直言)하는 신하   —— 不苟論・自知

위(魏) 문후(文侯)가 대신들과 술을 나누는 자리에서, 신하에게 자신에 대한 평을 하도록 시켰다. 대부분이 문후의 지혜로움을 칭찬하고 있었는데 임좌(任座)의 차례가 되자, 그는 이렇게 바른 말을 했다.

「임금께선 아직도 부족한 데가 있습니다. 중산(中山)을 얻었을 때, 동생을 태수로 보내지 않고 태자를 보내셨습니다. 이것으로 임금의 부족하심을 알게 되었습니다.」

문후는 불쾌한 생각을 감추지 못하고 그것을 얼굴에 완연히 나타내 보였으므로, 임좌는 급히 자리에서 일어나 나가 버렸다. 다음은 적황(翟黃)의 차례였는데, 적황은

「임금께선 어진 임금이십니다. 『임금이 어질면 그 신하는 곧은 말을 할 수 있다.』고 했습니다. 방금 임좌가 한 말은 곧은 말이었습니다. 그래서 임금의 어지심을 알 수 있었습니다.」

하고 말했다. 그러자 문후도 기뻐하며

「임좌를 도로 불러오도록 할까?」

하고 물었다. 적황은

「불러오셔야지요. 『충신은 그 충성을 다하고 죽음을 피하지 않는다.』고 했습니다. 임좌는 아마 아직도 문간에서 기다리고 있을 것입니다.」

하고 밖으로 나갔다. 임좌는 과연 문간에 서 있었다. 임금의 명령이라 하여 그를 데리고 들어오자, 문후는 계단 밑까지 나와 맞으며 그를 윗자리로 오게 했다.

죽은 사람을 살리는 약　　　　　　　　—— 似順論・別類

노나라에 공손작(公孫綽)이란 사람이 있었는데, 그가 사람들에게

「나는 죽은 사람을 살릴 수 있다.」

고 하는지라, 사람들이 그 까닭을 물었더니 그의 대답이

「나는 반신불수가 된 사람을 고친 일이 있다. 그러므로 그 반신불수를

230

낮게 한 약을 배로 쓰면 죽은 사람이 살아날 것이 아닌가.」
하는 것이었다.
　일에는 작은 것은 바로잡아도 큰 것은 바로잡지 못하고, 반은 바로잡아도
전부는 바로잡지 못하는 것이 있는 법이다.

오늘이 뭐가 추운가　　　　　　　　── 似順論・分職

　위(衛)나라 영공(靈公)이 추운 겨울날에 못을 파도록 시켰다.
　완춘(宛春)이 이를 말리며
　「추운 날에 일을 시작하면 백성들이 동상을 입을까 염려됩니다.」
하고 말하자, 영공이
　「오늘이 뭐가 추우냐?」
하고 반문했다. 그래서 완춘이
　「임금께선 여우 털가죽을 두르시고, 곰의 털가죽 위에 앉아 계시며, 방의
네 귀에는 난로가 놓여 있으므로 추울 리가 없습니다. 그러나 백성들은
떨어진 옷을 깁지도 못한 채 입고 있고, 떨어진 신을 바닥도 대지 못한
채 신고 있습니다. 임금님께선 춥지 않으셔도 백성들은 추워합니다.」
하고 설명하자, 영공도
　「그렇겠구나.」
하고 일을 중지시켰다.
　그러자 옆에 있는 근시들이
　「임금께선 못을 파라고 시키시면서 춥다는 것을 모르고 계셨는데 완춘은
이를 알았습니다. 완춘의 말에 의해 일을 중지시키면 모두 완춘을 고마
워하고 임금을 미워하게 됩니다.」
하고 말했다.
　그러나 영공은

「그럴 리는 없다. 완춘은 노나라의 한 평민이었는데, 내가 등용했다. 백성들은 여지껏 그의 좋은 점을 모르고 있었으므로 이번 기회에 그것을 알도록 해주는 거다. 그리고 완춘에게 좋은 점이 있으면 그것은 곧 내게 있는 것과 마찬가지가 아니겠느냐.」
하고 완춘을 두둔했다.

孔 子 篇

■孔 子

　論語──四百九十章으로　이루어졌다.《漢書藝文
志》에　의하면　孔子가　그의　제자들　및　당대의　인물,
혹은　제자들끼리의　대화에　응답한　言行錄으로서,
孔子　사후에　그　門人들이　서로　논의하여　편집했
으므로《論語》라고　불리어졌다　한다.　편집　연대는
대략　周末(B.C. 247년경)이나　秦代로　여겨진다.

　家語──孔子家語의　약어.　十卷으로　이루어졌다.
편자　미상,　내용은《左傳》《孟子》《禮記》《呂氏春秋》
《説苑》《韓非子》에서　孔子에　관한　부분을　채록한
것이다.

남에게 주는 법　　　　　　　　　　　——論語·雍也

공자가 그의 제자 자화(子華)를 사적인 일로 제(齊)나라에 보내게 되었다. 같은 제자인 염자(冉子)가 자화의 어머니에게 식량을 주자고 하자 공자는 한 부(釜)[1]를 주라고 했다.

「너무 적은가 합니다.」

「그럼, 한 유(庾)[2]를 주어라.」

그러나 염자는 그래도 적은 것만 같아 쌀 다섯 병(秉)[3]을 주었다. 그러자 공자는 염자를 이렇게 꾸짖었다.

「자화는 제나라로 갈 때 살찐 말을 타고 좋은 가죽옷을 입었다. 나는 군자는 급한 사람을 보살피고 잘 사는 사람에겐 보태 주지 않는다고 들었다.」

한편 공자는 노나라에 있을 때 공자의 일을 보게 된 제자 원사(原思)에게는 쌀 구백 석을 주었다. 원사가 이를 사양하고 받지 않자, 공자는 이렇게 말했다.

「사양할 것 없다. 남는 것은 너의 이웃과 고을 사람들에게 주어라.」

　　　　註 1) 釜　옛 말로 네 되를 말함.
　　　　　　2) 庾　열여섯 말을 가리킴.
　　　　　　3) 秉　백육십 말.

자공(子貢)의 간접 질문　　　　　　　——論語·述而

위(衛)나라에서 아버지와 아들 사이에 싸움이 벌어지고 있었다.

　위나라 영공(靈公)의 태자 괴외(蒯聵)는 아버지 영공의 미움을 받아 국외로 추방당했으므로, 영공이 죽게 되자 괴외의 아들 첩(輒)이 영공의 뒤를 이어 임금이 되었다. 그런데 진(晉)나라로 망명해갔던 괴외는 자기 아버지가 죽고 아들이 임금에 오른 것을 알자, 진나라의 후원을 얻어 임금 자리를 차지하기 위해 위나라로 쳐들어왔다.

　위나라에서도 이에 대항하여 싸우게 되었는데, 이때 공자는 제자들과 함께 위나라에 있었다.

　공자의 태도가 궁금했던 제자들 중 염유(冉有)가 자공에게 물었다.

「선생님은 지금 위나라 임금을 위하시게 될까요?」

　그러자 자공은

「글쎄, 내가 가서 물어 보지.」

하고 공자에게 갔다. 그러나 엉뚱하게도 딴 질문을 했다.

「백이(伯夷) 숙제(叔齊)는 어떤 사람입니까?」

「옛날에 어진 사람이었다.」

「그들은 서로 원망했었습니까?」

「어진 일을 찾아 어진 일을 했을 뿐인데 무엇을 원망했겠는가?」

　자공은 나와서 이렇게 말했다.

「우리 선생님은 누구도 위하지 않으신다.」

　백이와 숙제는 형제끼리면서도 나라를 사양해서 초야에 숨었는데, 괴외와 첩은 부자끼리 나라를 놓고 다투고 있으니 말할 것도 없다는 뜻이다.

마음이 중요하다　　　　　　　　　　　—— 論語·述而

　불량배들만이 모여 사는 호향(互鄕)이란 마을이 있었다. 세상 사람들은 호향 사람이라면 상대를 하지 않았다.

　그런데 하루는 그 호향의 아이 하나가 공자를 만나고 싶다고 찾아왔다.

공자는 조금도 싫어하는 기색없이 그 아이를 들어오게 했다.

　제자들은 공자의 처사에 의혹을 품고 못마땅해하는 눈치였다.

　공자는 제자들을 보고 이렇게 타일렀다.

　「사람이 자기 마음을 깨끗이 하고 찾아오면, 그 깨끗함을 받아들이면 되지 그의 과거의 일까지 따질 거야 없지 않느냐. 또한 그가 나아졌을 때만을 관여할 뿐, 그가 물러가서 하는 일까지 생각할 거야 없지 않느냐. 그러니 유독 심하게 굴 이유도 없지 않겠느냐.」

자로(子路)와 염유(冉有)　　　　—— 論語·先進

　자로가 공자에게 물었다.

　「들으면 곧 행(行)하여야 합니까?」

　「부형(父兄)이 계신데 어떻게 듣는 대로 행할 수 있겠느냐?」

　염유가 또 공자에게 물었다.

　「들으면 곧 행해야 합니까?」

　「들으면 곧 행해야 한다.」

　똑같은 질문에 공자의 대답이 다른 것을 본 공서화(公西華)가 물었다.

　「자로가 『들으면 곧 행해야 합니까?』 하고 물었을 때는 선생님께서 『부형이 있다.』고 하시고, 염유가 물었을 때는 곧 행하라고 하시니 그 까닭을 듣고 싶습니다.」

　「염유는 후회를 잘 하기 때문에 전진하게 하기 위한 것이고, 자로는 남보다 배나 용감하게 전진하기 때문에 누른 것이다.」

은자(隱者)의 노래　　　　　　　　　　　　——論語·微子

초(楚)나라의 미치광이 접여(接輿)[1]가 노래를 부르며 공자가 탄 수레
앞을 지나갔다.

봉(鳳)[2]이여 봉이여,
어찌 덕이 쇠했는가.
지나간 일은 탓할 것이 없지만
오는 일은 오히려 말릴 수 있다.
그만둘지어다. 그만둘지어다.
오늘의 정치인은 위태로울 뿐.

공자는 수레에서 내려 그와 같이 이야기를 나누려 했다. 그러나 그가
피해 달아나는 바람에 함께 이야기할 수가 없었다.

　　圉 1) **接輿**　수레에 다가왔다는 뜻으로 그 뜻을 이름으로 사용한다. 고대의
　　　　隱士.
　　　2) **鳳**　鳳은 태평성세에 나타날 뿐, 난세에는 몸을 피한다. 孔子에게
　　　　은둔하라는 뜻.

구세충정(救世衷情)　　　　　　　　　　　——論語·微子

장저(長沮)와 걸닉(桀溺)이란 두 은사가 함께 밭을 갈고 있었다.
공자가 그 앞을 지나다가 짐짓 자로(子路)를 시켜 나루가 어디냐고 물어
보게 했다.

　장저는 나루터를 일러 주지 않은 채

「저기 말고삐를 잡고 앉은 사람은 누군가?」

하고 물었다.

「공구(孔丘)[1] 올시다.」

「그가 노나라의 공구인가?」

「그렇습니다.」

「그 사람은 나루를 알 거야.」

　자로는 걸닉에게 다시 물었다.

　걸닉 역시 대답은 않고

「자네는 누군가?」

하고 물었다.

「중유(仲由)[2] 라고 합니다.」

「그럼, 노나라 공구의 제자인가?」

「그렇습니다.」

「온 천하가 지금 홍수에 휩쓸려 내려가고 있는데 누가 이것을 막을 수
있겠는가? 그리고 좋지 못한 사람을 피해 이리저리로 돌아다니는 공구와
같은 사람을 따라다니느니, 못된 세상을 피해 숨어 사는 사람을 따르는
것이 좋지 않겠는가?」

하고, 뿌린 씨앗을 긁어 덮고 있었다.

　자로는 돌아가 공자에게 그들이 한 말을 전했다.

　공자는 허전해 못 견디는 무연(憮然)한 태도로 말했다.

「새와 짐승을 벗삼아 살 수는 없지 않은가. 이 세상 사람과 함께 살지
않고 내가 누구와 함께 살 것인가. 천하에 도(道)가 있다면, 내가 굳이
나와 이러고 다닐 것조차 없지 않겠는가.」

　註 1) 孔丘　孔子.
　　　2) 仲由　子路.

교우법(交友法)

—— 論語·子張

자하(子夏)의 제자 한 사람이 자장(子張)에게 친구 사귀는 방법을 물었다.
자장은
「자하는 뭐라고 하던가?」
하고 반문했다.
「자하는 사귀어도 좋을 사람은 사귀고, 사귀어서 좋지 못할 사람은 아예
거절하라고 말씀하셨습니다.」
「그건 내가 들은 바와는 다르다. 군자는 어진 사람을 존경하고 뭇사람을
포용하며, 착한 사람을 가상히 여기고 무능한 사람을 불쌍히 여기는 법이다.
내가 아주 어질다면 남을 용납하지 못할 것이 뭐 있으며, 내가 어질지
못하다면 남이 나를 거절할 텐데 어떻게 남을 거절한단 말인가?」

범인(凡人)이 보는 성인(聖人)

—— 論語·子張

노(魯)나라의 대부(大夫) 숙손무숙(叔孫武叔)이 조회(朝會) 마당에서
다른 대부들과 이야기를 하며
「자공이 공자보다 더 뛰어나다.」
고 평했다.
자복경백(子服景伯)이 이 이야기를 자공(子貢)에게 했다. 그러자 자공은
이렇게 말했다.
「집과 담을 놓고 비교한다면, 나의 담은 사람의 어깨까지 닿기 때문에
지나가는 사람은 누구나가 집안의 좋은 것들을 다 들여다볼 수 있다. 그러나
공자의 담은 몇 길이나 되기 때문에 대문을 거쳐 들어간 사람이 아니면,

그 안에 있는 종묘(宗廟)의 아름다움과 백관(百官)의 풍성한 모습을 볼 수 없다. 그 대문으로 들어가 본 사람은 적을 수도 있으니 숙손 대감이 하신 말씀 또한 당연하지 않은가?」

죄는 백성에게 있지 않다　—— 家語·始誅

공자가 노(魯)나라 대사구(大司寇)로 있을 때 어버이가 자식을 고소한 사건이 있었다.

공자는 아버지의 고소에 따라 그 아들을 옥에 가둔 채 석 달이 지나도록 사실 심문을 하지 않았다. 그러자 고소를 했던 아버지가 아들의 죄를 용서해 줄 것을 청해왔다.

공자는 아들을 옥에서 풀어 주었다.

당시 실권자인 계손(季孫)이 이 소식을 듣고 못마땅한 듯이 말했다.

「공자가 나를 속이는구나. 앞서 나에게 말하기는 『나라는 반드시 효도로부터 시작한다.』고 했다. 그러니 내가 지금 불효한 한 자식을 죽임으로써 백성들에게 효도를 가르치게 된다면 또한 좋은 일이 아니겠는가. 그런데 어째서 용서한단 말이냐?」

계손의 심복이요 공자의 제자인 염유가 공자에게 이 말을 전했다.

공자는 유연히 탄식을 하고 말했다.

「웃사람이 웃사람의 도리를 잃고 그 아랫사람만을 죽이는 것은 이치에 맞지 않는 일이다. 효도를 가르친 일 없이 죄를 다스린다는 것은 곧 죄 없는 사람을 죽이는 것이다. 삼군(三軍)이 싸워 크게 패했을 때 그들을 다 죽일 수는 없는 일이다. 법이 제대로 행해지지 않는데 죄인을 전부 법에 의해 다스릴 수는 없는 일이다. 그것은 무엇 때문인가. 위에서 제대로 가르치지 못했기 때문이지 백성에게 죄가 있는 것은 아니기 때문이다. 대개 명령을 철저히 전달하지 않고 위반한 사람만을 애써 처벌하는 것을 적(賊)

242

이라 하고, 계절도 가리지 않고 세금을 마구 거둬들이는 것을 폭(暴)이라
하며, 그 사람의 능력도 시험해 보지 않고 좋은 결과만을 책임 지우는 것을
학(虐)이라고 한다. 정치에 이 세 가지가 없어진 다음에야 죄를 다스릴
수 있는 것이다.」

버리려던 생선 —— 家語·觀思

공자가 초(楚)나라로 가는데, 고기잡이가 생선을 공자에게 바쳤다. 공
자는 사양하고 받지 않았다. 그러자 고기잡이는 이렇게 말했다.
「날씨는 덥고 시장은 멀어서 팔 수가 없습니다. 그래서 밭에 거름이나
할까 하다가 군자에게 바치는 게 좋겠다고 생각하고 드리는 것입니다.」
그러자 공자는 두 번 절하고 이를 받은 다음, 제자들에게 땅을 깨끗이
쓸고 제사를 지내도록 했다.
제자들이 물었다.
「그가 버리려다 준 물건인데 선생님께서 제사를 지내시려는 것은 무슨
이유에서입니까?」
「나는 자기가 삶아 먹기를 아까워하면서도 남 주기를 좋아하는 사람은
어진 사람이라고 들었다. 어진 사람이 준 것을 어찌 제사지내지 않을 수
있겠느냐.」

월자(刖者)의 변(辯) —— 家語·觀思

계고(季羔)는 위(衛)나라의 옥관(獄官)으로 있으면서 죄인의 발을 자른

일이 있었다.

그리고 얼마 후 위나라에 괴외(蒯聵)의 난(亂)이 일어났다. 계고는 난을 피해 곽문(郭門)으로 달아났다. 그 곽문에는 바로 얼마 전 그가 발을 잘랐던 사람이 문지기가 되어 문을 지키고 있었다.

문은 열 수 없게 되어 있었다.

문지기가 계고에게 일러 주었다.

「저기 성(城)이 무너진 데가 있습니다.」

그러나 계고는

「군자가 담을 넘어 도망칠 수 있겠는가?」

하고 넘어가기를 꺼렸다.

「저기, 빠져나갈 수 있는 구멍이 있습니다.」

「군자가 어떻게 개구멍으로 빠져나갈 수 있겠는가?」

「그럼, 여기 방이 있으니 그리로 피하십시오.」

계고는 문지기가 일러 주는 방으로 들어갔다.

이윽고 추격해오던 사람들이 다 흩어진 다음 방에서 나와 돌아가게 된 계고는 문지기에게

「내가 임금의 법을 어길 수 없어 손수 그대의 발을 자르지 않았던가. 지금 내가 궁지에 빠져 있으니 지금이야말로 그대가 원수를 갚을 수 있는 때가 아닌가? 그런데 나에게 세 번이나 도망갈 길을 일러 준 것은 무엇 때문인가?」

문지기는 대답했다.

「발을 잘린 것은 내 죄가 거기에 해당하니 하는 수 없지 않습니까? 앞서 당신께서 저를 법으로 다스릴 때 다른 사람을 먼저 다스리고 저를 제일 나중에 다스린 것은 혹시나 제가 용서라도 받을까 해서가 아닙니까? 재판이 끝나고 죄가 결정되어 형을 선고할 때, 당신께서는 몹시 우울한 심정이었음을 저는 당신의 얼굴을 보고 알았습니다. 당신께서 어떻게 제게 사정(私情)을 쓸 수 있었겠습니까? 하늘이 낳으신 군자는 마땅히 그래야 할 것이 아닙니까? 그래서 저는 당신을 좋아했던 겁니다.」

공자는 이 이야기를 듣고 이렇게 평했다.

「훌륭한 일이다. 관리가 되어 법을 집행하는 것은 매한가지지만 어진

마음과 용서하는 마음을 가지면 덕(德)을 심게 되고, 엄격과 강포(强暴)를 더하면 원한을 심게 된다. 공정한 마음으로 법을 행한 것은 바로 계고라 하겠다.

자식은 부모를 봉양하고 싶지만
부모는 기다려 주지 않는다
〔子欲養 親不待〕　　　　　　　　　　　　　　— 家語·觀思

공자가 제(齊)나라로 가던 도중에 몹시 슬프게 우는 울음소리를 들었다. 공자는 마부에게 말하기를

「이 울음이 슬프기는 슬프나 초상당한 사람이 우는 울음은 아니다.」 하고 말을 몰아 앞으로 나갔다.

조금 가노라니, 어떤 이상한 사람이 낫을 들고 새끼로 띠를 매고 울고 있는데 그 소리가 슬프지는 않았다.

공자는 수레에서 내려 쫓아가 물었다.

「당신은 누구요?」

「나는 구오자(丘吾子)라는 사람이오.」

「당신은 지금 초상당한 것도 아닌데 어째서 슬피 우시오?」

구오자는 말했다.

「나는 세 가지를 잃고 나서 비로소 스스로 깨달았으니 이제 뉘우친들 무슨 소용이 있겠소?」

「세 가지 잃은 것이 무엇인지 숨김없이 내게 말해 줄 수 없겠소?」

「나는 젊었을 때 배우기를 좋아해서 천하를 두루 돌아다니다가 늦게 돌아와 부모를 잃었으니 이것이 첫째 잃음이요, 커서 제(齊)나라 임금을 섬겼으나 임금이 교만하고 사치해서 선비들을 다 잃게 되어 신하로서의 도리를 다하지 못했으니 이것이 두 번째 잃음이요, 나는 평생 남과 사귀기를

좋아했으나 지금은 다 내게서 떠나 버렸으니 이것이 세 번째 잃은 것이오. 나무는 가만히 있고 싶지만 바람이 그치지를 않고 자식은 부모를 봉양하고 싶지만 부모가 기다려 주질 않는 법이오. 오지 않는 것은 세월이요, 두 번 다시 볼 수 없는 것이 부모요. 그럼, 이만 가보겠소.」
하고 마침내 물로 뛰어들어 죽었다.

공자는 제자들을 돌아보며
「너희들 잘 기억해 두어라. 이것은 충분히 교훈이 됨직하다.」
하고 타일렀다.

그래서 제자들 중 공자에게 하직하고 돌아가 부모를 봉양하게 된 사람이 열세 명이나 되었다.

남이 싫어하는 건 피한다　　　　　—— 家語·觀思

공자가 밖에 나가려는데 비가 올 것만 같았다. 그런데 수레에는 덮개가 없었다.

제자들이
「자하(子夏)에게는 있습니다.」
하고 빌어오려 했다.

공자는 이를 말리며
「자하는 사람됨이 재물에 대해 대단히 인색한 편이다. 내가 들으니, 남과 사귈 때에는 그의 좋은 점은 북돋아 주고, 부족한 점은 피해 주어야 오래 사귈 수 있다고 한다.」

사람이 다르다 —— 家語·好生

노(魯)나라 사람으로 집에서 혼자 사는 사람이 있었는데, 그 이웃에도 역시 혼자 집을 갖고 사는 과부 한 사람이 있었다.

그런데 어느 날 밤, 폭풍우가 불어닥쳐 과부의 집이 쓰러지자, 과부는 이웃에 혼자 사는 사람의 집으로 달려가 하룻밤 재워 줄 것을 청했다.

남자는 문을 걸어 잠그고 방 안에 그 과부를 들이지 않았다. 과부는 창문으로 남자를 원망했다.

「당신은 어쩌면 그렇게도 인정이 없단 말입니까? 왜 나를 들여놓지 않는 거요?」

「인정이 없어 그런 게 아니오. 내가 듣건대 남자는 나이 예순이 넘지 않으면 마음 편히 혼자 살지 못한다 했소. 지금 당신도 나이가 젊고 나 또한 나이가 젊기 때문에 감히 당신을 들일 수 없는 것이오.」

「옛날 유하혜(柳下惠)는 폭풍우에 쫓긴 여인과 같이 밤을 지내도 아무도 그를 의심하는 사람이 없지 않았소? 당신은 왜 유하혜처럼 하지 못하는 거요?」

「유하혜는 그럴 수 있지만 나는 그럴 수가 없소. 나는 내가 할 수 없는 것을 가지고, 유하혜처럼 할 수 있는 것을 배우려 하는 거요.」

이 이야기를 듣고 공자는 말했다.

「장한 일이다. 유하혜를 배우려는 사람으로 이보다 더 잘할 수는 없는 일이다. 최고(最高)의 선(善)을 바라면서도 그가 한 일을 그대로 따라 하지 않는 것은 지혜롭다 할 수 있다.」

인간은 건망증환자   —— 家語·賢君

　노(魯)나라의 애공(哀公)이 공자에게 물었다.

　「과인이 듣건대, 잊어버리기를 잘하는 한 사람이 이사를 가면서 자기 아내를 잊은 일이 있다는데 그것이 사실이오?」

　「그건 오히려 덜 심한 사람입니다. 심한 사람은 곧 자기 몸마저 잊어버립니다.」

　「어디 이야기를 들려 줄 수 없겠소?」

　「옛날 하(夏)나라 사람 걸(桀)은 귀(貴)하기로는 천자요, 부(富)하기로는 사해(四海)를 차지하고 있었지만, 그는 거룩한 조상들의 도리를 잊고, 법과 제도를 허물어 버리고, 대대로 내려오던 제(祭)를 그만두며, 음락(淫樂)과 술에 빠져, 간사한 신하들이 아첨으로 그의 마음을 엿보아 이끌어내고, 충성된 선비들은 입을 다물고 죄를 피해 말을 하지 않는지라, 천하가 걸을 죽이고 그 나라를 차지하고 말았으니, 이것이 곧 자기 몸마저 잊어버린 사람 중 가장 심한 사람입니다.」

황구소작(黃口小雀)   —— 家語·六本

　공자가 지나가다 보니 그물로 참새를 잡는 사람이 있었는데, 잡은 것은 모두가 입부리가 노란 어린 새들뿐이었다. 그래서 공자는

　「어미 참새가 잡히지 않는 건 무엇 때문이오?」

하고 물었다.

　새잡이는 말했다.

　「큰 참새는 잘 놀라기 때문에 잡기가 어렵습니다. 어린 것은 먹는 데만

정신이 팔려 있기 때문에 잡기가 쉽습니다. 새끼가 어미를 따라도 잡기
힘들고, 어미가 새끼를 따라도 역시 잡기 힘듭니다.」

공자는 제자들을 돌아보며 말했다.

「놀라기를 잘함으로써 해(害)를 멀리 할 수 있고, 먹는 것에 팔려 근심을
잊는 것은 그 마음에서 오는 것이지만, 다만 서로 어울림으로써 화(禍)도
입고 복(福)도 입을 수 있으므로 군자는 서로 어울리는 것을 조심해야
한다. 장자(長者)의 생각으로 행동하면 몸을 온전히 하는 바탕을 얻을 수
있고 젊은이〔小者〕의 고지식함을 따르면 위망(危亡)의 실패를 갖게 된다.」

순종만이 효(孝)가 아니다   ── 家語·六本

증자(曾子)가 참외밭을 매는데 서툴러서 뿌리를 전부 끊어 놓았다. 증
자의 아버지 증석(曾晳)은 성이 나서 굵은 지팡이를 들고 증자의 등을
쳤다. 증자는 땅에 쓰러져 정신을 잃고 말았다.

얼마 후 깨어나자, 흔연히 일어나 아버지 증석에게 나아가서 잘못을
빌었다.

그리고는 자기 방으로 돌아와 거문고를 타며 노래를 불렀다. 자기에게
아무 탈이 없다는 것을 아버지께 알리기 위해서였다.

공자는 이 소식을 듣자, 노하여 제자들에게 일러 두었다.

「삼(參)이 오거든 들어오지 못하게 해라.」

증자는 자기에게 잘못이 없다고 생각되어서 사람을 시켜 공자에게 그
까닭을 물어오도록 했다. 공자는 말했다.

「너는 듣지 못했느냐? 옛날 순(舜) 임금이 그의 아버지를 섬길 때 작은
회초리를 들면 기다렸다가 맞고 큰 지팡이를 들면 도망쳐 달아났다. 그
리하여 아비는 아비답지 못한 죄를 범하지 않게 되었고, 순 임금은 순종하는
효도를 잃지 않았던 것이다. 그런데 지금 너는 아비를 섬기는 데 몸을 맡겨

폭노(暴怒)를 기다리며 죽어도 피하지 않았으니, 만일 네가 죽어 아비를 불의에 빠뜨리게 된다면 이보다 더한 불효(不孝)가 또 어디 있겠느냐? 너는 천자(天子)의 백성이 아니냐. 천자의 백성을 죽이면 그 죄가 어떻게 되겠느냐?」

　증자는 그제서야 죄가 큰 줄 알고 공자에게 사죄했다.

안회(顔回)의 식언(識言)　　　　　—— 家語 · 顔回

　공자가 위(衛)나라에 있을 때다. 안회(顔回)가 새벽 일찍 일어나 공자를 옆에 모시고 있있는데, 몹시 슬프게 우는 곡성(哭聲)이 들렸다.

　공자가 안회에게 물었다.

　「너, 이 울음이 어째서 우는 울음인지 알겠느냐?」

　「제가 듣기에 이 울음은 다만 죽은 사람만을 위해 우는 것이 아니라, 생이별 때문인 것 같습니다.」

　「어떻게 아느냐?」

　「제가 환산(桓山)에서 새 울음소리를 들은 적이 있습니다. 새가 새끼를 네 마리 낳았는데, 새끼들이 날개가 이미 다 자라 각각 사방으로 헤어지게 되었을 때, 그 어미가 슬피 울며 새끼들을 보내는 소리가 이와 비슷했습니다. 그것은 곧 한번 가면 다시 돌아오지 못하는 것을 뜻하는데 소리가 서로 같기 때문에 알 수 있습니다.」

　공자는 사람을 시켜 우는 이유를 물어 보게 했다. 과연, 말하기를 『아비가 죽고 집이 가난해서 자식을 팔아 장사(葬事)를 지냈으므로, 자식과 영영 헤어지게 되었다.』고 했다. 공자는

　「회는 소리를 잘 안다.」

고 했다.

초상집의 개〔喪家之狗〕　　　　　　　　—— 家語·困誓

　　공자가 정(鄭)나라로 갔을 때, 제자들과 서로 길이 어긋나서 홀로 동문 밖에 서 있었다.

　　그런데 어떤 사람이 자공을 보고 말했다.

　　「동문 밖에 한 사람이 서 있는데 그의 키가 아홉 자 여섯 치나 되었고, 눈은 냇물과 같았으며, 이마는 높았다. 그의 머리는 요(堯) 임금과 같았고 그의 목은 고요(皐陶)[1]와 같았고 어깨는 자산(子産)과 같았다. 그리고 허리부터 아래까지는 우(禹) 임금보다 세 치가 짧았고 어찌 할 바를 모르고 우두커니 서 있는 모습은 마치 초상난 집 개 같았다.」

　　자공이 그대로 공자에게 고했더니, 공자는 매우 탄식하며 말했다.

　　「생긴 모양은 그렇지 않지만 초상집의 개 같다는 것은 사실이다. 그건 사실이다.」

　　　註 1) 皐陶　舜의 신하, 法理에 통달하여 형벌을 제정하고 獄을 만들었음.

범보다 무서운 정치　　　　　　　　—— 家語·正論解

　　공자가 제나라에 갔을 때, 태산 옆을 지나는데 웬 부인이 들에서 몹시 슬피 울고 있었다.

　　공자가 막대를 가로 짚고 수레 위에서 귀를 기울이고 듣더니

　　「이것은 슬프면서도 한편으로는 걱정이 있는 것 같다.」

　　하고 자공을 시켜 가서 물어 보도록 했다.

　　부인은 이렇게 대답했다.

「시아버지가 범에게 돌아가셨고, 남편도 또 범에게 돌아가셨는데, 이번에 내 자식까지 범에게 죽었습니다.」

자공이

「그럼 왜 여기를 떠나지 않습니까?」

하고 물으니 부인은

「까다로운 정치가 없어서요.」

하고 대답했다.

자공이 공자에게 보고하자, 공자는 제자들에게 이렇게 말했다.

「너희들 잘 알아 두어라. 까다로운 정치는 모진 범보다도 더 무서운 것이다.」

사랑과 단결　　　　　　　　—— 家語·曲禮子貢問

진(晉)나라가 앞으로 송(宋)나라를 칠 생각으로 사람을 보내 송나라 실정을 알아오도록 했다.

하루는 송나라 양문(陽門)을 지키는 수호병이 죽었는데, 재상인 사성자한(司城子罕)이 직접 문상(問喪)을 나와 여간 슬프게 우는 것이 아니었다.

탐지하러 왔던 사람은 이것을 보고 곧 돌아가 진나라 임금에게 말했다.

「양문의 한 졸병이 죽었는데 자한이 슬퍼하며 울었고, 백성들은 다 자한이 하는 일을 기뻐하고 있었습니다. 송나라는 아마 칠 수 없을 줄 압니다.」

이 말을 듣고 공자는 말했다.

「착하도다, 나라를 살피는 것이여. 《시경(詩經)》에 이르기를 『무릇 백성 중에 다친 사람이 있으면 달려가 이를 구하라.』고 했는데, 자한이 바로 그렇다. 진나라가 아니라 아무리 온 천하가 상대한다 해도 그 누가 능히 송나라를 당해내겠는가. 그러기에 주임(周任)이 말하기를 『백성이 그 사랑을 기뻐하면 가히 대적하지 못한다.』고 했다.」

墨子篇

■墨 子

十五卷, 五十三篇. 墨子 및 그 後學의 著作을 모은
것. 墨子, 즉 墨翟의 生没 연대는 미상이다. 아마
기원전 오세기 후반, 말하자면 戰國初期에 활약한
사상가로, 兼愛非攻論(博愛論, 平和論)을 주창하여
儒家에 대항한 墨家의 중심인물이다.

겸애(兼愛)와 별애(別愛)　　　　　　　—— 兼　愛

　어진 사람[仁人]이 해야 할 일이 있다.

　『천하의 이(利)』를 일으키고 『천하의 해(害)』를 제거하는 데 힘쓰는 것이다.

　『천하의 해』 가운데 가장 큰 것은 어떤 것들인가.

　큰 나라가 작은 나라를 공격하는 것, 큰 집안이 작은 집안을 못 살게 구는 것, 강자(强者)가 약자(弱者)를 괴롭히는 것, 많은 사람이 적은 사람을 업신여기는 것, 약삭빠른 양반들이 순진한 백성들을 알겨 먹는 것, 귀족이 평민을 멸시하는 것 등이 모두 천하의 해가 되는 것이다.

　또 임금이 횡포한 것, 신하가 불충한 것, 어버이가 정답지 못한 것, 자식이 불효하는 것도 역시 천하의 해(害)가 된다.

　이 밖에 또 무기를 손에 들고 독약을 사용하며, 물과 불로 공격하여 수단과 방법을 가리지 않고 서로 살육하는 것이 다 천하의 해다.

　이런 무수한 『해』들이 어디서부터 생겨나는 것일까?

　그것은 우리들이 남을 사랑하고, 남을 이롭게 하기 위해 생기는 것일까.

　물론 그런 것은 아니다.

　남을 미워하고 남에게 이롭지 못한 것을 주기 위해 생기는 것이다.

　남을 미워하고 남에게 해를 주는 행위, 그것은, 『사람을 똑같이 대해야 한다』는 견해, 즉, 겸애(兼愛)에서 나오는 것일까?

　아니면, 『사람은 차별을 두어야 한다.』는 견해 즉, 별애(別愛)에서 나오는 것일까?

　그것은 말할 것도 없이 별애에서 나오는 것이다.

　그러고 보면, 이 별애야말로 천하에 해를 가져오는 근원이다.

　별애를 반대하는 이유는 여기에 있다.

꾸짖는 보람　　　　　　　　　　　　　── 耕 柱

　묵자(墨子)가 제자인 경주자(耕柱子)를 자꾸만 야단치자, 경주자가
「제게는 다른 사람보다도 좋은 점이 없다는 말씀입니까?」
하고 불평을 했다. 그러자 묵자는 이렇게 말했다.
「내가 앞으로 태행산(太行山)을 오르게 될 때, 마차와 우차를 준비하게
되면 너는 어느 쪽을 택하겠느냐?」
「마차 쪽이옵니다.」
「왜 마차를 택한다는 거냐?」
「말은 채찍질을 더하면 그만큼 빨리 달리기 때문입니다.」
「나도 너를 꾸짖으면 그만큼 보람이 있을 것으로 알기 때문이다.」

미치광이가 소중하다　　　　　　　　── 耕 柱

　무마자(巫馬子)란 유학자가 묵자에게 말했다.
「당신이 아무리 바른 일을 행하려 해도 누구 한 사람 당신을 따르는
사람이 없고, 신명〔神〕도 당신을 도우려고는 하지 않소. 그런데 그것을 남이
알아 줄 줄로 알고 있다면, 그건 미치광이나 하는 짓이 아니겠소?」
　그러나 묵자는 대답했다.
「지금 당신에게 두 하인이 있는데, 한 사람은 당신의 얼굴이 보일 때만
일을 하는 척하고, 다른 한 사람은 주인이 보거나 말거나 할 일만 하고
있다면, 당신은 어느 쪽을 더 소중히 여기겠소?」
「그야 주인이 보든 말든 열심히 일하는 쪽이지요.」
「그렇다면 당신도 역시 미치광이를 소중하게 여기는 것이 아니오?」

말 흉내　　　　　　　　　　　　—— 耕 柱

묵자가 노양(魯陽)의 문군(文君)[1]에게 말했다.

「큰 나라가 작은 나라를 공격하는 것은 아이들이 말 흉내를 내며 노는 것과 같은 것입니다. 아이들이 말 흉내를 내며 놀게 되면 다리에 힘이 빠집니다. 그런데 큰 나라가 작은 나라를 치게 되면, 공격을 당하는 쪽에서는, 농부들은 농사를 지을 수 없고, 여자들은 베를 짜지 못하고, 날이면 날마다 나라를 지키기에 바쁩니다. 공격하는 쪽 역시, 농부는 농사를 지을 수 없고, 여자는 베를 짜지 못하고, 공격을 위해 나날을 보내게 됩니다. 그러므로 큰 나라가 작은 나라를 치는 것은 아이들이 말 흉내를 내며 노는 것과 같다는 것입니다.」

　　註 1) 文君　楚나라의 왕족.

도　벽(盜　癖)　　　　　　　　　—— 耕 柱

묵자가 노양의 문군에게 말했다.

「가령 여기에 소와 양을 많이 기르고 있는 사람이 있어서 매일같이 쇠고기와 양고기 요리를 먹기 때문에 먹기 싫어 못 먹을 정도인데도, 다른 사람이 떡을 만드는 것을 보면 두 눈을 반짝거리며 그것을 빼앗아들고 『내게도 먹을 것을 다오.』 한다고 합시다. 이것은 무엇이든 눈에 띄면 갖고 싶어하는 마음 때문일까요, 아니면 도둑질하는 버릇 때문일까요?」

「도둑질하는 버릇이 있는 것이겠지요.」

「지금 초나라는, 나라 안의 들판이 너무 넓어 다 갈아먹지 못하는 형편이고, 사람이 살지 않는 땅도 한없이 많습니다. 그런데도 송나라나 정나라의 빈 땅을 보면 두 눈을 반짝이며 이를 빼앗으려 하고 있으니 아까한 이야기와 뭐가 다르겠습니까?」

「다를 것이 없지. 틀림없이 도둑질하는 버릇이 있는 것이 되겠지.」

정의는 귀하다   ──貴 義

묵자의 말이다.

「세상에 정의보다 귀한 것은 없다. 사람들에게 『네게 갓과 신을 주는 대신 너의 손발을 끊겠는데 그래도 좋으냐?』고 물으면 좋다고 할 사람은 없을 것이다. 왜냐하면 갓과 신이 손발만큼 귀하지 못하기 때문이다. 또 『네게 천하를 주고 그 대신 너를 죽이려 하는데 어떻게 생각하느냐?』고 하면, 이것 역시 듣지 않을 것이 뻔하다. 왜냐하면 천하의 귀한 것이 내 몸 귀한 것을 따르지 못하기 때문이다. 그러나 단 한 마디 시비로 서로 다투어 죽게 되는 것은, 정의가 내 몸보다도 귀하기 때문이다. 그러므로 세상에 정의보다 더 귀한 것은 없다.」

한 사람뿐이라서   ──貴 義

묵자가 노나라에서 제나라에 사는 친지 집에 갔는데, 그가 묵자에게 「지금 세상에는 정의를 실천하려는 사람이 없는데, 당신만이 혼자 애를 쓰며 그것을 실행하려 하고 있소. 그러니 그런 짓은 그만두는 편이 좋을 것 같은데.」

하므로 묵자는 이렇게 대답했다.

「만일 여기 아들을 열 명 둔 사람이 있는데, 그 중 하나만이 농사일을 하고 나머지 아홉은 빈들빈들 놀기만 한다면, 일하는 사람은 더욱 뼈빠지게 일해야만 할 것이다. 왜냐하면 먹는 사람은 많고 일하는 사람은 적으니까. 그러므로 세상에 정의를 행하려는 사람이 없다면, 당신은 나에게 그것을 실행하라고 격려해야 마땅한 일일 텐데, 어떻게 그만두라고 한단 말이오?」

유세(遊説)의 필요　　　　　　　　　—公 孟

유학자인 공맹자(公孟子)가 묵자에게 말했다.

「참으로 착한 일을 행하면, 누구나가 그것을 알게 되는 겁니다. 예를 들어, 뛰어난 무당이라면 집에 들어앉아 밖에 나가지 않더라도 많은 치성미(致誠米)가 들어오게 되는 거요. 또 미녀라면 집에 있고 나가지 않더라도 사람들이 다투어 청혼을 할 겁니다. 밖에 나가 직접 자랑을 하며 쏘다니면 도리어 데려갈 사람이 없게 됩니다. 그런데 당신은 사방으로 돌아다니며 도(道)를 말하고 있으니 공연한 수고가 아니겠소?」

그러자 묵자는 이렇게 대답했다.

「어쨌든 지금은 세상이 어지럽소. 따라서 미녀를 찾는 사람은 얼마든지 있으니까, 미녀는 밖에 나돌아다니지 않아도 사람들이 다투어 그녀를 찾겠지요. 그러나 착한 것을 찾는 사람은 적기 때문에 애써 사람들에게 설명하지 않으면 이것을 아는 사람이 없을 겁니다. 그리고 또 여기 두 사람의 점쟁이가 있어, 똑같이 점이 용하다고 한다면, 밖으로 돌아다니며 점을 쳐주는 사람과 집에서 쳐주는 사람과 어느 쪽이 더 수입이 많겠소?」

「그야 돌아다니는 사람 쪽이 많겠지요.」

「마찬가지로 인의(仁義)를 말하더라도 밖에 나가 사람들에게 설명하면 그 효과는 보다 낫고 보다 많게 될 것입니다. 그런데 어떻게 밖에 나가 말하지 않을 수 있겠소?」

묵자를 찾아온 사람이 있었다. 묵자가 그에게

「어째서 학문을 닦으려 하지 않는가?」

하고 묻자

「저의 집안에는 학문하는 사람이 없기 때문입니다.」

하고 대답하므로, 묵자는 이렇게 말했다.

「그것은 잘못이다. 예를 들어 미인을 좋아하는 일에 대해『저의 집안에는 미인을 좋아하는 사람이 없기 때문에 나도 좋아하지 않는다.』고 말할 수 있겠는가? 또 부귀를 원하는 점에 대해서도『우리 집안에는 부귀를 원하는 사람이 없기 때문에 나도 그것을 원치 않는다.』고 말할 수 있겠는가? 결국 미인을 좋아하고 부귀를 원하는 면에서는 남과 비교하는 일 없이 기를 쓰고 나설 것이 아닌가? 하물며 의리(義理)라는 것은 세상에서 가장 귀중한 것인데, 구태여 남과 비교할 필요 같은 건 없지 않은가? 무슨 일이 있더라도 열심히 학문을 닦지 않으면 안 된다.」

책임소재(責任所在)　　　　　　　　　　── 魯　問

묵자가 제나라 전화(田和)에게 말했다.

「여기 칼 한 자루가 있습니다. 이것으로 사람의 목을 시험해 보았더니, 단칼에 사람의 목이 댕강 떨어져 나갔습니다. 잘 드는 칼이라고 말할 수 있겠습니까?」

「말할 수 있지.」

「그것으로 많은 사람의 목을 시험해 보았더니 역시 싹싹 잘려 나갔습니다. 잘 드는 칼이라 할 수 있겠지요?」

「잘 드는 거지.」

「칼이 잘 드는 것만은 틀림없는데, 사람의 목을 벤 책임은 누가 져야만
되겠습니까?」

「그야 칼을 시험한 사람이 져야 되겠지.」

「남의 나라를 병합하고, 남의 군사를 쳐서 이기고, 많은 백성들을 죽이게
했을 경우에는 누가 그 책임을 져야 되겠습니까?」

전화는 머리를 올렸다내렸다하며 생각하던 끝에

「내가 그 책임을 져야만 되겠지.」

하고 대답했다.

큰 것은 모른다 　　　　　　　　　　——魯 問

묵자가 노양의 문군에게 말했다.

「속세의 군자는 모두 작은 것만 알고 큰 것을 모르는 무리들입니다. 지금
여기 한 사람이 한 마리의 개나 돼지를 훔치면 못된 짓이라 하여 비난을
하지만, 한 나라나 고을을 도둑질하면 정의로운 행동이라 말합니다. 비유를
들어 말한다면, 약간 흰 것을 보면 희다고 말하고, 많이 흰 것을 보면 검다고
하는 것과 같습니다. 속세의 군자가 작은 것만 알고 큰 것은 모른다고 한
것은 바로 이 점입니다.」

식인국(食人國) 　　　　　　　　　　——魯 問

노양의 문군이 묵자에게 말했다.

「초나라 남쪽에 사람을 잡아먹는 식인국이 있다고 하지 않겠소？ 그 나라에서는 장남이 태어나면 그를 죽여 난도질을 해서 먹고는, 그것이 다음에 태어나는 자식을 위해 도움이 되는 것으로 믿고 있다는 거요. 게다가 먹어 보고 맛이 좋으면 임금에게 그것을 보내 주고, 임금도 또한 기뻐하여 그 아비에게 상을 준다고 하니, 얼마나 잔인하고 나쁜 풍속이오？」

그것을 듣자 묵자는 이렇게 대답했다.

「중국 풍속도 역시 마찬가지입니다. 아비를 죽게 만들어 놓고 그 아들에게 상을 주는 것은, 자식을 먹게 하고 그 아비에게 상을 주는 것과 다를 것이 없습니다. 만일 인의(仁義)의 도를 행하지 못하고 있다면 야만인들이 자기 자식을 잡아먹는 것을 어떻게 비난할 수 있겠습니까？」

마음가짐과 그 행동   ——魯 問

노나라 임금이 묵자에게

「과인에게 자식이 둘 있는데, 하나는 학문을 좋아하고, 하나는 남에게 무엇을 나눠 주기를 좋아하고 있소. 이 중에 누구를 태자로 삼는 것이 좋겠소？」

하고 물었다. 그러자 묵자는 이렇게 대답했다.

「아직은 어느 쪽이 좋다고 말할 수 없습니다. 남에게 칭찬이 듣고 싶어서 착한 일을 하는 것은 낚시꾼이 소리없이 낚시를 물속에 드리고 있는 것과 같은 것으로, 조용히 하고 있는 것은 고기를 낚기 위해서지 고기에게 밥을 바치기 위해서가 아닙니다. 쥐에게 독한 벌레를 밥으로 주는 것은 쥐를 사랑해서가 아니라 그것을 죽이기 위해서입니다. 부디 임금께서도 아드님들의 마음가짐과 그 행동을 아울러 잘 살피시기 바랍니다.」

살인과 도벽   —— 公 輪

    공수반(公輸盤)이 초(楚)나라를 위해 성을 공격하는 구름사다리〔雲梯〕라는 새로운 무기를 만들었다. 그는 그것으로 송나라를 칠 계획이었다.

    이 소문을 들은 묵자는, 제(齊)나라에서 길을 떠나 열흘 낮과 밤을 계속 걸어 초나라 수도 영(郢)에 도착했다.

    묵자가 공수반을 만나자, 공수반은

「선생님께선 무슨 일로 저를 찾아오셨는지요?」

하고 물었다.

「북쪽에 사는 어느 놈이 나를 모욕했기에 당신의 힘을 빌어 그놈을 죽였으면, 하고 왔습니다.」

    공수반은 얼굴을 찡그렸다. 묵자는

「내가 십 금(金)을 드리리다.」

하고 다시 말했다.

「사람을 죽이는 일은 의리상 할 수 없습니다.」

하고 공수반은 대답했다.

    그러자 묵자는 일어나 두 번 절하고 나서 말했다.

「그럼, 말씀드리겠습니다. 북쪽에서 듣건대, 당신은 구름사다리를 만들어 장차 송나라를 치려 한다고 하는데, 대체 송나라에 무슨 죄가 있다는 겁니까? 초나라는 땅이 남아 돌고 사람은 모자라는 형편입니다. 모자라는 백성들을 죽여가며 필요하지도 않은 땅을 놓고 다투는 것은 지혜로운 일이라고 할 수 없습니다. 죄가 없는 송나라를 친다는 것은 어진 일이라 할 수 없습니다. 그것을 알고 있으면서도 임금을 말리지 않는 것은 충성된 일이 못 됩니다. 임금을 말려 전쟁을 그만두지 못한다면 강하다고 할 수 없습니다. 적은 사람을 죽이는 것이 의롭지 않은 줄 알면서 많은 사람을 죽인다면, 이것은 사리(事理)를 판단하지 못하는 일입니다.」

「선생의 말씀이 옳습니다.」

「옳은 줄 알면 왜 그만두지 못합니까?」

「내가 이미 임금께 말씀을 올렸기 때문에 어쩔 수 없습니다.」

「그럼, 임금을 만나게 해주십시오.」

「그러지요.」

묵자는 임금을 보고 말했다.

「여기 어떤 사람이 좋은 수레를 가지고 있으면서 옆집의 다 낡은 수레를 훔치려 합니다. 좋은 옷을 가지고 있으면서 옆집의 누더기 옷을 훔치려 합니다. 곡식과 고기가 있으면서도 옆집의 쌀겨와 비지를 훔치려 합니다. 이 사람을 왕은 어떻게 생각하십니까?」

「그는 틀림없이 도둑질하는 버릇을 가지고 있습니다.」

「지금, 초나라의 영토는 사방 오천 리나 되지만, 송나라는 겨우 사방 오백 리밖에 안 됩니다. 이건 좋은 수레를 낡은 수레와 비교하는 것과 같습니다. 초나라에는 운몽(雲夢) 벌에 코뿔소와 사슴이 가득하고, 장강(長江)과 한수(漢水)에는 고기가 얼마든지 있어 그 풍부함을 천하에 자랑하고 있습니다. 그런데 송나라는 겨우 꿩이니 토끼니 붕어니 하는 흔해 빠진 것마저 넉넉지 못합니다. 이는 곧 쌀과 고기를 쌀겨와 비지에 비교하는 것과 같습니다. 또 초나라에는 소나무, 노나무, 장나무 등의 큰 나무들이 많은데, 송나라에는 그런 큰 나무가 없습니다. 이것은 좋은 옷과 누더기를 비교하는 것과 같습니다. 그런데 지금 임금의 신하들이 송나라를 치려 하고 있으니, 위에 말한 도벽이 있는 사람이 하는 짓과 다를 게 무엇이 있습니까? 임금께서 정의(正義)에 벗어나는 일을 하는 것뿐, 아무것도 얻는 것이 없습니다.」

「과연 선생의 말씀과 같소. 그러나 공수반이 벌써 과인을 위해 구름사다리까지 만들어 두고 송나라를 기어코 치겠다 하니 어쩌겠소?」

이리하여 묵자는 공수반을 만나 공수반이 만든 새 무기를 상대로 혼자서 싸워 아홉 번을 막아내고도 여유를 보였다.

공수반은 묵자의 실력을 당해낼 수 없음을 시인하고 나서 이런 말을 남겼다.

「그러나 나는 당신을 이길 수 있는 방법을 알고 있소. 그러나 그것을 이야기할 수는 없소.」

그러자 묵자는 또

「나도 당신의 그 방법이 무엇인지를 알고 있소. 그러나 말은 하지 않겠소.」
하고 대답했다.

초나라 왕이 묵자에게 물었다.

「무슨 이야기인지 알 수 없군요.」

「공수반의 이야기는 나를 죽이면 된다는 것입니다. 그러나 그렇게 간단하지는 않습니다. 금활리(金滑里)를 비롯해 삼백 명의 제자들이 벌써 내가 만든 방어 무기(武器)들을 가지고 송나라 성 위에서 초나라 군사를 기다리고 있으니 나를 죽인다 해도 소용없을 것입니다.」

「알았소. 송나라를 치는 일은 그만두기로 하겠소.」

그런데 돌아오는 길에 묵자는 송나라를 지나게 되었다.

도중에서 비를 만나 마을로 들어가 비를 피하려는데, 마을 문을 지키는 사람이 묵자를 들어오지 못하게 했다. 행색(行色)이 거지처럼 초라했기 때문이다.

그러므로, 사람들은 남이 알지 못하게 위기를 벗어나게 해주었을 때는 그 공적을 몰라 준다. 보란 듯이 떠들어대면 그 공적을 알게 되지만.

공자는 위선자　　　　　　　　　　　　—— 非 儒

묵자는 주장한다.

공자는 진(陳)과 채(蔡)의 국경에서 오지도 가지고 못하고, 열흘 동안 명아주 국만을 마시며 곡식은 한 알도 입에 넣을 수 없었다.

그때 자로(子路)가 돼지고기를 삶아 올렸는데, 공자는 그가 어디서 그것을 어떻게 구해왔는지 묻지도 않고 먹었다.

또, 자로가 강도질을 하여 그 돈으로 술을 사다 주었더니 그것을 어디서 어떻게 구해온 것인지도 묻지 않고 마셨다.

그런데 그후 애공(哀公)이 그를 맞이했을 때는, 앉는 자리가 바르지 않다고 앉지 않았고, 음식을 차려 내놓자, 요리하는 방법이 잘못 되었다고 먹지 않았다.

자로가 나서서

「진(陳)과 채(蔡)의 국경 사이에서는 이런 말씀을 하시지 않으셨는데요?」

하고 묻자, 공자는

「이리 오너라, 내가 일러 주마. 그때는 너와 함께 구차하게 살아야만 했고, 지금은 너와 함께 구차하게 의(義)를 찾아야만 된다.」

고 대답했다.

먹을 것이 없을 때는, 그것을 어떻게 얻게 되었는지 상관하지 않고 먹었으면서, 그렇지 않을 때는 남의 눈을 위해 자신을 돋보이게 하려는 것이다.

이 세상 어디에 이보다 더 크게 간사하고 거짓된 짓이 있겠는가.

孟 子 篇

■ 孟 子

十四卷, 七篇. 戰國儒家의 대표인 孟子, 즉 孟軻(B.
C. 372?∼289?)의 言論을 그의 제자들이 편집한
것. 특히 《孟子》는 四書의 하나로서 漢學을 배우는
데 기초서로도 쓰이고 있다.

핑　계　　　　　　　　　　　　　　　—— 梁惠王·上

　자기 집에서 기르고 있는 개와 돼지가 사람이 먹을 곡식을 먹는 것은
금하려 하지 않고, 길바닥에 굶주려 넘어진 사람이 있어도 창고의 쌀을
내다가 구할 생각조차 하지 않다가 사람이 죽은 다음
　「나 때문이 아니라 흉년 때문이다.」
하는 임금은 사람을 찔러 죽게 만들어 놓고도
　「나 때문이 아니라 칼 때문이다.」
하는 것과 조금도 다름이 없다.

살인은 같다　　　　　　　　　　　—— 梁惠王·上

　양나라의 혜왕이 맹자를 보고
　「선생님의 가르침을 듣고 싶습니다.」
하고 정치에 대해 물었다. 그러자 맹자는 이렇게 말을 이끌어 나갔다.
　「사람을 죽일 때, 몽둥이로 죽이는 것과 칼로 죽이는 것에 다를 것이
있습니까?」
　「다를 것이 없습니다.」
　「그럼 칼로 죽이는 것과 정치로 죽이는 것에 다를 것이 있습니까?」
　「다를 것이 없습니다.」
　「지금 임금의 고기 창고에는 살찐 고기가 들어 있고, 마굿간에는 살찐
말이 있는데 들판에는 굶주려 죽은 시체가 있으니, 이것은 짐승을 거느리고
사람을 잡아먹는 거나 다를 것이 없습니다. 짐승들이 저희끼리 서로 잡
아먹는 것도 사람들이 싫어하는데, 백성의 부모로서 정치를 하면서 짐승을

거느리고 사람을 잡아먹는 결과에서 벗어나지 못한다면 어떻게 백성의
부모라 할 수 있겠습니까?」

백성을 낚는 그물　　　　　　　　　　　—— 梁惠王·上

　제나라 선왕(宣王)이 맹자와 오랜 이야기를 나눈 끝에
　「선생님께서 내 뜻을 도와 맑게 가르쳐 주십시오. 비록 잘하는 것은
없지만 한번 실행해 보겠습니다.」
하고 청했다. 맹자는 이렇게 대답했다.
　「일정한 살림이 없이도 마음을 일정하게 갖는 것은 선비만이 할 수 있는
일이며, 일반 백성들은 일정한 살림이 없으면 마음도 따라서 일정하지 못한
법입니다. 일정한 마음을 잃게 되면 당연히 못된 일을 하게 되는데, 그들이
법에 어긋난 짓을 한다고 해서 벌을 준다면, 이것은 백성을 그물에 걸리게끔
만들어 놓고 잡아 올리는 것과 다를 것이 없습니다. 어떻게 어진 임금이
왕으로 앉아 있으면서도 백성을 그물질하는 짓을 할 수 있겠습니까?」

오 십 보 백 보　　　　　　　　　　　　—— 梁惠王·上

　양나라의 혜왕이 맹자에게 물었다.
　「과인은 이 나라 백성들을 위해 성의를 다하고 있습니다. 하내(河內)
지방이 흉년이 들면 그곳 백성들을 하동(河東)으로 옮기는 한편 하동의
곡식을 하내로 옮기고, 또 하동이 흉년이 들면 역시 같은 일을 하고 있

습니다. 다른 나라가 정치하는 것을 보아도 나처럼 그렇게까지는 못하고 있는데도, 여전히 이웃 나라 백성의 수는 줄지 않고, 우리 나라 백성의 수가 늘지 않는 것은 무엇 때문입니까?」

그러자 맹자는 이렇게 말했다.

「왕께서 전쟁을 좋아하시니까, 전쟁을 비유로 들겠습니다. 둥둥 북을 울리며 칼날을 맞부딪쳐 싸우게 되면 갑옷을 벗어던지고 무기를 끌며 달아나는 군사가 생기게 됩니다. 그때 어떤 사람은 백 보쯤 달아나서 걸음을 멈추고, 어떤 사람은 오십 보쯤 가서 걸음을 멈추었다고 합시다. 그런데 오십 보쯤 달아난 사람이 백 보쯤 달아난 사람을 보고 비웃었다면 어떻겠습니까?」

「그건 있을 수 없지요. 백 보나 오십 보나 달아난 건 마찬가지니까.」

「그것을 아신다면 왕께서도 내 나라 백성이 이웃 나라보다 많기를 바라지 않아야 합니다.」

함 정(陷 井)　　　　　　　　　　── 梁惠王·下

제나라의 선왕(宣王)이 맹자에게 물었다.

「옛날 주나라의 문왕(文王)은 사방 칠십 리나 되는 유원지를 가지고 있었다는데 그것이 사실입니까?」

「기록에 나와 있습니다.」

「그렇게 컸습니까?」

「그래도 백성들은 적다고 했습니다.」

맹자는 왕으로부터 다음 질문을 유도하기 위해 이렇게 대답한 것이다.

「과인의 유원지는 사방이 사십 리밖에 안 되는데도 백성들은 오히려 너무 크다고 하니 무슨 이유인지 모르겠습니다.」

맹자는 이렇게 대답했다.

「문왕의 유원지 사방 칠십 리에는 풀을 베고 나무를 하는 사람들이 마음대로 드나들고, 꿩을 잡고 토끼를 잡는 사람들도 자유롭게 드나들었습니다. 이렇게 백성들이 함께 이용할 수 있었으니 작다고 말하는 것이 당연하지 않습니까?」

「……」

「신(臣)이 처음 제나라 국경을 넘어 들어올 때 제나라 국법에서 크게 금지하고 있는 것이 무엇인가를 물은 다음에야 들어왔습니다. 그때 신이 듣기를, 교외 관문 안에는 사방 사십 리나 되는 유원지가 있는데, 그 안에서 짐승을 죽이는 사람은 살인죄와 똑같은 형을 받는다고 들었습니다. 이것은 사방 사십 리나 되는 넓은 땅에 백성들을 잡기 위한 함정을 만들어 둔 거나 다를 게 없으니 백성들이 크다고 말하는 게 당연하지 않습니까?」

색을 좋아하는 것〔好色〕은 병이 아니다   —— 梁惠王 · 下

제나라의 선왕은 맹자와 정치 이야기를 나누던 끝에
「선생님이 하신 말씀은 참으로 훌륭합니다.」
하고 감탄했다.
「훌륭하다고 생각하시면 왜 실천하시지 않습니까?」
「과인에게는 병이 있습니다. 재물을 좋아하는 겁니다.」
「옛날 주(周)나라의 공유(公劉)는 재물을 좋아했습니다. 그러나 주나라도 공유로 인해 강대해졌습니다. 임금께서 재물을 좋아하신다면 그것을 백성들과 함께 좋아하십시오. 그러면 통일천하(統一天下)는 문제가 되지 않습니다.」
「과인에게는 또 병이 있으니, 색(色)을 좋아하는 겁니다.」
「호색(好色)은 병이 아닙니다. 옛날 주나라 태왕(太王)도 색을 좋아하

시어 그의 왕비를 사랑했습니다……. 그 당시 안으로는 시집 못 가서 애
타하는 여자가 없었고, 밖으로는 아내 없이 홀로 사는 남자가 없었으니,
임금께서 만일 색을 좋아하신다면 백성들도 함께 남녀의 낙을 갖도록
하십시오. 그러면 통일천하는 문제가 없을 것입니다.」

경중(輕重)을 몰라　　　　　　　　　　—— 梁惠王·下

맹자가 제나라 선왕에게 말했다.

「왕께서는 집을 지으실 때 반드시 공사(工師)등을 시켜 큰 나무를 구
해오라고 하십니다. 공사들이 큰 나무를 구해오면, 왕은 기뻐하시며 자기
소임을 충분히 이행했다고 칭찬하십니다. 그것을 목수들이 잘못 깎아서
작게 만들어 버리면 왕은 노하시며 자기 소임을 다하지 못했다고 하십니다.
사람들이 대개 어려서 배우는 것은 커서 실행해 보겠다는 욕망에서입니다.
그런데 왕께서 『너희들이 배운 것은 그냥 버려 두고 나 하라는 대로만
따라 해라.』고 하신다면 어찌 되겠습니까?」

「……」

「여기 박옥(璞玉)이 있다면, 비록 만 일(鎰)일지라도 왕은 반드시 옥공을
시켜 깨어 다듬게 하실 겁니다. 그런데 나라를 다스리는 마당에서도 『네가
배운 건 그냥 버려 두고 나를 따라와.』 하시니, 어찌 옥공을 시켜 옥을
다듬게 하는 것과 다릅니까?」

분업(分業)의 원리　　　　　　——滕文公·上

　맹자를 존경하며 맹자를 스승으로 알고 있던 등(滕)나라 태자가 임금이 되니 그가 곧 등문공(滕文公)이다.

　등문공은 임금이 되자, 맹자의 이상(理想)이던 정전법(井田法)을 실시해서 토지를 농민들에게 골고루 나눠 주는 토지 개혁을 단행했다.

　당시 초(楚)나라에 신농씨(神農氏)를 숭상하는 허행(許行)이란 사람이 있었는데, 그는 등문공의 토지 개혁의 소식을 듣자 초나라에서 등나라로 제자들을 거느리고 와서 살았다.

　허행의 제자 수십 명 중에는 당시 초나라의 유명한 학자 진량(陳良)의 제자 진상(陳相)도 있었다.

　진상은 맹자를 찾아와서 허행의 주의(主義)와 사상을 설명하고 이런 말을 했다.

　「등나라 임금은 참으로 훌륭한 임금입니다. 그러나 아직 도(道)를 알지 못합니다. 어진 임금은 백성들과 같이 밭갈이를 하고 밥을 지어 먹는 법인데, 지금 등나라에는 창름(倉廩)과 부고(府庫)들이 있으니, 이는 곧 백성들을 착취하여 자기만 편하게 지내는 것으로 어찌 어질다고 할 수 있겠습니까?」

　맹자는 진상에게 물었다.

　「허자(許子)는 곡식을 심어 반드시 그걸 먹는가?」

　「그렇습니다.」

　「허자는 반드시 베를 짜서 그걸로 옷을 만들어 입는가?」

　「아닙니다. 허자는 털옷을 입습니다.」

　「허자는 갓을 쓰는가?」

　「씁니다.」

　「무슨 갓을 쓰는가?」

　「흰 명주 갓을 씁니다.」

　「자기가 짜서 쓰는가?」

「아니오. 곡식과 바꿉니다.」

「허자는 왜 손수 베를 짜지 않는가?」

「밭갈이에 방해가 되기 때문입니다.」

「허자는 솥에다 밥을 지어 먹고 쇠로 된 연장으로 밭갈이하는가?」

「그렇습니다.」

「손수 만드는가?」

「아닙니다. 곡식을 주고 바꿉니다.」

「곡식과 기계를 바꾸는 사람은 대장장이를 해치려 하지 않는다. 대장장이도 그가 만든 기계와 곡식을 바꾸므로 농부를 싫어할 리 없다. 그런데 허자는 어째서 집안에다 대장간을 차리지 않고 분주히 백공(百工)들과 교역을 하는가?」

「백공의 일이란 몸소 밭갈이를 하며 동시에 할 수는 없는 일입니다.」

「그러면 혼자서 천하를 다스리는 일은 밭갈이하며 할 수 있겠는가? 세상에는 큰 사람이 할 일이 있고 작은 사람들이 할 일이 있다 설사 한 사람이 백공이 하는 일을 다 할 수 있다 하더라도, 만일 그것을 반드시 몸소 만들어 쓰기로 말한다면, 이것은 온 천하 사람들을 거느리고 길거리를 분주히 왔다갔다하며 만드는 결과가 된다. 그러므로 옛 말에 이르기를 『혹은 마음을 쓰고 혹은 힘을 쓴다.』고 했다. 마음을 쓰는 사람은 사람을 지도하고, 힘을 쓰는 사람은 사람의 지도를 받게 된다. 사람의 지도를 받는 사람은 사람을 먹여 주게 되고 사람을 지도하는 사람은 사람에게 얻어먹게 되어 있는 것이 천하의 공통 원리인 것이다…….」

진상은 다시 화제를 바꾸었다.

「허자의 주의(主義)대로 하게 되면, 시장의 물건 값이 똑같기 때문에 온 나라 안에 거짓이 없게 됩니다. 비록 오척 동자를 시장에 보낸다 해도 그를 속일 사람이 없습니다. 베나 비단의 길이가 같으면 값이 같고, 각종 실이나 솜의 무게가 같으면 그 값이 같으며, 각종 곡식이 그 분량이 같으면 값도 같고, 신도 크기가 같으면 값이 같습니다.」

「대개 물건이란 서로가 같지 않은 게 사실이다. 그래서 두 배 네 배의 차이가 생기고, 또는 열 배 백 배의 차이가 생기며, 천 배 만 배의 차이가 생길 수도 있다. 그런데 허자가 그것을 똑같이 보고 같은 값으로 한다면 이것은 천하를 혼란하게 만드는 것이다. 거칠게 만든 신이나 곱게 만든 신을 크기만으로 값을 정한다면 어느 누가 곱게 만들겠는가? 허자의 주의를 따르면 모두 좋지 못한 물건만을 만들어, 그것을 일삼게 될 것이니, 그러고서 어떻게 나라를 잘 다스릴 수 있겠는가?」

말이 궁하면   —— 梁惠王·下

맹자가 제나라 선왕에게 말했다.
「처자를 친구에게 부탁해 두고 초나라로 놀러 간 사람이 있었는데, 그가 돌아와 보니 처자들이 굶주려 있었습니다. 그 친구를 어떻게 하겠습니까?」
「절교를 해야겠지요.」
「여기 법관이 한 사람 있어서 그 부하들을 제대로 통솔하지 못한다면 어떻게 하시겠습니까?」
「파면시켜야지요.」
「온 나라가 제대로 다스려지지 못한다면 어떻게 하시겠습니까?」
선왕은 말이 막혀 좌우를 돌아보고 엉뚱한 이야기만 했다.

나간 것이 들어온다   —— 梁惠王·下

추(鄒)나라가 노나라와 충돌한 일이 있었다. 추나라의 목공(穆公)이 맹자에게 물었다.
「이번 싸움에서 관원들은 서른세 명이나 전사했는데, 백성들은 한 사람도 죽지 않았으니, 어떻게 하면 좋겠소? 죄를 주자니 수가 너무 많고, 내버려 두자니 앞으로도 상관이 죽는 것을 보고만 있을 테니……..」

맹자는 이렇게 대답했다.

「흉년이 들었을 때, 늙은이와 어린 것들은 산골짜기를 헤매게 되고, 장정들은 먹을 것을 찾아 사방으로 흩어지게 되어도 임금의 곡식 창고와 재물 창고는 그대로 꽉꽉 차 있다면 이것은 관원들이 임금께 사실을 보고하지 않았기 때문이니 곧 웃사람이 게을러서 아랫사람을 해치게 된 것입니다. 증자(曾子)가 『조심하고 조심하라. 네게서 나온 것이 네게로 되돌아가느니라.』라고 말했습니다. 대개 백성들은 그때서야 행동을 바꾸게 된 것입니다. 임금께선 그들을 욕하지 마십시오. 임금께서 어진 정치를 하시면 백성들은 곧 웃사람을 아끼게 되고 그 상관을 위해 죽게 될 것입니다.」

닭 도둑　　　　　　　　　　　　　　　——滕文公·下

송나라 대부 대영지(戴盈之)가 맹자에게 말했다.

「농민들의 현물세(現物稅)를 십분의 일로 줄여 받고 관문에서나 시장에서 물품세 받는 것을 지금 당장 그만두기는 어려운 일이니 지금은 세율을 조금만 가볍게 해두고, 명년쯤 가서 실시할까 하는데 어떻겠습니까?」

맹자는 이렇게 대답했다.

「여기 한 사람이 날마다 그 이웃집 닭을 잡아먹고 있었는데, 어느 사람이 『그건 군자의 도리가 아니다.』라고 충고하자, 그 사람 말이 『그럼 양을 줄여 한 달에 한 마리 정도로 하고, 명년쯤 가서 그만두겠네.』 하는 것과 다른 것이 없지 않은가. 그것이 의로운 일이 아닌 줄 알았으면 빨리 그만둘 일이지 내년까지 기다릴 것이 뭐란 말인가.」

참 대장부 　　　　　　　　　　　　──滕文公·下

경춘(景春)이란 사람이 맹자에게 와서

「공손연(公孫衍)과 장의(張儀)가 어찌 참 대장부가 아니겠습니까? 그들이 한번 성을 내면 제후들이 겁을 먹고, 그들이 가만히 있으면 온 천하가 조용해집니다.」

하고 칭찬했다. 맹자는 이렇게 반박했다.

「그들이 어찌 대장부일 수 있겠는가. 자네는 예법을 배우지 않았나? 예법에, 남자가 어른이 되어 처음으로 갓을 쓰게 되면 아버지가 아들에게 교훈을 주고, 여자가 시집을 가게 되면 어머니가 딸에게 교훈을 준다. 딸을 대문간에서 떠나보낼 때 어머니가 훈계하기를 『시집에 가면 반드시 시부모를 공경하여 받들고 몸을 조심하여, 남편의 뜻을 거역하는 일이 없도록 하라.』고 한다. 복종을 정당한 것으로 삼는 것은 첩부(妾婦)의 도리이다.」

「……」

「천하의 넓은 곳(마음)에 있으면서 천하의 바른 자리에 서고, 천하의 큰 길을 걸어 뜻을 얻으며, 백성들과 함께 걸어서 뜻을 얻지 못하면 홀로 그 길을 걷고, 부귀도 그의 마음을 어지럽게 하지 못하고, 가난과 천대도 그의 지조(志操)를 바꿔 놓지 못하며, 위력과 무력도 그의 의지를 꺾지 못하는 이런 사람을 가리켜 대장부라고 한다.」

어학(語學)의 비결 　　　　　　　　　　　──滕文公·下

맹자(孟子)가 송(宋)나라 신하 대불승(戴不勝)에게 말했다.

「당신은 당신 임금이 착한 일 하기를 원하는가? 내가 당신에게 분명히 일러 주리라. 여기에 초(楚)나라 대신(大臣) 한 사람이 있는데, 그가 아들에게 제(齊)나라 말을 가르치려 할 경우 제나라 사람을 스승으로 삼겠는가, 초나라 사람을 스승으로 삼겠는가?」

「그야 제나라 사람을 스승으로 삼겠지요.」

「제나라 사람이 말을 가르치고 초나라 사람이 말을 배우게 되면 아무리 매일 매를 때리며 가르쳐도 제나라 말을 배우기는 어려울 것이다. 그러나 그 아이를 데려다 제나라의 장악(莊嶽)¹⁾과 같은 번화한 도시 속에 몇 년간 살게 한다면, 날마다 매를 때리며 초나라 말을 하라고 해도 되지 않을 것이다. 지금 당신은 설거주(薛居州)를 좋은 선비라고 해서 설거주에게 임금을 모시도록 했는데, 임금 옆에 있는 사람이 어른이나 아이나 높은 이나 낮은 이나 모두 설거주와 같다면 왕이 누구와 같이 나쁜 짓을 하겠는가? 그러나 임금 옆에 있는 사람이 어른이나 아이나 지위가 높은 이나 낮은 이나 모두 설거주 같은 사람이 아니라면, 왕이 누구와 같이 악한 일을 하겠는가? 설거주 한 사람으로 송나라 왕을 어떻게 하겠는가?」

註 1) 莊嶽 齊나라 수도 臨淄의 莊街 嶽里 마을 이름이다.

덜 된 비유

—— 離婁·上

손우곤(淳于髡)이라는 제(齊)나라의 유명한 변사(辯士)가 맹자를 변론으로 시험하려 했다.

「남자와 여자가 직접 주고받지 않는 것이 예(禮)인가?」

「예다.」

「그런데 그의 형수가 물에 빠졌을 때는 시동생이 손을 잡아 끌어올릴 수 있지 않겠는가?」

「형수가 물에 빠진 것을 보고도 내버려 둔다면 이것은 승냥이나 다를

게 없다. 남녀가 직접 주고받지 않는 것은 예법(禮法)이고, 형수가 물에 빠졌을 때 건지는 것은 권도(權道)라는 것이다.」

「지금 천하가 온통 물에 빠져 있는데 선생께서 나와 건지려 하지 않는 것은 어째서인가?」

「천하가 빠진 것은 도(道)로써 건지고 형수가 빠진 것은 손으로 건진다. 당신은 손으로 천하를 건질 생각인가?」

군자의 교육 ──離婁·上

공손추(公孫丑)가 맹자에게 물었다.

「군자(君子)가 자기 자식을 직접 가르치지 않는 것은 무엇 때문입니까?」

「형편상 어렵기 때문이다. 가르치는 사람은 반드시 올바른 것을 들어 가르치게 된다. 올바른 일을 가르쳐도 행(行)하지 못하면 계속 성을 내게 된다. 계속 성을 내면 도리어 정의(正義)를 해치게 된다. 아들이 속으로, 『아버지는 나에게 올바른 일을 하라고 하지만 아버지도 반드시 바르게 하지만은 않더라.』라고 하게 되면 부자간의 의(義)를 상하게 되니 그 결과가 나쁘게 된다. 그래서 옛날에는 자식들을 이웃과 서로 바꿔 가르쳤다. 부자간에는 잘못을 책망하지 않는다. 잘못을 책망하면 사이가 멀어지게 된다. 부자간의 사이가 멀어지는 것보다 더 불행한 일은 없다.」

군자와 소인　　　　　　　　　　　　── 離婁·下

　제(齊)나라 대신(大臣) 공행자(公行子)가 아들의 초상(初喪)을 당하게
되었다. 그때 우사(右師) 벼슬을 한 왕환(王驩)이라는 사람이 문상(問喪)을
왔다.
　왕환은 왕이 총애하는 신하로 세도있는 사람이었다. 그가 문간에 들어
서자, 그에게 달려가 인사를 하는 사람이 있는가 하면, 그가 앉은 자리에
가서 이야기를 나누는 사람도 있었다.
　맹자는 왕환을 소인(小人)이라 하여 멀리하고 있었으므로 그와 더불어
이야기하는 일이 없었다.
　전부터 맹자를 좋아하지 않았던 왕환은 모욕을 당하는 기분이었던지
「모든 군자들이 다 이 왕환과 맗을 하는데, 맹자만 홀로 말을 하지 않으니
이것은 환을 업신여기기 때문이다.」
하고 불평을 늘어놓았다.
　맹자는 그 말에 이렇게 대답해 주었다.
「예(禮)에는, 조정(朝廷)에서는 자기 자리를 떠나서 남과 이야기하지
않고, 뜰을 넘어가서 서로 읍(揖)하지 않는다 한다. 나는 예를 행하고자
한 것인데, 왕환은 내게 자기를 업신여긴다 하니 이상하지 않은가.」

거지와 다름없다　　　　　　　　　　　── 離婁·下

　제나라에 아내와 첩을 거느리고 매일같이 놀고 있는 사람이 있었다.
그런데 나가기만 하면 반드시 술이나 고기를 배불리 얻어먹고 돌아오는
것이었다. 그래서 아내가

「오늘은 누구네 집에서 그렇게 잘 드시고 오셨습니까?」
하고 물어 보면, 모두가 유명한 사람들 집이었다. 이상한 생각이 들어 아내는 첩에게

「서방님께선 나가기만 하면 반드시 음식 대접을 받고 돌아오시는데, 누구 집에서 대접을 받았느냐고 물어 보면 전부가 유명한 집들이 아니겠는가. 그런데 그 훌륭한 분들이 한 번도 우리 집을 찾아오는 일이 없으니 그것이 아무래도 이상하지 않은가. 그러니 오늘은 내가 마음먹고 서방님의 뒤를 한번 밟아 보아야만 하겠네.」

하고, 아침 일찍 남편의 뒤를 멀리서 따라갔다. 그런데 시내 거리를 이리저리 헤매고 돌아다녔으나 만나서 이야기하는 사람이 한 사람도 없었다. 마침내는 동문 밖 무덤이 많은 들판으로 나가더니, 무덤 앞에서 제사 지내는 사람을 찾아가, 먹고 남은 제사 음식을 얻어먹고 있었다. 그리고 한 곳에서 배가 차지 않자, 다시 다른 곳으로 찾아가는 것이었다.

그것이 바로 날마다 술과 고기를 배불리 먹는 방법이었다.

아내는 먼저 돌아와 첩에게 사실대로 이야기를 한 다음

「평생을 의지하고 우러러보며 사는 것이 남편인데, 지금 그런 꼴을 하고 다니니 이를 어쩌면 좋단 말인가?」

하고 첩과 함께 남편을 원망하며 마당 한가운데서 엉엉 울고 있었다. 그런데 남편이란 사람은 그런 내용도 모르고 거드름을 피우며 밖에서 들어와 울고 있는 아내와 첩에게 호통을 쳤다.

군자의 입장에서 본다면, 세상에서 부귀와 이득(利得)을 찾아 애쓰고 돌아다니는 사람 쳐놓고, 그의 아내나 첩이 그 뒤를 밟아 보고 와서 부끄러워 서로 마주 잡고 울지 않을 사람이 별로 없다.

지혜로운 이〔知者〕를 속인다   —— 萬章·下

옛날 정나라 자산(子産)에게 산 물고기를 선물로 가지고 온 사람이

있었다. 자산은 고기를 기르는 소임에게 명령하여 그것을 못에 넣어 주도록 시켰다. 그런데 그는 그 고기를 가져가서 삶아먹어 버리고 자산에게는 이렇게 보고했다.

「처음, 못에 넣었을 때는 꽤 어릿어릿하더니만, 조금 지나자 꼬리를 흔들며 물속 깊숙이 들어가 버렸습니다.」

자산은 그 말을 듣자

「물고기도 제 곳을 찾은 셈이로구나, 제 곳을 찾은 셈이야.」

하고 기뻐했다.

그런데 속으로 자산을 비웃으며 물러나온 그는 사람들에게 이런 말을 했다.

「자산을 보고 지혜 있는 사람이라고 누가 말했지? 내가 고기를 삶아 먹어 버렸는데도 『제 곳을 얻었다, 제 곳을 얻었다.』 하더군.」

이 이야기처럼, 군자도 도리에 맞게끔 이야기를 하면 속을 수가 있다. 그러나 도리에 벗어난 일로 군자를 속이러 하면 그것만은 되지 않는다.

대신의 의무　　　　　　　　　　　　　——萬章·下

제나라 선왕(宣王)이 경(卿)에 관해 물었다.

맹자는

「어느 경을 물으십니까?」

하고 물었다.

「경에도 차별이 있습니까?」

「차별이 있습니다. 귀척(貴戚)의 경이 있고, 이성(異姓)의 경이 있습니다.」

「귀척의 경에 대해 듣고 싶습니다.」

「임금이 크게 잘못하는 일이 있으면 간(諫)하고, 여러 번 간해도 듣지 않으면 임금을 바꿔 버립니다.」

왕은 발끈하여 얼굴빛이 싹 변했다.

맹자는 말했다.

「왕께서 신(臣)에게 물으시니 신은 감히 바른 대로 대답할 수밖에 없습니다.」

왕은 노여움이 가라앉은 후 다시 물었다.

「이성의 경에 대해 듣고 싶습니다.」

「임금에게 잘못이 있으면 간하고, 여러 번 간해도 듣지 않으면 떠나갑니다.」

수성(水性)과 인성(人性)   ——告子·上

고자(告子)가 맹자에게 말했다.

「사람의 성품은 소용돌이치는 물과 같다. 동쪽으로 터놓으면 동쪽으로 흐르고 서쪽으로 터놓으면 서쪽으로 흐른다. 사람의 성품에 선(善)과 악(惡)의 구분이 없는 것은, 물에 동(東)과 서(西)가 없는 것과 같다.」

맹자가 말했다.

「물의 성질에 동서는 없지만 위아래도 없는가? 사람의 성품이 착한 것은 물이 아래로 가는 것과 같다. 사람은 착하지 않은 사람이 없고, 물은 아래로 내려가지 않는 것이 없다. 물을 쳐서 뛰게 하면 이마 위로 지나가게도 할 수 있고, 막아서 올리면 높은 산에도 있게 할 수 있다. 그러나 그것이 어찌 물의 성질일 수 있겠는가? 그 형세가 그렇게 만든 것이다. 사람이 착하지 못한 일을 하는 것도 또한 이와 같다.」

경중(輕重)과 비유　　　　　　　　　　　—— 告子 · 下

임(任)나라 사람이 맹자의 제자인 옥려자(屋廬子)에게 물었다.

「예(禮)와 먹는 것 중 어느 것이 더 중(重)한가?」

「예가 더 중하다.」

「색(色)과 예는 어느 것이 더 중한가?」

「예가 중하다.」

「예를 지키면 굶어 죽게 되고, 예를 무시하면 먹을 수 있어도 반드시 예를 지켜야 하나? 예를 갖추어 장가를 가려면 아내를 얻을 수 없고, 예를 갖추지 않으면 아내를 얻을 수 있어도 반드시 예를 갖춰야만 할 것인가?」

옥려자는 대답을 하지 못했다.

그래서 이튿날 맹자가 계신 추나라로 가서 맹자에게 물었다.

맹자는 이렇게 말했다.

「그걸 대답하는 데 어려울 게 뭐가 있겠는가? 그 뿌리를 맞추지 않고 끝만 가지고 따진다하면 사방 한 치 되는 나무토막을 뾰족한 다락 지붕보다 더 높게 할 수 있다. 쇠가 깃〔羽〕보다 무겁다는 것을 어찌 띠 갈고리 한 개와 한 수레의 깃을 가지고 비교할 수 있겠는가? 먹는 것의 무거움과 예의 가벼움을 비교하면 먹는 것이 무겁다뿐이겠는가. 색의 무거움과 예의 가벼움을 비교하면 색이 무겁다뿐이겠는가. 가서 이렇게 대답해라. 형의 팔을 비틀어 앗아 먹으면 먹을 수 있고, 팔을 비틀지 않으면 먹을 수 없을 때 역시 팔을 비틀 작정인가. 이웃집 담을 넘어 그 집 처녀를 납치해오면 아내를 얻을 수 있고, 그러지 못해서 아내를 얻지 못할 경우, 역시 남의 처녀를 납치하겠는가.」

귀인(貴人)을 대하는 법　　　　　　　—— 盡心·下

맹자는 말했다.

「부귀한 사람을 대할 때는 그를 작게 볼 뿐 그의 빛나는 세도(勢道)와 지위는 보지 말아야 한다. 집이 몇 리나 되고 서까래의 굵기가 몇 자가 된다 해도 그런 건 내가 뜻을 얻은 뒤에도 원치 않는 것이요, 먹는 음식이 사방 열 자로 상이 들먹거리고 옆에 모신 첩이 수백 명이 된다 해도 그런 건 내가 뜻을 얻은 뒤라도 원치 않는 것이며, 마음껏 즐기고 술을 마시며 말과 수레를 달려 산과 들에서 사냥을 할 때, 뒤따르는 수레가 천 대나 된다 해도 나로서는 뜻을 얻더라도 원치 않는 것이다. 이렇게 그들이 가지고 있는 것은 내가 원치 않는 것이며, 내가 가지고 있는 것은 모두 성인(聖人)의 가르침에 따른 것이다. 그런데 내가 어찌 그를 두려워하겠는가?」

본색(本色)은 하찮은 곳에서　　　　　　—— 盡心·下

맹자는 말했다.

「이름 나기〔虛名〕를 좋아하는 사람은 천승(千乘)[1] 나라도 사양할 수 있다. 그러나 그가 참으로 부귀에 욕심이 없는 사람이 아닐 경우라면, 한 그릇 밥과 한 대접 국을 놓고 얼굴을 붉히게 된다.」

　　　註 1) **千乘**　큰 제후의 나라를 일컫는 말. 곧 兵車 천 대를 갖출 수 있는
　　　　　나라. 萬乘은 天子〔皇帝〕의 나라를 가리킨다.

淮南子篇

■ 淮南子

二十一卷, 二十一篇.《淮南鴻烈》이라고도 한다. 前漢의 淮南王, 劉安(B.C. 179~122)이 그의 문하에 있는 빈객 학자에게 일러 天文地理, 各地烈國의 괴이한 풍속, 고금의 설화 등을 집록케 한 이른바 雜家의 책으로, 그 백과전서적인 성격은 《呂氏春秋》와 비슷하다.

이겼기 때문에 걱정　　　　　　　　　　—— 道應訓

　　조(趙)나라의 양자(襄子)가 적국(翟國)을 쳐서 우(尤)와 종(終) 두 고을을 빼앗았다.

　　적의 사신이 조양자를 뵈러 왔을 때, 마침 양자는 밥상을 받으려는 참이었는데, 반가워하는 대신 걱정스런 표정을 보였으므로 시종들이

「하루 아침에 두 성을 항복받은 것이옵니다. 모두들 기뻐하고 있는데 임금께서는 걱정하는 모습을 보이시니 어찌 된 일이십니까?」

하고 묻자, 양자는 이렇게 대답했다.

「큰 강물이라도 사흘이 못 가서 물이 주는 수가 있고, 아무리 센 바람이라도 아침부터 점심 때까지 계속되는 일은 없으며, 해도 중천에 걸려 있는 시간은 잠시 동안밖에 되지 않는다. 그런데 지금 우리 조씨는 남달리 많은 덕을 쌓은 것도 아닌데 하루 아침에 두 성을 항복받지 않았느냐. 그러니 망할 시기 또한 머지않은 것만 같아서 걱정하는 것이다.」

　　공자는 이 말을 듣고

「조자(趙子)는 반드시 번창하게 되리라.」

했다. 대개 걱정은 번영의 근본이 되고, 기쁨은 망할 원인이 되는 것이다.

큰 목소리도 재능의 하나　　　　　　　　—— 道應訓

　　옛날 공손룡(公孫龍)이 조나라에 갔을 때, 제자들에게

「나는 능한 것이 없는 사람과는 상종하지 않는다.」

고 말한 적이 있었다. 그런데 어느 날 허름한 털옷을 입고 노끈으로 띠를 두른 한 사람이 찾아와서

「저는 남보다 큰 목소리를 낼 수 있습니다.」
하고 자기 소개를 했다. 공손룡이 제자들을 돌아보며
「내 문하에 큰소리를 내는 사람이 있었던가?」
하고 묻자
「없습니다.」
하고 제자들이 대답했다.
「그럼 이 사람을 제자의 명부에 올리도록 해라.」
하고 공손룡은 명령했다. 그런 뒤로 며칠이 지난 다음, 연나라 임금에게로
유세(遊說)를 갈 작정으로 황하까지 오게 되었는데, 배는 건너편에 있어서
강을 건너갈 방법이 없었다. 그래서 큰소리를 낼 수 있다는 그 사람을
불러내어 사공을 불러 보도록 시켰다.
그랬더니 그가 한번 외치는 소리에 배가 이쪽을 향해 오고 있었다.

사람은 쓰기에 달렸다   —— 道應訓

초나라 장군 자발(子發)은, 무엇인가 남다른 재주를 가진 사람을 불러
모으는 데 열심이었다. 그러자 좀도둑질로 뛰어난 사람이 그를 찾아와서
「장군께서 무엇이고 남다른 재주를 가진 사람을 찾으신다고 해서 왔
습니다. 저는 좀도둑질을 하는 놈입니다만 이 도둑질하는 재주로 장군의
부하가 되었으면 합니다.」
하고 청했다. 자발은 통인에게 그 말을 전해 듣자, 옷에 띠를 두르기도
바쁘게, 갓도 미처 바로잡지 못하고 총총히 밖으로 나가 그를 정중히 맞
아들였다. 측근에서는
「자칭 좀도둑이라고 했으니 도둑임이 틀림없지 않습니까? 그런데 그런
자를 그렇게 정중히 예로써 대하시니 영문을 알 수 없습니다.」
하고 못마땅해 하자, 자발은

「이건 너희들이 상관할 문제가 아니다.」

하고 대답했다. 그로부터 얼마 안 있어서, 제나라가 군사를 일으켜 초나라로 쳐들어왔다. 자발은 군대를 이끌고 나가 제나라 군사와 대전을 했으나 세 번 접전에 세 번 다 불리했다. 초나라에서는 중신들이 모여 열심히 대책을 강구하고 있었으나, 제나라 군사의 기세는 갈수록 더해만 갔다. 그때 앞서의 그 좀도둑이 자발 앞에 나와서

「저는 변변치 못한 재주를 가지고 있습니다만, 장군을 위해 한번 시험해 보고 싶습니다.」

하므로, 자발은

「그럼 어디 한번.」

하고, 자세한 설명을 듣지도 않고 허락하였다. 좀도둑은 어둠을 이용하여, 제나라 장군이 거처하는 본영으로 들어가 문 앞에 드리운 장막을 벗겨다가 자발에게 올렸다. 그래서 자발은 사람을 시켜 그것을 돌려 보내며

「병졸 가운데 땔감을 구하러 나갔던 자가 장군이 장막을 가지고 왔으므로 삼가 돌려드립니다.」

라고 전하도록 시켰다. 좀도둑은 다음날 밤에 또 적의 본영으로 들어가서 이번엔 장군이 베고 자는 베개를 훔쳐가지고 왔다. 자발은 이번에도 사람을 시켜 그것을 돌려 주고 오게 했다. 다음날 밤엔 적장의 머리에 감긴 끈을 풀어가지고 돌아왔다. 자발은 또 돌려보내 주었다. 제나라 군중에선 그 사실을 알고 크게 당황하기 시작했다. 제나라 장군은 마침내 군관을 모아 놓고

「오늘중으로 퇴각하지 않으면 초나라에서 내 머리를 훔쳐갈지도 모를 일이다.」

하고 군대를 철수시키고 말았다.

결국, 어떤 보잘것없는 재주라도 그것을 업신여길 수는 없다. 임금된 사람이 그것을 쓰기에 달려 있는 것이다.

새옹지마(塞翁之馬)   —— 人間訓

    국경의 요새지 근처에, 점을 잘 치는 사람이 살고 있었다. 그 집에서 기르고 있는 말이, 하루는 아무 까닭도 없이 국경을 넘어 오랑캐〔胡〕들이 살고 있는 곳으로 달아나 버렸다. 마을 사람들이 안됐다는 인사를 하러 가자, 그 집 영감은
「이것이 다행스런 일이 될지 누가 알겠는가.」
하고 태연했다. 그로부터 몇 달이 지나서, 달아났던 말이 좋은 오랑캐 말을 데리고 돌아왔다. 사람들이 잘됐다는 인사를 하러 갔더니, 그 영감은
「이것이 불행스런 일이 될지 누가 알겠소.」
하고 별로 좋아하는 기색이 없었다. 어쨌든 그 집에는 좋은 말이 한 필 늘어나게 되었다. 그런데 영감의 아들이 말 타기를 좋아했는데 새로 들어온 말을 타고 돌아다니다가 그만 말에서 떨어져 다리가 부러졌다. 사람들이 위문을 가자, 영감은
「이것이 다행스런 일이 될지 누가 알겠소.」
하고 덤덤한 표정이었다. 그로부터 일 년쯤 뒤에 오랑캐들이 크게 몰려와 요새지를 공격했으므로 젊은 사람들은 모두 적과 싸워야만 했다. 그리하여 요새지 일대에 사는 사람들 중 열에 아홉은 전사했다. 그러나 영감의 아들은 절름발이였으므로 아버지와 아들이 함께 무사했다.

결사(決死)의 각오   —— 人間訓

    노나라 사람이 제나라로 와서 아버지의 원수를 죽였다. 원수의 배를 갈라 염통을 끄집어내고는, 조용히 앉아 갓을 바로잡은 다음, 일어나 옷을 갈

아입고, 천천히 걸어서 성문을 나왔다. 마차에 오른 뒤에도 말을 채찍질하는 일이 없었고, 얼굴 표정 하나 변하지 않았다. 마부가 말을 급히 몰려고 하자, 그의 손을 눌러 못하게 말리며

「내가 오늘 아버지를 위해 원수를 죽인 것은, 죽음을 각오하고서 저지른 일이다. 이제 와서 새삼 살려는 생각은 없다. 그보다도 내가 할 일을 다 했으니 어디 특별히 갈 곳도 없지 않은가.」

했다. 그의 뒤를 쫓던 사람들도

「이 사람은 예절과 의리가 있는 사람이다. 그를 죽일 수는 없다.」

하고, 포위를 풀고 가버렸다.

만일 이 사람이 옷도 제대로 못 입고 갓도 바로잡지 못한 채 허둥지둥 달아나려 했으면 천 보(步)도 채 못 가서 잡히고 말았을 것이다. 이제 다시 앉아 갓을 바로 쓰고, 일어나 옷을 갈아입은 다음, 천천히 걸어서 성문을 나와, 마차를 타고 말에 채찍질하지 않고, 얼굴빛 하나 달라지지 않았기 때문에 사람들은 그가 결사의 각오를 한 것을 알게 되었던 것이다. 그런데 그것이 도리어 살게 된 원인이 되었다.

이것이 이른바 『천천히 걷는 걸음이 도리어 빠르고, 달려가는 것은 걷는 것보다 늦다.』고 하는 것이다.

교묘한 간언　　　　　　　　　　　　　　—— 人間訓

노(魯)나라의 애공(哀公)이 궁전 서쪽에 새로 건물을 지으려고 했다. 사관(史官)이 이것에 반대하여

「서쪽에 건물을 짓는 것은 집 짓는 법으로 보아 좋지 못하옵니다.」

하고 말했다. 애공은 얼굴빛이 변해가지고 크게 화를 내며, 주위 사람이 아무리 간해도 들으려 하지 않았다. 그리고는 시종관인 재절수(宰折雎)에게

「내가 집을 새로 지으려 하는데, 사관들은 모두 운이 맞지 않는다면서 반대하고 있다. 경은 어떻게 생각하는가?」
하고 물었다. 재절수가
「천하에는 불상사(不祥事)가 세 가지 있는데, 서쪽에 증축하는 것은 그것과 아무 관계가 없습니다.」
하고 대답하자, 애공은 몹시 기뻐했다. 그러나 조금 지나서 다시 물었다.
「그 세가지 불상사란 어떤 것인가?」
「예의를 행하지 않는 것이 첫째 불상사요, 욕심에 한계가 없는 것이 둘째 불상사요, 얼굴을 맞대고 간하는 말에 귀를 기울이지 않는 것이 셋째 불상사입니다.」
애공은 아무 말없이 한참을 생각하더니, 차츰 반성을 하며 마침내는 서쪽에 증축하는 일을 그만 두고 말았다.

荀子篇

■荀 子

二十卷 三十二篇으로 이루어져 있다.
戰國時代의 유학자로 孟子의 性善説과 반대되는
性惡説을 제창한 것으로 유명하다. 지금 우리에게
전해지고 있는 《荀子》는 자신이 집필한 것과 제
자들이 쓴 것이 섞여 있으며 漢나라부터 宋나라
까지 내려오는 동안 유행하였던 판본도 여러 종
류가 된다. 내용은 주로 荀子의 사상을 세분하여
볼 수 있는 自然論, 性惡説, 認識論, 禮論, 政治論
등으로 살펴볼 수 있다.

흑백(黑白)의 선택　　　　　　　　　　　── 勸 學

남방에는 몽구(蒙鳩)라는 새가 있다. 깃털로써 둥지를 만들고 머리털을 엮어서 갈대 이삭에 매어 놓는다. 바람이 불어오면 이삭은 꺾어지고 둥지 속의 알은 깨어지고 그 새끼들은 떨어져 죽곤 한다. 이것은 둥지가 불완전하기 때문이 아니라 그런 곳에 둥지를 매어 놓았기 때문이다.

서쪽에는 야간(射干)이라고 불리는 풀이 있다. 풀줄기는 비록 네 치이지만 높은 산 위에서 자라기 때문에 백 길이나 되는 못을 바라보고 있다. 그것은 풀줄기가 길기 때문이 아니라 자란 곳이 높은 산 위이기 때문이다.

쑥대가 삼대밭에서 자라면 삼대처럼 곧아지고 흰 모래가 개흙 속에 던져지면 그와 같이 검게 된다.

난괴(蘭槐)의 뿌리는 향료로 쓰이는데 구정물에 담가 두면 군자나 범인이나 아무도 그것을 가까이 하지 않고, 몸에 지니려고 하지 않는다. 바탕은 향기로웠으나 구정물에 담가 두었기 때문에 그렇게 되고 만 것이다.

그러므로 군자는 반드시 마을을 가려서 살고, 놀 때도 반드시 선비들과 어울려야 한다. 이것은 사악한 곳으로 들어가려는 것을 스스로 막음으로써 올바른 곳에 가까워지고자 하기 때문이다.

들리지 않는 소리가 없고　　　　　　　　── 勸 學

옛날에 호파(瓠巴)라는 사람이 거문고를 켜면 물 속에 있던 고기도 나와서 들었고, 백아(伯牙)라는 사람이 가야금을 타면 수레를 끄는 여섯 필의 말들도 고개를 들고 귀를 기울였다.

그러니 아무리 소리가 작다 하더라도 소리란 소리는 들리지 않는 것이 없고, 행동 또한 아무리 숨기려 하여도 드러나지 않는 것이 없는 법이다. 구슬이 산에 있으면 초목이 윤택하여지고 연못 속에서 진주가 나오면 그 연못은 마르는 법이 없다.

선을 행하고 악한 것을 버린다면 어찌 명성을 드날리지 않겠는가.

인물 평가법   — 非 相

요임금은 키가 컸고 순임금은 키가 작았으며 주나라 문왕은 키가 컸고 주공(周公)은 키가 작았다. 또 키가 큰 분으로 공자가 있고, 작은 분으로는 중궁(仲弓)이 있다.

옛날 위(衛)나라 영공(靈公)에게 공손여(公孫呂)라는 신하가 있었는데 키는 일곱 자나 되며 얼굴 길이는 석 자에 넓이는 세 치나 되었다고 한다. 이런 얼굴에 눈·코·귀가 다 갖추어져 있었으나 이름은 온 천하에 떨쳤다.

손숙오(孫叔敖)라는 사람은 초(楚)나라의 기사(期思)라는 고을에서 태어난 시골뜨기인데 튀어나온 대머리에 왼팔이 길었음에도 불구하고 수레에 앉은 채 초나라의 패업을 이룩하였다.

섭공자(葉公子)는 작은 몸집에 깡마른 체구여서 걸을 때는 몸에 걸친 옷도 제대로 이기지 못하는 것 같았다. 그러나 백공(白公)의 난 때에는 영윤(令尹)인 자서(子西)와 사마(司馬)인 자기(子期)가 모두 죽자 초나라로 들어가 그곳을 근거지로 하여 백공을 죽여 나라를 안정시키는 것을 손바닥 뒤집듯 쉽게 하였다.

이들의 인의와 공명은 후세에까지 훌륭하게 전해져 내려오고 있다.

이러한 까닭에 일을 할 때에는 키가 크고 작음, 몸집이나 몸이 가볍고

무거움을 따지지 않으며 사람의 뜻으로 하여야 한다. 키의 장단, 몸집의
대소, 얼굴의 잘나고 못생김을 어찌 논할 것인가.

학문의 길　　　　　　　　　　　　　　——非 相

　서(徐)나라의 언왕(偃王)은 눈으로 말머리를 바라볼 수 없을 만큼 꼽
추였다. 공자 또한 얼굴 모습이 방상씨의 가면과 흡사했으며 주공의 모습은
부러진 마른 나무 같았고, 고요(皐陶)는 얼굴빛이 깎아 놓은 외 같았다.
　굉요(閎夭)라는 이는 얼굴 전체가 무성한 털로 덮여 있었으며 부열(傅説)
은 몸세가 등지느러미를 세운 물고기 같기도 했으며 이윤(伊尹)은 얼굴에
수염도 눈썹도 없었다고 한다.
　우(禹)임금은 절름발이였고 탕(湯)임금은 반신불수, 요와 순임금은 눈
동자가 겹쳐 있었다 한다.
　학문하는 사람이라면 인물의 잘나고 못남 같은 외형상의 문제만을 따질
것이 아니라 사람의 뜻을 논하고, 그것을 그가 쓴 글과 견주어 보아야 한다.

선비의 나아감과 물러남　　　　　　　　——儒 效

　진(秦)나라 소왕(昭王)의 물음에 순자는 이렇게 대답했다.
　선비란 옛 임금을 본받고 예의를 존중할 줄 알며 신하들에게 조심해야
하는 것을 알며 임금을 귀히 여기는 사람들입니다. 임금께서 선비를 등
용하시면 그들이 곧 조정의 권세를 잡아 모든 일을 합당하게 하며, 등용치

않으면 백성들 틈에 섞여 성실히 지내며 순종할 것입니다.

비록 가난하여 헐벗고 굶주림에 허덕인다 하더라도 나쁜 길로 들어서서 재물을 탐욕하지 않을 것이며 송곳을 세울 만한 땅조차 없더라도 국가를 지탱하여 나가는 대의에는 밝습니다.

소리쳐 불러도 누구 하나 호응해 주는 사람이 없다 해도 만물을 풍부하게 하고 백성들을 다스리는 법에는 통달해 있습니다.

권세를 잡아 남의 위에 서면 임금이 되어도 손색이 없고, 남의 아래에 있으면 신하이며 임금의 보배가 될 것입니다. 비록 가난한 마을, 거기서도 비가 새는 집에 숨어 살더라도 사람들이 그들을 모두 받드는 것은 올바른 도리가 존재하기 때문입니다.

공자가 노나라의 사구(司寇)가 되려고 하니까 심유씨(沈猶氏)는 아침에 양의 배에 물을 채워서 무게를 늘여 파는 것을 그만두었고, 공신씨(公愼氏)는 그의 음탕한 처를 내보냈고, 신궤씨(愼潰氏)는 사치스러웠기 때문에 국경을 넘어갔으며 소와 말을 팔던 사람들도 값을 속여 팔지 않게 되었습니다.

이것은 공자가 몸을 바르게 닦고서 기다렸기 때문입니다.

궐당(闕黨)에 계실 때에는 궐당의 젊은이들이 짐승을 사냥하여 오면 부모가 있는 사람에게 조금 많이 나누어 주었습니다. 이것은 효도와 우애로써 교화시켰기 때문입니다.

선비가 조정에서 아름다운 정치를 시행하고 떠나면 풍속을 아름답게 합니다. 선비가 남의 아래에 있게 되면 이와 같습니다.

대　신(大　神)　　　　　　　　—王　制

북해 근처의 지방에는 잘 달리는 말과 잘 짖어대는 개가 있다. 남해 근처에서는 새깃·상아·외뿔소 가죽과 증청(曾青)과 단사(丹砂)가 난다.

　동해 근처에서는 자초(紫草)와 칡베와 물고기와 소금 등이 생산되며, 서해 근처에서는 짐승의 가죽과 무늬 있는 쇠가죽이 난다. 이것들은 다 중국에서 구해서 사용하는 것이다.

　그러므로 물가에 사는 사람들도 나무가 풍부하고, 산에 사는 사람도 물고기가 풍족하다. 농부들은 나무를 깎고 다듬거나 질그릇을 굽지 않지만 쓰는 용구는 풍부하다. 장인들이나 상인들도 마찬가지로 밭을 갈지는 않지만 양곡이 넉넉하다. 그리고 호랑이나 표범은 사납지만 군자들은 그것을 사냥하여 그 가죽을 사용하고 있다. 그러므로 하늘 아래에 있는 물건들은 모두가 가진 바대로 잘 쓰이고 있다.

　그 물건들로써 위로는 어질고 선량한 이들을 장식케 하고 아래로는 백성들을 먹여 살리어 모두 안락하게 하여 준다. 이것을 일컬어 대신(大神)이라고 한다.

인간, 만물의 영장　　　　　　　　——王 制

　물과 불은 기운은 있으나 생명이 없다. 풀과 나무는 생명은 있지만 지각이 없다. 새와 짐승은 지각은 있지만, 의로움이 없다. 사람은 이들이 지니지 못한 기운·생명·지각·의로움을 지니고 있기 때문에 이 세상에서 가장 존귀한 존재이다.

　힘은 소만큼 세지 못하고 달리는 것은 말보다 빠르지 못하다. 그런데 소와 말은 왜 사람에게 부림을 받는가. 왜냐하면 사람은 여럿이 모여 살며 그 힘을 합칠 수 있지만 소와 말은 그것을 할 줄 모르기 때문이다.

　사람은 어떻게 여럿이 모여 살며 힘을 합칠 수 있는가. 그것은 분별이 있기 때문이다. 그 분별은 어떻게 존재할 수 있는가. 의로움이 있기 때문이다.

　의로움을 가지고 사람들을 분별하면 사람들은 화합하게 되고, 화합하면 하나로 뭉쳐지고, 뭉쳐지면 힘이 많아지고, 힘이 많아진다는 것은 강해지는 것을 의미하며 강해지면 만물을 이겨낼 수 있다. 그러므로 사람들은 집을 짓고 살 수 있다.

사람이 사철의 질서를 따라 만물을 성장케 하여 온 천하를 이롭게 하는 것은 다른 까닭이 아니라 바로 분별과 의로움을 지니고 있다는 데에 있다.

묵자(墨子)의 걱정　　　　　　　—富　國

묵자의 걱정이란 것은 뻔하다. 그는 세상을 위하여 물자가 부족하게 되지나 않을까 걱정하고 있다. 이러한 것은 모든 천하의 걱정이라 할 수 없다. 다만 묵자의 개인적인 걱정이요, 어떻게 보면 지나친 생각이라고도 할 수 있다.

지금 이 땅에선 오곡(五穀)이 생산되고 있다. 사람들이 잘만 가꾸면 비록 한 마지기의 땅에서라도 여러 항아리의 곡식을 거둘 수 있고 일 년에 두 번은 수확할 수 있다. 그 외에도 외·복숭아·대추·오얏은 한 그루의 나무에서 여러 항아리의 양을 딸 수 있다. 또 파·마늘이나 갖가지 채소도 호수의 양만큼은 충분히 거둔다.

가축이나 새나 짐승의 경우에는 한 마리가 수레에 찰 만큼 자란다. 자라·악어·물고기·미꾸라지·전어 등도 철따라 새끼를 치고 부화하여 수많은 무리를 이룬다. 새·오리·기러기 등도 구름이 덮인 바다와 같이 수없이 많다. 그 밖에도 곤충과 여러 가지 생물과 무생물들이 생산되어 서로 먹고 살아갈 수 있는 것은 이루 다 헤아릴 수가 없다고 하겠다.

하늘과 땅이 만물을 생산하실 때에는 다 본래부터 여유가 있어서 사람들을 먹이기에 충분하며, 삼과 칡, 누에, 면사 및 새나 짐승의 깃과 털, 이빨과 가죽 등은 본래부터 여유가 있어서 이것 또한 사람들이 입기에 충분한 것이다.

　이렇게 여유가 있으니 물자가 부족하다는 것은 온천하의 걱정이라고
할 수 없다. 다만 묵자의 개인적인 걱정일 뿐이요, 지나친 생각에 불과
하다고 하겠다.

정복자의 비법　　　　　　　　—議 兵

　왕자의 군제(軍制)에 대해 순자는 이렇게 말한다.

　장수는 목숨을 다하여 북을 지키고 수레를 모는 사람은 목숨을 다하여
말고삐를 지키며, 여러 관리들은 목숨을 다하여 직무를 지키며, 사대부들은
목숨을 다하여 대열을 지킵니다. 북소리에 따라 진격하고 징소리가 울리면
후퇴합니다. 명령을 지키는 것이 그 첫째라고 할 수 있으며 공을 세우는
것은 그 다음 일입니다. 진격하지 말라고 하는데 진격하는 것은 후퇴하지
말라고 하는데 후퇴하는 것과 그 죄가 같습니다.

　노인이나 약한 자는 죽여서는 안 되며 곡식을 짓밟아 버려서도 안 됩니다.
항복하는 사람은 포로로 잡지 아니하고 대항하는 자는 버려 두지 아니하며
목숨을 살리겠다고 도망온 자도 포로로 해서는 안 됩니다.

　처벌할 때는 백성들을 처벌하는 것이 아니라 그들을 어지럽힌 자를
처벌하도록 해야 합니다. 만일 백성 가운데 적을 도와 준 사람이 있다면
적과 같이 취급해야 합니다.

　칼날에 순종하는 자는 살려 두고 칼날에 순종지 않는 자는 죽이며, 목숨을
부지하려고 하는 자는 장군에게 바칩니다.

　무왕(武王)이 주나라를 정벌하였을 때 미자계(微子啓)는 송나라에 봉(封)
했으나 조촉룡(曹觸龍)은 군중 가운데서 처형되었습니다. 항복한 은(殷)
나라 백성들이라도 먹여살리는 데는 주나라 사람들과 똑같이 해주었습
니다. 그러므로 멀고 가까운 곳의 사람들을 막론하고 모두가 노래 부르며
즐거워하고 이곳에 와서 안락하게 살았습니다. 온 세상이 한집안처럼 되

었으며 길이 통하는 곳에 있는 사람들이면 모두가 복종하였습니다. 이런 사람을 일컬어 백성의 지도자라고 합니다.

《시경》에서

　서쪽에서도 동쪽에서도
　남쪽에서도 북쪽에서도
　굴복하여 오지 않는 이가 없네.

라 한 시구는 이것을 두고 한 말입니다.

왕자에게는 주벌(誅罰)은 있지만 전쟁은 없습니다. 적이 성을 지키고만 있을 때에는 공격하지 아니하고 적군이 필사코 저항한다면 공격하지 않습니다. 임금과 신하들이 서로 기뻐하고 있으면 이것을 축하하여 주고 성안의 백성들은 하나도 죽이지 아니하고 군대를 몰래 출동시켜 공격치 않습니다. 또 백성들을 오래도록 싸움터에 붙들어 두거나 출전하여 해를 넘기는 일 따위는 하지 않습니다. 이렇게 해야만 난국(亂國)의 백성들도 그러한 정치를 좋아하여 자기의 임금에게 오히려 불안을 느끼고 왕자의 군대가 오기를 바라게 됩니다.

앎과 모름의 차이　　　　　　　　　　——天　論

만물이란 도(道)의 일부, 한 물건이란 만물의 일부, 어리석은 자는 한 물건의 일부이다. 스스로는 도를 알고 있다고 생각하지만 실은 알고 있지 못한 것이다.

신자(愼子)는 뒤만 보고 앞에서는 보지 못하였으며, 노자(老子)는 굽히는 것만 알았을 뿐 뻗치는 것은 알지 못하였다. 묵자는 가지런하고 편평한 것만 알았지 특출하게 빼어난 것은 몰랐으며, 송자(宋子)는 적은 것만 알았지 많은 것은 알지 못하였다.

뒤만 알고 앞을 알지 못하면 군중들은 나아가야 할 길을 모를 것이다. 굽힐 줄만 알고 뻗칠 줄을 모른다면 귀함과 천함의 구별이 없어질 것이다. 가지런한 것만 알고 특출한 것을 모른다면 정령(政令)이 베풀어지지 않을 것이다. 적은 것만 알고 많은 것을 모른다면 군중들이 교화되지 않을 것이다.

왕　도(王　道)

옛날 임금 중에 마음이 미혹했던 사람으로는 히(夏)나라의 길(桀)왕과 은(殷)나라의 주(紂)왕이 있다. 걸왕은 말희(末喜)와 간신인 사관(斯觀)에 가리워져 충신 관용봉(關龍逢)을 알아보지 못했다. 미혹된 마음이 그의 행동을 어지럽게 하였던 것이다.

주왕은 달기(妲己)와 간신 비렴(飛廉)에게 가리워져 충신 미자계(微子啓)를 몰랐을 뿐 아니라 그의 미혹된 마음으로 행동을 어지럽게 하였다.

이런 까닭에 여러 신하들은 충성심을 버리고 사사로이 왕을 섬기었으며, 백성들은 그릇된 정치를 원망하면서도 일하지 않을 뿐더러 어질고 착한 사람들은 벼슬자리를 물러나거나 숨거나 그렇잖으면 도망쳤다. 이것이 구주(九州)를 잃고 대대로 지켜온 종묘를 폐허로 만든 원인이다. 걸왕은 정산(亭山)에서 죽었고 주왕은 붉은 깃대 위에 머리가 매달려졌었다. 자신도 먼저 잘못을 알지 못하였지만 간신들에게 가리워진 것을 사람들이 간하여 주지 않은 데서 온 화근이다.

은나라 탕왕은 걸왕을 거울삼아 줏대 있는 마음으로 신중히 나라를 다스렸다. 그리하여 오랫동안 어진 이윤(伊尹)을 등용하고 자신도 도리를 잃지 않았다고 할 수 있다. 이것이 그가 하(夏)나라 임금을 대신하여 구주를 물려받게 된 원인이다.

주나라 문왕은 은나라 주왕을 거울삼아 줏대 있는 마음으로 신중히 나라를 다스렸다. 여망(呂望)을 오랫동안 등용하였으므로 자신도 도리를 잃음이 없었다. 그가 은나라를 대신하여 구주를 물려받은 원인은 바로 이것이다.

사람은 악하다

사람의 본성은 악하다. 사람의 본성이 선하다고 하는 것은 거짓이다. 오늘날 사람의 본성은 나면서부터 이익을 좋아한다고 할 수 있다. 이익을 좇기 때문에 서로 다투고 뺏고 하는 일이 생기며 사양함이 없어지는 것이다. 사람은 나면서부터 서로 질투하고 미워한다. 그렇기 때문에 남을 상하게 하고 해치는 일이 생기며 충성과 신용이 없어지는 것이라고 볼 수 있다. 사람은 나면서부터 귀와 눈에 욕망이 있어서 아름다운 소리와 빛깔을 좋아한다. 그러므로 음란한 행동이 생기고 예의와 아름다운 형식이 없어진다.

사람이 감정을 따르면 반드시 다투고 뺏게 되며 분부를 어기고 이치를 어지럽히게 되어 난폭하게 될 것이다. 이런 까닭에 반드시 스승과 법도에 의한 교화와 예의의 가르침이 있어야 한다. 그런 다음에야 서로 사양할 줄 알게 되고 아름다운 형식을 갖게 되어 다스림으로 귀결케 될 것이다.

이런 것을 보아도 사람의 본성이 악하다는 것은 분명하고 선하다는 말은 거짓이라고 하겠다.

기울어진 그릇의 교훈　　　　　　　—— 宥　坐

공자가 노나라 환공(桓公)의 묘를 구경할 때 기울어진 그릇이 하나 있었다. 공자가 묘지기에게 물었다.

「이 그릇은 무얼하는 것이오?」

「이 그릇은 거처하는 옆에 두고 교훈을 삼는 것입니다.」

「내가 듣기로는 거처하는 옆에 두고 교훈을 삼는 그릇이란 비면 기울어지고 알맞게 담으면 바로 서며 가득 차면 엎어진다고 하였다.」

공자는 그의 제자들을 돌아보며 말했다.

「물을 갖다 부어라.」

제자들이 물을 갖다 부었다. 물이 알맞을 때에는 바로 서고, 가득 차니 엎어졌으며, 그릇이 비게 되자 기울었다.

공자는 크게 한숨을 쉬며 말하였다.

「아아! 가득 차고도 엎어지지 않는 것이 이 세상 어디에 있을까?」

자로(子路)가 말했다.

「감히 가득 찬 것을 지속할 수 있는지를 묻고자 합니다.」

「총명하고 신통한 지혜가 있으면 그것을 지킴에 어리석음으로써 하고, 용기와 힘이 세상을 뒤덮을 만한 사람이면 그것을 지킴에 겁냄으로써 하고, 온세상을 차지하는 부귀를 지녔으면 부귀를 지킴에 겸손함으로써 하는 것이다. 이것이 이른바 자기 것을 버리고 세상을 살아가는 도이다.」

史 記 篇

■ 史 記

一百三十卷(本紀十二, 書八, 表十, 世家三十, 列傳
七十)으로 이루어졌다. 太史公 司馬遷의 著作으로
서 中國正史 기술에 있어 紀傳體의 전통을 세워
놓았다. 人間學의 백과사전으로 통칭되는 史記
속에 아로새겨진 인간관계의 추적은 歷史와 人
間의 만남을 실현시킨다.

관포지교(管鮑之交)　　　　　　　　　—— 管 晏

　관중(管仲)은 말한다.

「일찍이 곤궁했을 적에 포숙(鮑叔)과 함께 장사를 하였는데, 내가 몫을 더 많이 가지곤 하였으나 포숙은 나를 욕심 많은 사람이라고 말하지 않았다. 내가 가난한 줄 알고 있었기 때문이다. 일찍이 나는 포숙을 위해 사업을 경영하였다가 실패하여 다시 곤궁해졌는데, 포숙은 나를 우매하다고 하지 않았다. 시운에 따라 이롭고 이롭지 않은 것이 있는 줄 알기 때문이다. 일찍이 나는 세 번 벼슬길에 나갔다가 세 번 다 임금에게 쫓겨나고 말았지만, 포숙은 나를 무능하다고 하지 않았다. 내가 시운을 만나지 못한 줄 알기 때문이다. 일찍이 나는 세 번을 싸웠다가 세 번 다 패해서 달아나고 말았지만 포숙은 나를 겁쟁이라고 하지 않았다. 나에게 늙은 어머니가 있는 줄 알기 때문이다. 공자 규(糾)가 패하였을 때, 동료이던 소홀(召忽)은 싸움터에서 죽고 나는 잡히어 욕된 몸이 되었지만 포숙은 나를 부끄럼을 모르는 자라고 하지 않았다. 내가 작은 일보다는 공명을 천하에 날리지 못하는 것을 부끄러워 하는 줄 알기 때문이다. 나를 낳은 이는 부모이지만 나를 알아 준 이는 포숙이다.」

　포숙은 관중을 천거한 연후에 그 자신은 관중의 아랫자리에 들어가서 경의를 표하였다. 포숙의 자손은 대대로 제나라의 녹을 받고 봉읍을 가지기를 10여 대나 하였는데, 항상 명망 있는 대부로서 세상에 알려졌다.

　세상 사람들은 관중의 현명함을 칭찬하기보다 오히려 사람을 알아보는 포숙의 눈이 밝은 것을 더 칭찬하였던 것이다.

지기(知己)의 예　　　　　　　　　　　　　　　— 管 晏

안자(晏子)는 제(齊)나라 재상이 된 뒤에도 식사에는 두 가지 고기 반찬을 겹치게 하지 않았고, 아내에게는 비단옷을 입히지 않았으며, 조정에 들어가서는 임금께서 물으면 바른 말로 대답하고, 묻지 않으면 품행을 지켜 스스로 조심하였다.

나라에서 정책을 펼 때는 임금의 명령에 순종하고, 그렇지 않을 때는 일을 잘 가누어서 틀림이 없도록 실행하였다.

그 때문에 3대에 걸쳐 제나라는 제후들 사이에서 이름을 날릴 수 있었다.

월석보(越石父)란 현인이 어쩌다가 죄를 범하여 죄수들 속에 섞여 있었다. 안자는 외출하는 도중 우연히 죄수가 된 석보를 만나자 자기 수레에 매인 왼쪽 말을 풀어 속죄금을 바치고 석보를 수레에 태워서 집으로 돌아왔다. 그런데 안자가 아무런 인사도 없이 그대로 내실로 들어가 버렸으므로 잠시 뒤에 석보는 절교하기를 청하였다.

안자는 깜짝 놀라 의관을 바로 입고 석보에게 사과하였다.

「제가 비록 어질지는 못하나 선생을 구해 드렸는데, 어째서 선생은 이렇게도 성급히 절교를 하려는 것이오?」

석보가 말하였다.

「그런 것이 아니오. 내가 들은 바에 따르면, 군자는 자기를 모르는 자에게는 굴복하나, 자기를 아는 자에게는 뜻을 편다고 하였소. 내가 죄수가 되어 있는 동안 나를 죄 준 사람은 나를 모르는 사람이었소. 그런데 선생이 나를 풀어 준 것은 나를 알기 때문이 아니었소? 지기(知己)로서 예가 없다면 그대로 죄수로 있는 것만 못 하오. 그런 뜻에서 절교를 청한 것이오.」

안자는 이에 느낀 바 있어 석보를 불러들여서 상객으로 대우하였다.

마부의 아내　　　　　　　　　　　　—— 管 晏

　안자가 제나라 재상으로 있던 어느 날 외출을 하려는데, 마부의 아내가
문틈으로 자기 남편을 엿보았다.

　남편은 재상의 마부이므로 큰 일산을 받쳐들고 사두마에 채찍질을 하
면서 의기양양하여 매우 흐뭇한 얼굴이었다.

　얼마 뒤에 남편이 돌아오자 그 아내는 이혼하기를 청하였다. 남편이
까닭을 묻자, 아내는 이렇게 말했다.

　「안자는 키가 육척이 못 되는데, 그 몸은 제나라 재상으로 이름을 제후에
날리오. 그러나 아까 내가 그가 외출하는 것을 보니, 매우 찬찬해 보이고
언제나 남에게 겸손한 태도가 있었소. 그런데 당신은 키가 팔 척인데도
남의 마부가 되어서도 장한 듯이 만족한 빛이었소, 내가 이별하기를 바라는
것은 이 때문이오.」

　그 뒤 남편은 스스로 마음을 눌러 남의 앞에 겸손하였다. 안자가 이것을
이상하게 여겨 물어 보자, 마부는 사실대로 대답하였다.

　이에 안자는 느낀 바 있어 마부를 천거하여 대부(大夫)로 올려 주었다.

노자(老子)는 용이다　　　　　　　—— 老莊申韓

　공자가 주(周)나라에 갔을 적에 예(禮)를 노자에게 물으려고 하자, 노
자는 이렇게 말했다.

　「그대가 말하는 옛날의 성인도 그 육신과 뼈다귀가 이미 썩어져서 지
금에는 다만 그 말한 바를 남겼을 뿐이다. 군자는 때를 얻으면 수레를 타는
귀한 몸이 되지만, 그렇지 못할 때는 떠돌이 신세가 되고 마는 것이다.

훌륭한 장사치는 물건을 깊이 간직하여 밖에서 보기에는 공허한 것같이 보이지만 속이 실하고 군자는 풍성한 덕을 몸에 깊이 갖추어 우선 보기에는 어리석은 것같이 보이지만 사람됨이 충실하다고 들었는데, 그대는 몸에 지니고 있는 그 교만한 것과 욕심 많은 것과 젠 체하는 것과 산만한 생각 따위를 다 버려라. 그런 것은 그대를 위해 아무런 이익도 되지 않는 것. 내가 그대에게 말하고자 하는 것은 다만 이것뿐이노라.」

공자는 돌아가서 제자에게 말하였다.

「새는 날고, 고기는 헤엄치고, 짐승은 달리는 것이라는 것은 나도 잘 알고 있다. 달리는 것은 그물을 쳐서 잡고, 헤엄치는 것은 낚시를 드리워서 낚고, 나는 것은 주살을 가지고 쏘아서 떨어뜨릴 수 있거니와 용(龍)에 이르면 그것은 바람과 구름을 타고 하늘에 오른다고 하니 나로서 실체를 알 수가 없다. 나는 오늘 노자를 만났는데, 용 같다고나 할까 전혀 잡히는 것이 없더라.」

사마양저(司馬穰苴)의 군율   —— 司馬穰苴

안자는 사마양저(司馬穰苴)를 제나라의 경공(景公)에게 추천하며 다음과 같이 말하였다.

「양저는 첩의 몸에서 났으나, 글은 뭇사람의 마음에 감동을 주고, 무용은 적을 놀라게 할 만한 인물입니다. 바라옵건대 임금 스스로 시험해 보십시오.」

경공은 양저를 불러서 군사에 관한 것을 이야기하였는데, 크게 마음에 들어 장군으로 등용하였다. 군사를 이끌고 연(燕)·진(晋)의 군사를 막게 되었을 때 양저는 말하였다.

「신은 근본이 비천한 출신입니다. 임금님께서 이런 저를 병졸들 중에서 뽑아내어 대부의 위에 서게 하였으므로 아직 병졸들에게는 물론 서민들에게도 신임을 얻지 못했습니다. 그러므로 인물에 무게가 없고 권위도 빈약합니다. 바라옵건대 임금께서 총애하시는 신하로, 국민에게도 존경을 받는 사람을 시켜 군사를 감독케 하여 주십시오.」

경공은 이런 청을 허락하고 장가(莊賈)라는 자를 동행토록 하였다. 양저는 경공에게 인사를 드리고, 장가와는

「내일 정오에 군영에서 만나세.」

하고 약속하였다.

이튿날 양저는 먼저 군영으로 달려가서 해시계를 세우고 물시계를 걸어 놓은 다음 장가를 기다렸다. 장가는 평소부터 교만하였는데, 이때도 장군이 군영에 있는 이상 감찰격인 자기는 그리 급하게 서두를 것이 없다고 생각해 친척과 친구들의 송별을 받으며 머물러 술을 마시고 있었다.

정오가 되어도 장가가 오지 않으므로, 양저는 해시계를 엎어 버리고 물시계를 쏟아 치운 다음에 군영을 순시하고 군사를 정돈하여 군령을 시달하였다. 이런 일도 다 끝이 나고 저녁 나절이 되어서야 겨우 장가가 왔다. 양저가 물었다.

「어째서 제 시간에 늦었소?」

이에 장가가

「대부와 친척들이 송별을 해주어서 늦어졌습니다.」

하고 대답하니, 양저는 말하였다.

「장군이란 자는, 출진의 명령을 받은 그날부터 집을 잊어버리고 군무에 종사하여, 군령을 내면 육친을 잊어버리고, 채를 들어 군교를 치는 것이 급하면 몸을 잊어버려야 하는 것이다. 지금 적이 깊이 침입하여 국내가 소란하고 사병들은 국경을 지키며 몸을 풍우에 내던지고 있다. 임금은 자리에 누워서도 편한 잠을 못 자고 음식을 먹어도 맛을 모르고 백성들의 목숨은 모두 임금의 한 몸에 매여 있다. 이러한 때에 송별이나 하는 짓이 무엇인가!」

곧 군정(軍正―군의 법무관)을 불러 물었다.

「군법에 기한을 어겼을 때의 죄는 무엇인가?」

「참하는 것입니다.」

장가는 겁을 내어 종자에게 명령하여 말을 달려 경공에게 알리고 구원을

청하였다. 양저는 종자가 아직 돌아오기 전에 장가를 베고, 이 사실을 널리 삼군에게 보여 경계를 삼으니 사졸들은 모두 떨었다.

얼마 뒤에, 경공은 사자를 보내어 부절(符節)을 보이고 장가를 용서하려고 하였다.

사자가 말을 달려 군영 안으로 들이닥치니 양저는 사자에게 말하였다.

「장수가 된 자는 진중에 있는 한, 임금의 명령이라도 들을 수 없는 것이 있다.」

다시 군정을 향해 물었다.

「군영 안으로 말을 달려 들어오는 것은 허락되지 않은 일이다. 지금 사자는 영중으로 말을 달려 들어왔다. 그 죄는 어떤 것인가?」

군정이

「참하는 것입니다.」

하고 대답하는 말을 듣자, 사자는 크게 겁을 내었다. 그러나 양저는

「임금의 사자는 죽일 수 없다.」

하고 그 사자를 태워온 수레의 말몰이 하인과 수레의 왼편 붙임나무와 왼편의 곁말을 베어 3군에 시위하였다. 한편, 경공에게는 사자를 보내어 이 사실을 보고케 하고 비로소 싸움터로 출동하였다.

사졸의 숙사・우물・아궁이・음식을 비롯하여 병의 위문・의약에까지 모두 몸소 마음을 쓰고 장군에게 주어지는 급비는 모두 사졸들에게 베풀어 주고, 자신은 사졸들과 양식을 같이하면서 그것도 가장 허약한 사졸의 분량과 한가지로 하였다. 이렇게 한 덕으로 사흘 동안에 군사를 정비하고, 병자까지도 모두 같이 출동하기를 원하여 앞을 다투어 분발해서 싸움터로 나아갔다.

진군(晉軍)은 이 사실을 전해 듣고 싸움을 그쳐 물러가고, 연군(燕軍)도 이를 듣고 황하를 건너 해산하였다. 이에 이들을 추격하여 앞서 잃었던 땅을 뺏어 회복하고 군사를 인솔하여 돌아왔다. 그리고 도성에 닿기 전에 대오를 풀고 군령을 거두어 임금에 대한 충성을 맹세한 다음 도성으로 들어왔다.

궁녀용병(宮女用兵)　　　　　　　　　　—— 孫子吳子

흔히 손자(孫子)로 알려진 손무(孫武)는 제나라 사람이다. 병법에 뛰어
났으므로 오왕(吳王) 합려(闔廬)의 초빙을 받았다. 그때 합려가 말했다.

「그대가 지은 열세 편의 병서는 다 읽어 보았소. 어디 한번 실제로
군대를 훈련시켜 보일 수 있겠소?」

「좋습니다.」

「여자라도 상관이 없을지?」

「상관없습니다.」

그래서 합려는 궁중의 미녀 백팔십 명을 불러내었다. 손자는 그들을 두
편으로 나누고 오왕의 총희 두 사람을 각각 대장으로 삼았다. 그리고 모
두에게 창을 들게 한 다음 명령을 내렸다.

「너희들은 자기의 가슴과 좌우의 손과 등을 알고 있는가?」

「예!」

「『앞쪽』이라고 명령하면 가슴을, 『왼쪽』이라고 명령하면 왼손을, 『오른
쪽』이라고 명령하면 오른손을, 『뒤로』라고 명령하면 등을 보아야 한다.」

「네!」

이렇게 구령을 결정한 다음, 손자는 부월(鈇鉞)을 갖추어 두고, 몇 번씩
되풀이해가며 군령을 설명하였다. 그런데 막상 북을 치며

「오른쪽!」

하고 호령하자 여자들은 웃어대기만 할 뿐 움직이지 않았다. 손자는

「군령이 분명하지 못하고, 명령이 충분히 전달되지 못한 것은 장수된
사람의 죄다.」

하고, 다시 세 번 군령을 들려 주고 다섯 번 설명을 한 다음, 큰북을 울
리고

「오른쪽!」

하고 호령했다. 그러나 여자들은 여전히 웃어대기만 하였다. 그러자 손자는
이렇게 말했다.

318

「군령이 분명치 못하고 전달이 불충한 것은 장수의 죄이지만, 이미 군령이 분명히 전달되었는데도 병졸들이 규정대로 움직이지 않는 것은 곧 대장된 자의 죄다.」

그리고는 군령대로 두 대장을 참수하려 했다. 위에서 관병하던 오왕은 자신의 총희 두 사람이 손자의 손에 참수되려는 것에 놀란 나머지 황급히 전령을 보내어 제지하였다.

「과인은 이미 장군의 용병이 뛰어난 것인 줄 잘 알았소. 과인에게 그 두 여자가 없다면 밥을 먹어도 맛을 알 수 없을 정도이니 부디 그들을 용서해 주기를 바라겠소.」

그러나 손자는

「신은 이미 임금의 명을 받아 장수가 되었습니다. 장수가 군에 있을 때에는 임금의 명령을 받들지 않을 수도 있습니다.」

하고, 마침내는 두 대장의 목을 베고 임금이 그 다음으로 사랑하는 여자를 뽑아 새로 대장으로 세웠다. 그러고는 다시 북을 울리고 호령을 내렸다. 그러자 여자들은, 왼쪽이라고 하면 왼쪽으로, 오른쪽이라고 하면 오른쪽으로, 앞으로 하면 앞으로, 뒤로 하면 뒤로, 꿇어앉는 것도 일어나는 것도 모두 구령대로 따랐다. 웃기는커녕 소리마저 내지 않았다. 손자는 비로소 오왕에게 전령을 보내어

「부대는 이미 갖춰져 있습니다. 내려오셔서 시험해 보십시오. 왕의 명령만 계시면 군사들은 물이나 불 속이라도 즐겨 뛰어들 것입니다.」

하고 보고했다. 그러나 왕은 이렇게 말했다.

「장군은 훈련을 끝내고 숙사에서 쉬도록 하오. 과인은 내려가 보기를 원치 않소.」

이때 손자는 이렇게 탄식했다.

「왕은 다만 병법에 대한 의론만을 좋아할 뿐, 병법을 실제로 사용하지는 못 하겠군.」

그리하여, 합려는 손자가 용병에 뛰어난 것을 인정했고, 마침내는 그를 장군으로 등용하였다.

내기에 이기는 법　　　　　　　　　—— 孫子吳子

　제나라에 간 손빈(孫臏)은 장군 전기(田忌)의 인정을 받아 그의 빈객으로 머물게 되었다. 전기는 때마침 도박에 빠져, 공자들과 기사(騎射)를 즐기고 있었다. 어느 날 손빈은 그 내기를 구경하다가 기사의 허점을 간파하였다.

　당시의 기사는 네 마리의 말이 끄는 수레를 한 조로 해서 3조가 각 한 번씩 차례로 세 번 경기를 벌이게 되어 있었다. 손빈은 그 3조의 말을 각각 비교한 끝에 속력 역시 3등급으로 나뉘어지는 것을 깨달았다. 손빈은 전기를 부추겼다.

　「내기를 다시 해보시오. 내가 장군을 이기게 해드리리다.」

　전기는 손빈을 믿고 왕과 공자들에게 다시 천 금을 건 내기를 하자고 제안했다. 그리하여 다시 내기를 시작하게 되자, 손빈은 그에 앞서 전기에게 승리할 수 있는 비방을 일러 주었다.

　「장군의 제일 느린 하등 수레를 상대방의 가장 빠른 상등수레와 달리게 하고, 장군의 상등 수레는 상대방의 중등 수레, 장군의 중등 수레는 상대방의 하등 수레와 달리게 하십시오.」

　경기가 끝나자 전기는 2승 1패의 전적을 거두었으므로 결국 내기에 이겨 천 금을 얻었다.

전사이대(戰死二代)　　　　　　　　—— 孫子吳子

　오기(吳起—吳子)는 장군으로서 군대를 거느릴 때에는 언제나 하급 병졸들과 의식을 똑같이 했고, 누울 때도 자리를 까는 법이 없었으며, 행군할 때도 수레에 타지 않았다. 또한 자기가 먹을 양식은 자기가 가지고 다니는 등, 사졸들과 고락을 같이 나눴다.

언젠가 병졸들 가운데 종기[疽]를 앓는 사람이 생기자 오기는 그 고름을 입으로 빨아내었다. 그러자, 그 병졸의 어머니는 그 소문을 듣고 소리를 내어 울었다. 누군가가

「당신 아들은 졸병에 지나지 않는데 장군께서 친절하게도 고름을 빨아 주기까지 하지 않았소? 그런데 왜 우는 거요?」

하고 묻자, 그 어머니는 이렇게 말했다.

「그런 게 아닙니다. 지난해에도 오기 장군께서 그애 아버지의 종기를 빨아 주었습니다. 그이는 감격한 나머지 끝까지 도망치지 않고 싸우다가 죽고 말았습니다. 장군께서 지금 또 자식의 종기를 빨아 주셨으니, 그 자식도 필경은 어디선가 싸우다가 죽을 것이 아닙니까? 그래서 우는 겁니다.」

공주 아내

—— 孫子吳子

공숙(公叔)은 위(魏)나라의 부마이자 재상인데, 오기(吳起)가 자신에게 방해가 되었으므로 늘 벼르고 있었다. 때마침 한 부하가 이렇게 진언해왔다.

「오기를 내쫓기란 쉽습니다.」

「어떻게 말이냐?」

「오기란 사람은 절조가 굳세고 청렴하지만 이름 나는 것을 좋아합니다. 그러니까 상공께서 먼저 임금과 말씀하실 기회를 만들어 『오기는 현인입니다. 임금께선 아직 나이가 젊으시고, 또 강한 나라(秦)와 국경을 맞대고 있습니다. 저는 오기가 우리 나라에 머물러 있을 생각이 없지나 않을까 걱정입니다.』 하십시오. 그러면 임금께서는 『어떻게 하면 오기를 머무르게 할 수 있겠는가?』 하고 물으실 것입니다. 그러시면 상공께선 임금님께 『시험삼아 공주를 오기에게 시집보내도록 해보시면 어떻겠습니까? 오

기가 머물러 있을 생각이 있으면 반드시 받아들일 것이고, 머무를 생각이
없으면 반드시 사양할 것이니 이것으로 점쳐 보십시오.」하십시오. 그렇게
말씀해 두시고, 오기를 초대하여 함께 댁으로 가신 뒤에, 공주(公叔의 아내)
로 하여금 성난 얼굴로 상공을 푸대접하는 것을 보게 하면, 공주에게 장가들
생각이 없어져 임금의 청을 거절하게 될 것입니다.」

　이리하여, 오기는 무후(武侯)에게 부마되기를 사양하고 말았다. 이를
계기로 무후는 오기를 의심하여 그를 신임하지 않게 되었다. 오기는 죄를
입게 될까 두려워한 나머지 초(楚)나라로 망명했다.

어부문답(漁夫問答)　　　　　　　　—— 伍子胥

　적에게 쫓기던 오자서(伍子胥)가 가까스로 양자강(揚子江)에 이르러
때마침 배를 띄우고 있던 한 어부의 도움을 받아 겨우 위급을 면할 수
있었다. 이에 오자서는 강을 건너자마자 차고 있던 칼을 끌러 어부에게
사례하려 했다.

　「이 칼은 백 금의 값어치를 가지고 있으니 이것을 당신에게 사례로
드리겠소.」

　그러나 어부는 사양했다.

　「초(楚)나라에는 이런 방이 나붙었소. 오자서를 잡는 사람에게는 쌀 5만
섬과 집규(執珪)의 벼슬을 준다고 말이오. 만일 내게 욕심이 있었다면 그런
백 금의 칼이 문제이겠소?」

나무 옮기기   ──商 君

　상앙(商鞅─商君)은 높이가 서 발 되는 나무를 성중 장판의 남문에다
세우고 글을 써서
「이 나무를 북문에다 옮겨 놓는 자에게는 10금을 준다.」
고 알리고 사람을 모집하였다. 그러나 모두들 이상하게만 여기고 옮기려는
자가 없으므로 다시
「이 나무를 북문에다 옮기는 자에게는 50금을 준다.」
고 공고하였다. 어떤 자가 이것을 옮겼으므로 상앙은 그에게 얼른 50금을
주었다. 그리하여 백성을 속이지 않는다는 것을 밝혀 알린 다음에 법령을
공포하자 그때까지 잘 시행되지 않았던 진(秦)나라 법령은 하루 아침에
전국민을 승복시키게 되었다.

밭 두어 떼기   ──蘇 秦

　소진(蘇秦)은 합종 동맹의 장(長)이 되고, 동시에 6개 국의 재상이 되었다.
그래서 북쪽 조왕(趙王)에게 복명하려고 가는 도중에 낙양(雒陽)을 통과
하는데, 그 거마와 짐은 제후들이 사자를 시켜 보내온 물건으로 가득 차
서 임금의 행차인가 하고 의심을 할 정도였다. 주(周)나라 현왕(顯王)은
이 말을 듣고 두려워하여 길가에 모인 사람들을 해산시키고, 사자를 교외로
보내어 출영하고 위로하였다. 소진의 형제 처족들은 눈을 내리뜨고 소진을
우러러볼 수조차 없었으며 엎드려 기어서 식사 심부름을 하였다. 소진이
웃으며 형수에게 말하였다.
「전에는 위세를 부리더니 어째서 이제는 이렇게도 공손하시오？」

형수는 떨리는 듯 몸을 구부리고 엎드려서 얼굴을 땅에 대고 사과하였다.
「아우님의 지위가 높고 재물이 많으신 것을 보았기 때문입니다.」
소진은 탄식하며 말하였다.
「사람은 한 사람인데, 부귀하면 친척도 우러러보고 가난하면 업신여긴다.
하물며 남이야 더 말할 것이 있는가. 만약에 나에게 낙양성 근처에 밭 두어
뙈기만 있었던들, 오늘 어떻게 여섯 나라 재상의 인수를 찰 수 있었겠는가.」
그리하여 천 금을 일족과 친구들에게 나누어 주었다.

임기응변　　　　　　　　　　　　　　—— 蘇　秦

소진(蘇秦)은 재상을 시켜 주겠다고 약속하고서도 그 약속을 어긴 연왕
(燕王)에게 이렇게 말했다.
「신이 들은 이야기에 어떤 사람이 관리가 되어 먼 곳에 있을 때, 아내가
다른 사람과 사통하였더랍니다. 얼마 뒤에 남편이 돌아온다는 소식을 듣고
친한 남자가 걱정을 하니 아내는 『걱정하지 말라. 나는 벌써 독약 넣은
술을 준비하고 기다리고 있으니까.』 하고 말하였답니다. 그런 지 사흘 뒤에
과연 남편이 돌아왔습니다. 아내는 첩에게 술잔을 들려 남편에게 권하라고
말하였습니다. 첩은 술에 독이 들어 있는 것을 알리면 부인에게 쫓겨날
것이며, 알리지 않으면 주인이 죽을 것을 두려워하였습니다. 그리하여
일부러 거짓으로 넘어져서 술잔을 쏟아 버렸는데 주인은 크게 노하여
첩에게 매 50대를 때렸습니다. 한 번 거짓으로 넘어져서 술을 쏟은 첩의
계교로 주인과 부인을 보호한 것입니다. 그러면서도 매맞는 일은 면하지
못했습니다. 충신이면 죄를 얻을 리가 없다고 어떻게 말할 수 있습니까?
대체로 신의 허물이라고 하는 것도 말하자면 불행하게도 이와 같은 것
이라고 하겠습니다.」
연왕은 하는 수 없이 이렇게 대답했다.

「선생은 다시 전과 같이 관직에 취임하오.」

장의(張儀)의 혀   ──張　儀

장의는 학업을 마치자 제후들에게 유세를 하면서 돌아다녔다. 어느 때 초(楚)나라 재상과 술을 마시게 되었는데, 초나라 재상의 벽옥(璧玉)이 없어졌다. 재상의 빈객들은 장의를 의심하여

「장의는 가난뱅이로 품행이 좋지 못하다. 재상의 구슬을 훔친 것은 반드시 그자의 소행일 것이다.」

하고, 여럿이 장의를 붙들어서 매 몇백 대를 호되게 쳤는데, 아무리 쳐도 자백하지 않으므로 매를 그쳤다.

그의 아내가

「아아, 당신이 독서나 유세 같은 것을 하지 않았던들 이런 욕은 당하지 않았을 텐데.」

하고 탄식하니

「내 혀가 있는지 보아 주오. 아직은 있는가?」

하고 장의가 물었다.

아내는 웃으며

「있습니다.」

하고 대답하니, 장의는

「그러면 안심이다.」

하고 말하였다.

현손(玄孫)의 현손

—— 孟嘗君

　　전영(田嬰)에게는 아들이 마흔여 명 있었다. 그중 신분이 천한 첩과의 사이에 난 아들이 있었는데, 이름은 문(文)이라고 하였다. 전문은 오월 오일에 났다. 전영은 전문의 어머니에게 그를 『키워서는 안 된다.』고 말했다.

　　하지만 그 어머니는 전문을 몰래 키웠다. 장성한 전문은 형제의 주선으로 전영을 만나게 되었다. 전영은 전문의 어머니에게 노여움을 터뜨렸다.

　　「나는 너에게 이 아들을 버리라고 하였는데 숨겨서까지 키운 것은 어쩐 일인가?」

　　전문은 머리를 조아리며 말하였다.

　　「아버님이 오월에 난 아들을 키우지 않으려고 한 것은 무슨 까닭입니까?」

　　「오월에 난 아들은 키가 문에 닿을 만하면 어버이를 죽인다고 하기 때문이다.」

　　「사람은 목숨을 하늘에서 받은 것일까요, 아니면 문에서 받은 것일까요?」

　　전영은 대답치 않고 있었다. 전문은 잠자코 말했다.

　　「목숨을 하늘에서 얻었다면 아버님께서는 걱정할 필요가 없습니다. 목숨을 문에서 받았다면 문을 높이면 될 것이니 누가 그 높이를 따라 크겠습니까?」

　　「그런 소리는 하지 마라.」

　　그 뒤에 얼마 지나지 않아 전문은 아버지에게 틈이 있을 때를 엿보아 물었다.

　　「아들의 아들은 무엇입니까?」

　　「손자다.」

　　「손자의 손자는 무엇입니까?」

　　「현손이다.」

「현손의 현손은 무엇입니까?」

「모르겠다.」

「아버님은 정치에 관여하고 제(齊)나라 재상이 되어 오늘까지 세 왕 (威王·宣王· 王)에 이르렀는데 그 동안 제나라 영토는 조금도 넓어지지 않았어도 아버님의 집은 만 금의 부를 쌓았으며, 그러고도 문하에는 한 사람의 현인도 보이지 않습니다. 『장수의 문에는 반드시 장수가 있고, 재상의 문에는 반드시 재상이 있다.』고 들었습니다. 지금 아버님의 후궁들은 문채 찬란한 비단을 입고 긴 치맛자락을 밟고 있는데, 나라의 선비는 짧은 바지도 얻지 못하고, 첩들은 좋은 쌀밥과 고기를 먹고도 남아돌아 가는데, 나라의 선비는 겨도 먹지 못합니다. 이제 아버님은 이 위에 저축을 더 하고, 더 저장하여 그것을 알지도 못하는 어느 자손에게 주려고 나라가 나날이 여위는 것을 잊어버리고 있습니까? 전문은 은근히 마음에 이상함을 견딜 수 없습니다.」

이 말을 듣고 전영은 전문을 대우하여 가사를 돌보게 하게 하고 식객을 접대케 하였다. 전문은 뒤에 전국 사공자(戰國四公子) 중에서도 첫머리에 오르는 맹상군(孟嘗君)이 되었다.

나무 우상과 흙 우상 　　　　　—— 孟嘗君

맹상군은 초청에 응하여 진(秦)나라로 가려고 하였다. 식객들이 누구나 다 가는 것을 찬성하지 않고 위험하다고 간했으나 맹상군은 듣지 않았다. 소대(蘇代)가 말하였다.

「오늘 아침에 제가 밖에서 이곳으로 올 때 나무로 만들어진 우상과 흙으로 만들어진 우상이 얘기하는 것을 들었소. 나무 우상은 말하기를 『비가 오면 그대는 이제 곧 무너져 버릴 것이다.』 하였소. 흙 우상이 말하기를 『나는 본디 흙에서 생긴 것이니 무너지면 흙으로 돌아갈 뿐이다.

그대는 지금 비가 와서 떠내려 가면 어디까지 갈지 모른다.』 하였소. 진
나라는 호랑이와 같은 나라인데, 그대는 굳이 가려고 하오. 만약 돌아오지
못하는 일이라도 있으면 허수아비에게도 웃음거리가 되지 않겠소?」
　이에 맹상군은 진나라로 가는 것을 단념했다.

세상이 다 취했다   ── 屈原賈生

　초(楚)나라 재상 자란(子蘭)은 굴원(屈原)이 자기를 미워한다는 말을
듣고 크게 노하여 상관대부(上官大夫)를 시켜 굴원을 경양왕(頃襄王)에게
무고하였다. 왕은 노하여 굴원을 강남(江南)으로 내쫓았다. 굴원은 양사강
(揚子江)에 이르러 머리카락을 풀어 흩뜨린 채 노래를 읊으며 물가를 방
황하였다. 안색은 초췌하고 몸은 말라서 고목과 같았다. 한 어부가 물었다.
　「그대는 삼려대부(三閭大夫 ─ 楚의 왕족인 三姓)가 아니십니까? 어찌
하여 이런 데를 오셨습니까?」
　「세상이 다 혼탁해 있는데 나만 홀로 깨끗하고, 뭇사람들이 다 취해
있는데, 나만 홀로 깨어 있어서 추방을 당했다네.」
　「성인은 사물에 구애받지 않고 시세를 따라 잘 처세한답니다. 세상이
다 혼탁해 있으면, 어째서 그 흐름을 따라 물결에 실리지 않습니까? 뭇
사람이 다 취해 있으면 어째서 그 찌꺼기와 걸르고 난 술이라도 빨지
않습니까? 어째서 근(瑾)·유(瑜)(둘 다 아름다운 구슬)의 재능을 가지
셨으면서 스스로 추방당하는 일을 하셨습니까?」
　「머리를 감는 자는 반드시 관의 먼지를 새로 털고, 목욕하는 자는 반드시
옷의 먼지를 새로 턴다고 하였네. 누가 깨끗한 몸을 때와 먼지로 더럽히려고
하겠는가. 차라리 양자강에 몸을 던져 고기 뱃속에서 장사를 지내는 것이
나으리라. 또 어찌하여 희고 흰 결백한 몸으로 세속의 검은 먼지를 뒤집어
쓰겠는가.」

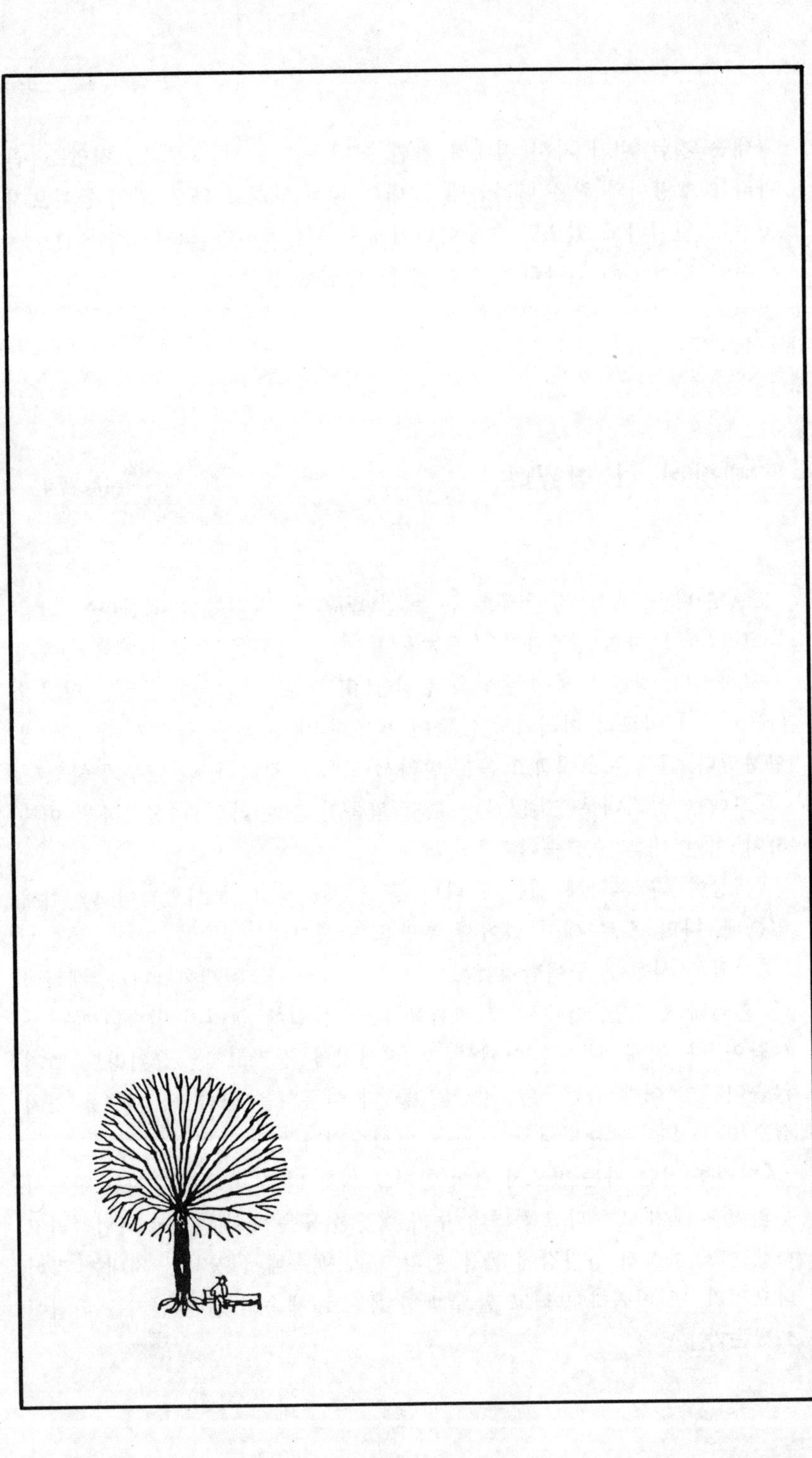

東洋古典百選 · 8

諸子百家

발행 1994년 9월 10일

譯解者：金　榮　洙
發行者：南　　溶
發行所：一信書籍出版社

주소：121-110
　　　서울 마포구 신수동 177-3
등록：1969. 9. 12. NO. 10-70
전화：영업부 / 703-3007~6 3001~6
　　　편집부 / 703-3007~8
　　　F A X / 703-3009
대체구좌：012245-31-2133577

❶ 값 12,000원　　＊파본된 책은 바꿔 드리겠습니다.